新技术·新媒介·新文化译丛

正在逝去的
新闻

民主制温床的新闻之未来

LOSING THE NEWS
THE FUTURE OF THE NEWS THAT FEEDS DEMOCRACY

[美] 亚历克斯·琼斯（ALEX S. JONES）/ 著

顾国平　杨　强 / 译

NEWS

中国社会科学出版社

图字号：01-2015-5870

图书在版编目（CIP）数据

正在逝去的新闻：民主制温床的新闻之未来 / （美）
亚历克斯·琼斯著；顾国平，杨强译. — 北京：中国
社会科学出版社，2017.8
（新技术·新媒介·新文化译丛）
书名原文：Losing the News：The Future of the
News that Feeds Democracy
ISBN 978-7-5203-1012-3

Ⅰ.①正…　Ⅱ.①亚…　②顾…　③杨…　Ⅲ.①新闻报
道—研究　Ⅳ.①G212

中国版本图书馆CIP数据核字（2017）第222961号

出　版　人　赵剑英
责任编辑　姜阿平
责任校对　林福国
责任印制　张雪娇

出　　　版　中国社会科学出版社
社　　　址　北京鼓楼西大街甲 158 号
邮　　　编　100720
网　　　址　http：//www.csspw.cn
发　行　部　010-84083685
门　市　部　010-84029450
经　　　销　新华书店及其他书店

印　　　刷　北京君升印刷有限公司
装　　　订　廊坊市广阳区广增装订厂
版　　　次　2017 年 8 月第 1 版
印　　　次　2017 年 8 月第 1 次印刷

开　　　本　710×1000　1 / 16
印　　　张　17.25
插　　　页　2
字　　　数　210 千字
定　　　价　78.00 元

新技术·新媒介·新文化译丛

主　　　编　唐绪军　邱　鸣　赵剑英

执 行 主 编　殷　乐　梁　虹　张昊鹏

编译委员会　王怡红　张昊鹏　邱　鸣　赵剑英

　　　　　　唐绪军　殷　乐　顾国平　梁　虹

"三新"译序

+
preface

  这套"三新译丛"是"文化传播前沿研究与翻译实践平台"的合作成果。

  "文化传播前沿研究与翻译实践平台"是由中国社会科学院新闻与传播研究所、北京第二外国语学院和中国社会科学出版社三家于2016年1月宣布成立的。合作三方认为，当今全球语境下的传播和文化正在发生着剧烈而深刻的变化，这种变化不仅正在改变相关产业的技术、受众与业态，甚至在一定程度上颠覆了之前在文化与传播研究上的知识积累和理论建树。因此，亟待各方智慧的凝聚，以应对乃至引领这一变革。合作共建这一"平台"，即为科研机构、高等院校以及出版单位联手意欲有所作为的一次尝试和创新。光阴荏苒，两年很快就过去了。这个"平台"尝试和创新的合作成果之一，就是这套冠名为"三新译丛"的译著。

  何谓"三新"？对曰：新技术、新媒介、新文化。新技术指的是信息传播技术：互联网、移动互联网、物联网、量子通讯……所有这些新技术正在重构着既有的传播格局，给我们已有的认知带来了巨大的冲击，比如：什么是新闻？记者还要不要了？新闻业将何去何从？这些疑问来自新技术所催生的新的传播媒介：微博、微信、脸书、推特……是谓新媒介。基于这些层出不穷、花样不断翻新的新媒介，"公民记者"蜂拥而起，"后真相"取代了真相，"王者荣耀"大行其道……它们形塑着我们还不熟悉的新文化。毫无疑问，人类今天正处在一个全新时代的开端。比之印刷术的发明、无线电的应用所开启的过去的那些时代，这个新时代更加激动人心，更加扑朔迷离，也更让我们感觉疑惑。尽管我们还不知道该怎样命名这样的一个新时代，互联网时代？数字化时代？众媒时代？智能时代？共享时代？公共传播时代？但我们确知，这个新时代一定会有一套迥异于现有的新知识、新理念、新规则。

那么，这套新知识、新理念、新规则会是什么样的呢？这就需要研究，需要探讨，需要从研究历史的过往中去发现规律性，需要从探讨当下的实践中去归纳普遍性，需要对技术的价值和意义进行不断的追问。习近平总书记2016年5月17日《在哲学社会科学工作座谈会上的讲话》中指出："人类社会每一次重大跃进，人类文明每一次重大发展，都离不开哲学社会科学的知识变革和思想先导。""历史表明，社会大变革的时代，一定是哲学社会科学大发展的时代。"诚如斯言。当技术突飞猛进，渗透进我们生活的各个领域，给我们带来惊喜、带来恐惧、带来疑虑时，正是需要哲学社会科学给予解释、给予说明、给予澄清之际。技术是人发明和创造的，是为人服务的，人类不能被技术左右，而必须左右技术。

网络传播开创了人类相互沟通、交流、传递信息的新方式。然而，网络绝不仅仅是人类发明的一项新技术，网络传播也绝不仅仅是由于运用一项新技术而改变了传播的方式和传播的形态。新技术催生了新媒介，新媒介形塑了新文化，新文化影响着人们的思想和行为，从而改变着这个世界。在数字化技术将全球一"网"打尽、网络空间建构起虚拟世界的今天，我们尤其应该对网络传播的价值和意义进行追问，从而在追问中产生新知识，形成新理念，确立新规则。

面对复杂的、互相连通的世界，以及不确定的人类未来，各国的哲学社会科学工作者以极大的热情和锲而不舍的精神，从不同的角度持续不断地对新技术的价值和意义进行追问，给出了各种各样的解释和答案，其中不乏真知灼见。了解这些真知灼见有助于我们开阔视野，洞悉未来。习近平总书记《在哲学社会科学工作座谈会上的讲话》中还说过："要坚持古为今用、洋为中用，融通各种资源，不断推进知识创新、理论创新、方法创新。我们要坚持不忘本来、吸收外来、面向未来，既向内看、深入研究关系国计民生的重大课题，又向外看、积极探索关系人类前途命运的重大问题；既向前看、准确判断中国特色社会主义发展趋势，又向后看、善于继承和弘扬中华优秀传统文化精华。"我们这套译丛的志趣就在于"不忘本来，吸收外来，面向未来"。因此，介绍国外与新技术、新媒介、新文化相关的新知识、新理念、新规则就成为"三新"的第二重含义。

"三新"的第三重含义是"苟日新，日日新，又日新"。这是"文化传播前沿研究与翻译实践平台"举行成立仪式那天，中国社会科学院新闻与传播研究所资深研究员王怡红女士发言中引用的一句古语，典出《礼记·大学》。意思是说："如果能够一天新，就应保持天天新，新了还要新。"我们关注的是新技术、新媒介、新文化，意在介绍国外与此"三新"相关的新知识、新理念、新规则，我们本身也就必须要以新的合作模式、新的协同方式、新的工作形式来对待我们所面临的"新"。

首先是科研机构、高等院校和出版单位的联手合作国内还不多见，是谓新。中国社会科学院新闻与传播研究所是从事新闻与传播研究的国家级专业机构，掌握国内外新闻与传播研究的最新动态；北京第二外国语学院是培养外语人才的高等院校，拥有一大批精通各种外国语言的老师和研究生，与国外学术界也有着广泛的联系；中国社会科学出版社是国内一流的哲学社会科学综合出版社，与全球各大国际出版集团建立了紧密的版权关系。这样的合作模式可以优势互补，有助于以较快的速度把国外最新的学术成果译介到国内来。

其次是在译者和校者的协同上，我们采取了语言专家和学术专家相结合的方式，语言专家重点解决语言顺畅的问题，学术专家重点解决专业靠谱的问题，这也是一种新的尝试。翻译不易，高质量的翻译尤难，但凡经历者均有体会。老一代翻译家严复先生在其《天演论·译例言》中就曾大倒苦水："译事三难，信、达、雅。求其信，已大难矣！顾信矣不达，虽译犹不译也，则达尚焉。"要把一种语言的著作，尤其是学术著作，"信达雅"地翻译成另一种语言，没有点真本事是万万不成的。我们采取语言专家与学术专家协同翻译的做法，就是为了相互取长补短，以保证这套译丛尽可能地做到"信达雅"。

再次是在培养新人上。每本译著我们都建议老师带着其指导的研究生做一些工作，最好让学生试译或者试校其中一两章。这有两方面的考虑。其一，老师们基本上人届中年了，对一些网络流行语或非主流的亚文化可能并不如网络原生代的年轻人那么熟悉，长幼搭配可以相得益彰。其二，让学生们参与进来，也是在实际操作中培养他们的专业能力，以便使他们尽快成长。文化是需要传承的，我们的"平台"也需要不断补充新鲜血液。一代又一代学术新人的涌现，才能保证"日日新，又日新"。

综上所述，本着"不忘本来，吸收外来，面向未来"的志趣，以"苟日新，日日新，又日新"的创新精神，关注新技术、新媒介、新文化的发展动态，介绍与此"三新"相关的新知识、新理念、新规则是本译丛的最大特点。我们希望，我们的这种努力庶几能给同道带来些许助益。

是为序。

唐绪军

中国社会科学院新闻与传播研究所所长、研究员

献给苏珊

爱丽丝："请你告诉我，离开这里应该走哪条路？"
柴郡猫："这要看你想上哪儿去。"

——刘易斯·卡罗尔，《爱丽丝梦游仙境》

目 录

序 言

危 机

1986 年 1 月凌晨 3 点，宾馆房间烟雾缭绕，桌子上扔着吃剩下一半的三明治和几杯淡淡的冰茶——这是我作为新闻工作者最美好的时刻。在美国肯塔基州路易斯维尔市 (Louisville, Kentucky) 的凯悦宾馆 (Hyatt Hotel) 里，我已经连续奋战 5 天，忙着撰写关于该镇上最有声望的家族——宾汉姆家族的故事。宾汉姆家族经营着《信使日报》(Courier-Journal) 和《路易斯维尔时报》(Louisville Times)，享有肯塔基州第一公民的美誉，但家族纷争促使他们突然宣布卖掉这两份报纸。我立即乘飞机赶到路易斯维尔市，为《纽约时报》(New York Times) 报道这一消息。我负责的领域就是报业本身的演变。

《信使日报》或许可以称为是全国最好、最受敬重的地方报纸，因而宾汉姆报业帝国的崩塌是一个晴天霹雳，而且对于美国零星的几家报业家族来说也是一个重大打击，他们一直把宾汉姆报业家族看作是成功和独立经营的楷模。

对我来说，这也是极好的"消息"。写了两篇快讯之后，我为争取能继续留在路易斯维尔的机会和远在纽约的编辑吵了起来。我想写一篇能深入了解该报业家族变故的长篇报道，但由于我在《纽约时报》才待了两年时间，编辑很不情愿把这份差事交给我，他已经有了更为资深的人选。但是通过努力争取，我成功说服他给我这次机会。5天来，我近乎疯狂地采访，尽可能地和每一位能透露该报业家族分裂原因的人谈话，到了晚上我一遍又一遍地把一条条消息写下来，终于写成了6500字的报道。对于《纽约时报》的文章篇幅来说，这几乎是一部小说了。那几天，我没日没夜地工作，只靠喝红茶抽万宝路烟勉强度日。

很幸运的是，宾汉姆家族的人愿意接受采访。我恰好联系到了老巴里·宾汉姆（Barry Bingham Sr.），他是个不愿意吐露心声的人，但此刻他却异常坦率地告诉我他自己和他们家族的事情。他解释说他做出出售报纸的决定是由于他两个儿子的英年早逝以及其他三个孩子不断的争吵，他还告诉我他家里那种缄默的氛围导致愤怒积聚，家人从来没有面对面开诚布公地交流来排解这种愤怒。我在他公开宣布出售其报纸的当天去他办公室采访他，那天他的儿子公然谴责他的决定。他看起来惊慌失措，满面愁容。他说："或许，如果我们能像拉美裔家庭那样，吵吵闹闹，哭哭嚷嚷，然后相互谅解，和和睦睦，我们家庭会更好些吧，但是我们不是那样的家庭。"

我的文章定于那周周五晚上拿去刊印，周日将出现在《纽约时报》商业板块的头版，因此最后交稿的截止期限是周四。周四凌晨时分，四周一片寂静，在我那笨重的电脑上我把最后几个字敲好发给了纽约。

我马上打电话给我妻子苏珊·提夫特（Susan Tifft），她是《时代周刊》（*Time*）的作家，那时正在我们的纽约公寓里睡觉。我把她叫醒，难以抑制自己的激动之情，对半睡半醒的爱人说："这是我做过的最棒的一件事。"或许已算是老调重弹（她已经听我说过很多次），但是我的心跳不断加速，我已经尽了我最大的努力。我知道我写的这篇文章将以一种特殊形式使读者和宾汉姆家族联系起来。这篇文章将抓住读者的眼球，使他们一直读完。我了解了宾汉姆报业破产的前因后果，并公平公正、不偏不倚地将该家族的故事报道给了读者。

我在此叙述那一刻的感受是因为我认为承认喜欢自己的职业并相信新闻工作能给人带来如此激动人心的时刻这一点很重要。这种感觉不多见，但是大多数新闻工作者都会有类似的经历。从事新闻工作薪资不高，这种激动人心的时刻是给我们的主要奖励。我认为我做到了遵守新闻报道的传统和标准——公平、客观、准确，这些是我从小就学会并坚信的准则。而且，我的报道生动有趣，扣人心弦，读者能够从中获益。

这则消息很能引起我的共鸣，因为我是田纳西州格林维尔市（Greeneville, Tennessee）一个报业家族的第四代传人，我知道经营地方报刊的报业家族背后隐藏的光荣和焦虑。我的家人现在仍独自经营着大约有15,000发行量的《格林维尔太阳报》（Greeneville Sun），我父亲是出版商，我的两个哥哥还有姐夫每天都在那里工作。我认为我自身的经历能帮助我从另一个角度来看待宾汉姆报业家族的事情，而且我也公正客观地将它付诸笔头。我写的文章里没有坏人，大多是一些有血有肉的人物和一个悲惨的结局。这篇文章后来帮我获得了普利策奖，但是相比于奖项，我觉得那个在路易斯维尔市脏兮兮的烟灰缸遍布宾馆房间的夜晚更有意义。

我所赞成的新闻类型正陷入困境，它影响着我们每一个人，因此我们都与此脱不了干系。各种新闻报道类型我几乎都有涉猎过：小报纸、都市大报纸、广播、电视、书籍、杂志以及近来的网络和学术报道。我觉得我毕生都在从事新闻工作，因为从小在我的记忆中"这份报纸"——通常我们指的是《格林维尔太阳报》——就像一个严苛但受大家喜爱的家人一样。在我心里，我生来就是一个新闻工作者。对于闻惯了打印机刺鼻的油墨味，同时深谙报纸付梓前报社内热火朝天的气氛的我来说，面对如今的报业危机，肯定有自己的看法。我是一个报纸题材电影迷，最喜欢的是1952年的《末日挣扎》（Deadline-USA）。这是亨弗莱·鲍嘉（Humphrey Bogart）主演的一部音乐剧，在剧中他扮演一位濒临破产的都市报纸《日报》（Day）的主编。该报的几位老板因意见不一，争吵不断，便打算把它卖给竞争对手，而对方打算买过去后就将其停刊，一劳永逸地消除竞争。就这样一份报纸最终却搞出了一篇大新闻。在电影高潮部分，麦鸣的印刷机旁，鲍嘉正与一个非法商人通电话，对方威胁他说："把这则消息刊登在报纸上，你就死定了。"鲍嘉先把话筒对着这些麦鸣的印刷机，然后对着里面大吼道："老兄，这就是新闻。新闻！你就等死吧，等死吧！"电影中的非法商人最后确实无法阻止报纸付印，但电影最后的场景是《日报》报社的灯光一盏盏熄灭，同时《共和国战歌》响起，唱起"真理永存在"的歌词，犹如一首挽歌。电影《末日挣扎》演绎了一个报刊业的传奇故事，它很好地诠释了一个尖锐的事实：报纸（事实上包括几乎所有的新闻机构）或许都有自己的使命，但是它们同样也是一个企业，而企业就有其谋利的需求。1952 年时，人们能很好地明白这一事实，而现如今，这一残酷的现实正华丽地展现在人们面前：所有的传统新闻机构都在努力转型，力争在数字化大潮中求得生存。互联网已经彻底摧毁了传统新闻业的经济模式，新闻业急于找到一种新的营利模式，这就需要在创新的同时不断降低成本，尤其是报纸的成本。无法成功实现转型的新闻机构将被淘汰，而得以幸存下来的新闻机构可能需要辜负它们的使命了。新闻编辑室不断减少的消息屡屡出现，令人沮丧以致麻木。我看到过很多关于新闻编辑室裁员的文章，会难过忧伤，但我没有惊恐。然而当我从语音信箱中听到一个朋友讲"雷克斯（Rex）失业了，他很难过，你打电话跟他聊聊吧"的时候，我感到惊恐了。

在《纽约时报》工作了 9 年后的 1992 年，我辞职了，开始写一本书。雷克斯·塞莱恩（Rex Seline）和我是同一年进入《纽约时报》的，我当时很钦佩他的新闻编辑技能，以及他镇定自若搜集信息的能力。这些年我们一直保持联系，他自称为"无期徒刑犯"，意思是说终身致力于新闻业，打算从一而终。他来自内布拉斯加州的林肯郡（Lincoln, Nebraska），获得了内布拉斯加州大学新闻学文学硕士学位，上学时就是《内布拉斯加日报》（*Daily Nebraskan*）的编辑。他热爱新闻工作，毕业后先在《奥马哈世界先驱报》（*Omaha World- Herald*）做临时副编辑，后来去了《罗切斯特民主纪事报》(Rochester Democrat and Chronicle)，再后来去《达拉斯时代先驱报》(Dallas Times Herald)，就这样步步上升，1984 年来到《纽约时报》。那时我也是刚到《纽约时报》差不多两个月。起初，他是副编辑，但是他天资过人，很快被委以更重要的编辑任务。1990 年，他成为《迈阿密先驱报》(Miami Herald) 的商业执行主编，四年后他去《沃斯堡明星电讯报》(Fort Worth Star-Telegram) 做经济栏目总编辑。他被委以更大的责任，稳步地获得更多的机会，是一个成功的新闻工作者的典型。8 年前他成为《沃斯堡明星电讯报》的新闻主编，负责沃斯堡市（Fort Worth) 和得克萨斯州（Texas）的新闻报道以及商业版编辑室和国内 / 国际编辑室的工作。在生活中，他和他的妻子贝姬（Becky）育有两个孩子，他想让他们像他自己一样成为红袜棒球队（Red Sox）的狂热球迷，但是却没能成功。

他对待新闻工作一丝不苟，有时候会打电话过来讨论报业面临的伦理困境等问题，一直希望确保自己和他的报纸始终能站在正义的一方。他是一个完美主义者，或者说是一个新闻业理想主义者，所以决心要以最高的标准报道新闻。他并没有夸夸其谈，新闻工作对他来说意义重大，同行也都认可他。举例来说，2004 年他被选为美国商业编辑和作家协会主席，但是他仍然过着一种普通家庭的生活，担任着艾伯伦联合卫理公会教堂（Arborlawn United Methodist Church）员工—教区关系委员会的主席。他的母校评选他为 2006 年杰出新闻—编辑校友，他期望自己最终可以在《沃斯堡明星电讯报》结束职业生涯。

《沃斯堡明星电讯报》发行量达 20 万，其数量比丹佛市或堪萨斯城的人口少一点，但比辛辛那提和里士满要多，大概在美国报纸中排第 45 名。多年来，该报盈利颇丰，并且与比其发行范围更广的《达拉斯晨报》(Dallas Morning News) 展开颇有成效的竞争。该报纸一直是家族经营，直到 1974 年，卡特家族将其卖给了大都会交通公司（Capital Cities Communications）。大都会交通公司收购了美国广播公司（ABC），而后大都会交通公司自己被迪士尼公司（Disney）收购。迪士尼公司没有兴趣发展报业，于 1997 年把《沃斯堡明星电讯报》出售给了奈特里德报业集团

（Knight Ridder）。2006 年，愤怒的股东们不满意奈特里德的盈亏底线，迫使公司出售《沃斯堡明星电讯报》。当时，信心满满的麦克莱齐报业集团（McClatchy Newspapers）收购了几家报纸，其中就包括《沃斯堡明星电讯报》。麦克莱齐报业集团被认为是全国最有公益心、以新闻为导向的一家报业集团，另外一个使其声名在外的因素是虽然其利润空间低于同行业那些贪婪的报业集团所追求的标准，但它对此也还知足。虽然当时已然运营困难，但这些报纸被麦克莱齐报业集团收购可算是幸免于难。

但是麦克莱齐报业集团收购这些报纸，伴随而来的是巨大的负债，对于公司的盈亏底线来说是巨大灾难。随着广告商们将阵地转移到互联网上，加上经济衰退引起的一系列广告业的问题，2007 年，报纸行业的广告收入大幅减少，其跌幅是五十年来第二大的一次。对于许多报纸来讲，2008 年的状况更糟糕。随着麦克莱齐报业集团股票的暴跌，该公司停止了开支。在 2008 年 4 月底新一轮新闻编辑室裁员中，至少 55 名员工被裁，而雷克斯就是其中之一。从那以后，也有一些员工因此离开，他们空出的职位至今也没有被填补上。新闻编辑室据说有超过 25% 的员工离职了。就这么突然，我的朋友在他 51 岁时，30 年的新闻业生涯戛然而止，他害怕他作为新闻工作者的生涯也永远结束了。

我听到这则消息时感到战栗，美国的新闻媒体已经到了一个十字路口。倒不是因为雷克斯·塞莱恩个人工作的得失，而是由于以报纸质量为荣的麦克莱齐报业集团迫于经济压力最终无奈裁掉了许多和雷克斯一样才华横溢的员工。报业和其他新闻机构失去的不是可有可无的多余成分，而是最优秀的精华。当许多像雷克斯·塞莱恩这样的新闻媒体人被辞退时，新闻行业的大厦已经被釜底抽薪，摇摇欲坠。如果这种情况真的发生，真实的消息将供应不足，这对我们所有人来说都将是沉重的打击。

我认为新闻业很重要，意义重大。100 多年来，美国人与生俱来就有非常好的——虽然不能称作完美的——报道新闻的核心，这一核心就如《美国宪法》一样，对于保障我们的自由必不可少。但是我们现在所处的时代引发了一系列关于新闻业和新闻报道的问题，令人不安。这些都是很困难的问题，一些涉及道德和伦理，一些由于其他原因而很棘手。在这个技术变革的动荡时代，新闻正在发生着什么变化？报纸发行量似乎急剧减少，而这真的关系重大吗？在这个鼓励发出个人声音的新时代，客观性还是美国新闻业追求的标准吗？媒体垄断是一种切实的威胁还是无关紧要的现象？传统的新闻报道对民主制度真的无比重要吗？什么才是真正值得敬重的新闻业？这些问题都是本书的中心内容，我将努力讲述一个传奇与误解并存的故事。当前，数字科技给新闻界带来天翻地覆的冲击，更多的人开始认为新闻业的价值日益过时而且成本高昂，而本书的重点就是探讨新闻业的价值所在。我也想看看新闻业在不久的将来将何去何从，至少需要思考一下我们该做出的选择。

本书无意于为人们——无论是"左"派还是右派——提供新的炮轰新闻界的弹药。新闻就像政府一样，会不断遭到批评，且少有人来为其辩护。也正如政府一样，新闻有好有坏，它可以出色地完成任务，也可能会令人失望。和政府一样，这两种情况也都会出现。这不是一本关于媒体偏见的书，它讨论的是严肃新闻不确定的未来。

新闻，或者类似新闻的事物将来当然会继续存在。未来的网络上将有大量的新闻和舆论，但是高质量的新闻由于成本高昂，将变得越来越稀缺。人们希望继续阅读《纽约时报》和《华盛顿邮报》，但是仅仅这两大新闻机构是远远不够的。关于伊拉克战争最好的新闻报道不是由《纽约时报》或《华盛顿邮报》来报道的，而是出自奈特里德报业集团华盛顿分社之手。

追求利润的压力对新闻编辑室造成了严重破坏，尤其对于那些向国内民众报道政府消息的地方报纸的驻华盛顿报道组来说，杀伤力更大。例如，2006 年，《圣地亚哥联合论坛报》(*San Diego Union-Tribune*) 驻华盛顿记者团因报道国会议员兰德尔·坎宁安"公爵"(Randal "Duke" Cunningham) 贪污受贿事件——如果没有他们的调查该事件不会被曝光——而获得普利策奖。和其他很多分社一起，这家分社已经被关闭了。将来会有大量的可能被称作"新闻商品"的新闻出现，这种新闻由几家公司只对新闻进行最单一的报道，就像大规模生产的快餐一样售价便宜。高质量新闻，尤其是涉及有关地方和州的新闻是否会仅仅成为权贵人士日常生活的一部分还很不确定。2009 年《治理》(Governing) 杂志在一篇关于国家立法机构影响力的报道中详细讲述了新闻机构大规模放弃州议会报道的事实。州级政府部门对民众的生活有着很大的影响，但如果没有媒体监督的话，这也是腐败最易滋生的地方。

目前"危机"这个词大量出现在新闻媒体中，我们应该持十分怀疑的态度来看待这个词——这正是记者素质的一种表现。然而，对我而言真正意义上的危机确实存在。虽然很多人认为这是一种媒体偏见，但这确实不是偏见，这是一场新闻数量减少、质量下降的危机，一场新闻界精神面貌和使命感的危机，一场价值观和领导力的危机。危机是在科技和经济发生巨变的浪潮下产生的。网络和数字科技导致新闻业不断反思，其带来的冲击是历史性的，而最终结果如何尚未可知。有价值的事情可能会消失或会被严重破坏，新鲜事物也会出现。可以确定的是，传统的新闻媒体正在发生转变——从某种角度讲应该是崩塌，新型的媒体不管好坏，都将与以往大不相同。当前的情况就像赌博一样，起初在几位玩家面前按顺序堆叠起来的筹码现在散落一地，赌场的每个人都蜂拥着去抢一把。汤姆·布罗考 (Tom Brokaw) 把新闻业的变化比作"第二次宇宙大爆炸"——一场影响巨大的媒体业爆炸。爆炸中一些东西被烧毁，没有人知道哪些旋涡中的碎片最终会孕育出生命。

第 一 章

铁 芯

不幸的是，这意味着我们不得不出售一些才华横溢的记者。

——《美国新闻与世界报道》编辑布莱恩·凯利（Brian Kelley），这句话在该杂志由于一些经济原因取消其调查性报道板块后被 Washington.com 引用

想象一个看似大炮弹的灰色铁球，表面坑坑洼洼，不大美观。再把这个沉甸甸的实心铁球看作是每天报道的严肃新闻的总量，得到的就是一个信息铁芯，是民主制度有效运行的关键所在。这个笨重的大铁芯包括了各新闻机构——报纸、广播、电视新闻、美联社和路透社等通讯社以及一些杂志社制作的所有的专业新闻报道。现在，铁芯中一些内容来自新的媒介、非营利组织，甚至有时候是超市的宣传小报，但是绝大多数仍来自传统的新闻媒体。

这个铁芯不会报道帕丽斯·希尔顿（Paris Hilton）的越轨行为、洋基棒球队（Yankees）的比赛或是美国网球公开赛（U.S. Open）。它不会刊载漫画或填字游戏，也没有广告；没有关于宠物小狗的消息，或是周末好去处，也没有烹饪美味辣椒的食谱。它不会涉及为房地产购买、为个人退休账户投资而提供的建议，或者影评，或者饮食秘诀。上述提到的这些都没有任何问题，事实上，欢乐有趣的消息对大部分人来说更有吸引力，相对而言铁芯里面包含的内容在一些人眼中反倒显得严肃、枯燥抑或充满偏见。

铁芯里没有社论，不涉及专栏作家、特约作者或专写政论的博客。事实上，上述内容都是源自这个铁芯，正因为有铁芯的存在才能有这些意见。

铁芯与这些意见的不同之处在于，铁芯的分量来自报道过程中收集的信息，而这些意见有助于铁芯里的消息的散布推广，有助于分析、解读和检验这些消息。这些意见评论者从铁芯中精挑细选出能够帮助他们强化某个论点或提出政策议程的事实，但是他们始终在铁芯的外面，因为他们几乎总是只发表评论和个人观点，没有提供原汁原味的事件报道。

铁芯内部新闻种类众多，涵盖从对伊拉克战争的报道到莫桑比克国家公园的保护工作等的国际新闻；白宫或市长办公室等地方发生的政治新闻；有关新建球场的提议的公众听证会的报道，以及对可能影响资产价格的分区概念的解读；有关于医疗改革的政策新闻和关于全球变暖的科技新闻；有商业创新和商界丑闻；有关于滥用类固醇等药物的体育新闻；有关于与学校委员会就校服规定的争论的报道，以及与国家立法机构就智能设计是否能被当作科学来教育民众的争论的报道等。一些调查性报道使这个铁球变得更为重要，这些报道包括揭发县监狱的囚犯被用作劳动力去给警长粉刷房子，揭露政府以反恐为由在没有被授权的情况下窃听消息等。

这个铁球是由每天的"问责新闻"累积起来的，之所以被称作"问责新闻"，是因为这类新闻的目的是要使政府及其他权力部门对其行为负责。这是基于事实的新闻，有时候被称作"核实性新闻"，这是和"断言性新闻"相对立的。"断言性新闻"主要就是在有线新闻频道和博客中报道的消息。

传统的新闻工作者一直坚信，这种基于事实的问责新闻对民主制度是必不可少的，如果得不到来自这类新闻的足够给养，民主制度将会变脆弱，运转失灵，甚至是走向失败。

100多年以来，我们一直围绕着我们是什么样的国家和民族这一问题开展全国性的讨论，虽然意见纷呈，但讨论始终是以新闻的铁芯为出发点的。就像地球是被大气层所覆盖的一样，这个铁芯是被各种谈话和意见所包围。这种讨论与家庭争吵颇为相像，絮絮叨叨，永不停息，它会出现在报纸的社论版面或者读者来信区，或者评论专栏或周日早上的谈话节目中，在《奥雷利脱口秀》(The O'Reilly Factor) 或拉什·林博 (Rush Limbaugh) 和唐·伊姆斯 (Don Imus) 的广播节目中，或者互联网上的博客或新闻发布会中；它会出现在晚餐桌前、饮水机旁或酒吧里，也会出现在政治漫画或《乔恩·斯图尔特每日秀》(The Daily Show with Jon Stewart) 中。

或者也会出现在一些圈内的笑话里。杰·雷诺 (Jay Leno) 在担任《今夜秀》(The Tonight Show) 主播的第一个十年间讲述了 18,000 多个政治笑话，其中几乎有 4,000 个是关于比尔·克林顿的，但是雷诺的每个政治笑话都是以这个铁芯为出发点的。这个铁芯也为娱乐业提供了素材，使得娱乐业能在全国性的大讨论中发出强有力的声音。电视上类似的新闻节目，例如《今天》(Today) 和《20/20》都从这个铁芯中寻找观点和灵感。一些像《白宫风云》(West Wing) 这样的纯娱乐节目则直接以这个铁芯为主题，甚至情景喜剧中的最可笑情节和嘻哈音乐的低俗的歌词也经常含沙射影地讲到这个铁芯。不管关于公共事件的讨论出现在什么地方，几乎都是这个日常新闻"铁球"的副产品。

新闻业最大的担忧是其铁芯正处于岌岌可危的地步，这主要是由于报业的发展受到一些问题的制约。绝大部分的铁芯新闻刊发在我国的报纸上。我个人估计有 85% 的专业报道的问责新闻来源于报纸，但是据可靠消息推测这一数据可能高达 95%。当谈论到此类新闻的时候，人们可能认为他们是从电视或网络上得到的，但其实这些都是来源于报纸，其他的形式只不过是一种传播系统。虽然当前电视新闻骤减，商业电台中的新闻几乎消失殆尽，但对铁芯新闻造成真正冲击的却是报纸业的经济危机。

迄今为止，新闻的铁芯或多或少受到一种经济模式的保护，这种经济模式能够为新闻提供读者和广告商不会提供的额外资源。铁芯新闻尤其是调查性报道成本高，而且有迹象表明很多人对其也不感兴趣。在未来的媒体经济中，冷冰冰的数字指标将很大程度上决定新闻开支的标准。铁芯的规模和质量将直接取决于喜欢该类新闻的观众对其进行的经济支持。需求主导！也就是说，从国家层面讲，大量新闻将流逝。我们会有很多谈话类新闻，即断言性新闻，但是由专业的新闻工作者报道的严肃新闻将会减少。

在铁芯的内部，新闻分不同等级，每一类新闻都有重要作用。第一类可以被称作是见证性新闻。它为民主制度做出相当大的贡献，是问责新闻最基础的部分，因为它使民众对于他们所处的世界和权力走廊中正在发生的事情有基本的了解。不管是关于美国白宫的还是世界各地的头条新闻，大部分都是亲历事件的新闻工作者对其进行的报道。例如对卡特里娜飓风和阿富汗、伊拉克战争等事件的第一手报道，是这类新闻中最具挑战性的；类似的如记者告诉人们市长新闻发布会上或学校董事会议上发生的事情也属于见证性新闻。作为可靠的公众代理人——即人民的耳目——进行如实报道是铁芯新闻的主要内容，这也是新闻报道最直接的一种形式。记者的责任是将其直接报道出来，并尽可能地接近事实的真相。

但是光有见证性报道往往是不够的。事实上，在重要事件上，见证性报道还远远不够。这需要铁芯新闻中的第二类形式，即"跟踪性新闻报道"。优秀的新闻工作者绝不仅限于见证性报道。与见证性新闻不同的是，跟踪性新闻会挖掘更多有待了解的信息，解答最重要的一个问题"为什么？"——找出事件发生那一刻隐藏在背后的原因。这需要新闻工作者坚持把一个新闻报道到底，而不仅仅是对这一事件进行报道后就转向下一个事件。这就是说，听完市长的新闻发布会后继续探究其决议或政策背后的缘由；对战争进行持续报道，而不是乘降落伞降落到战场，对战争进行快速报道，草草发稿，然后就乘下一班飞机离开。跟踪性报道有时只是去确认先前见证性报道中的内容，但也可能是有选择的深入调查。这不仅耗时，也需要报道者具有专业能力和经验，而这样的报道反过来也会提高报道者的专业能力。

核心新闻的下一层或许可以被称作"释义性新闻"，它需要投入更多的时间并具有更强的专业性。只有通过深入探究事件的主题，与信息提供者进行谈话，挖掘数据，搜集事实，处理复杂关系，才可以做出该类新闻。当美国老年人在选择他们的处方药方案产生困惑时，释义性新闻能帮他们进行比较；这类新闻可以毫无偏见地调查支持和反对全球变暖的证据，然后不偏不倚地将结果呈现出来，引人深思。可以这样说，释义性新闻是"增强版"的跟踪报道性新闻。如果跟踪报道性新闻需要付出努力和保持强烈的好奇心的话，释义性新闻需要更深入的知识和更强的专业性，甚至需要更多的时间投入。

在新闻链顶层的是调查性新闻报道。这是要求最高的一种新闻形式，因为它不仅需要时间和专业能力，而且被报道的对象往往会极力保密。调查性新闻的内在含义是它是一种权势人物不希望公众知道的新闻。往往，这类报道起初都从见证性新闻报道开始。最有名的一个例子就是水门事件的报道。1972 年，鲍勃·伍德沃德（Bob Woodward）还只是《华盛顿邮报》（*Washington Post*）的一名低级别的都市版记者，刚刚入职 9 个月。当时有 5 个人因非法闯入民主党的水门大楼总部被抓，他们带着医用橡胶手套，还携带着高级的窃听装备和 2300 美元现金。伍德沃德和另一位都市版记者卡尔·伯恩斯坦（Carl Bernstein），加上其他 8 位邮报的记者，负责当日头版新闻关于此事件的报道，当时他们在报道中连署名都没有。但是接下来他们对此事件进行了不依不饶的挖掘报道，而《华盛顿邮报》后来也因其对水门丑闻事件的报道获得了普利策公共服务奖。正如艾丽西娅·谢泼德（Alicia Shepard）在她的文章《水门神话，伍德沃德与伯恩斯坦》（*The Myth of Watergate, Woodward and Bernstein*）中所说，他们的故事使美国最好的新闻机构纷纷扩大各自的报道能力，为独家新闻进行角逐。在之后的跟进报道中，《洛杉矶时报》拔得头筹，作为第一家报纸采访了那 5 位非法闯入水门大楼人员中的一位。刘易斯·莱博维奇（Louis Liebovich）在他写的《理查德·尼克松，水门事件和新闻》（*Richard Nixon, Watergate and the Press*）一书中写道，水门丑闻曝光后的半年内，《华盛顿邮报》发表了 201 篇本报记者报道的调查文章，《纽约时报》有 99 篇，《洛杉矶时报》也有 45 篇。此外，《华盛顿明星报》（*Washington Star*）、《时代周刊》、《新闻周刊》（*Newsweek*）和哥伦比亚广播公司（CBS）等机构也开展了重要的调查性工作。所有这些工作都是这些有才华的记者们投入上千个工时才完成的，正是这些工作使真相最终一步一步浮出水面。

与围绕水门事件铺天盖地、狂轰滥炸式的调查工作相比，对小布什政府的调查性报道显得不温不火，这对我们国家来说甚是不幸。我认为我们国家最好的调查记者之一是西莫·赫什（Seymour Hersh），他因越战期间对美莱村（My Lai）大屠杀事件的报道于 1970 年获得了普利策奖。近 40 年来，他先于各大新闻机构在《纽约客》（*New Yorker*）上爆料一个又一个消息。例如，在 2006 年，正是赫什揭露了小布什政府准备空袭伊朗，包括动用核武器的计划。他的报道总是被权威部门否认，但总是被证明切中要害。赫什在谈到搜集调查性报道的重要条件时说："这需要时间和金钱"，此外还需要出版商在调查性报道没有任何进展时仍然愿意提供支持。他说："我每次都会同时进行三条线索的调查。"现在赫什已经 70 多岁，但对于揭露谎言和欺骗依然热情不减，他的优势是数十年来一直从事新闻调查工作，关系广，线人多。看到现在对调查性新闻报道的支持减少他倍感失望，但他将此归咎于报纸的编辑和老板，而不是记者。

经济匮乏是问题的根本所在。撰写重要的调查性新闻需要与各种渠道建立稳定的关系并维护信任，而这需要新闻机构长期的支持。一位资深的调查记者一年仅报道几件调查性新闻就可能需要新闻机构支付 25 万美元的开支。有时候开展一个调查项目可能动辄需要几个月甚至几年的时间。几年前，《洛杉矶时报》的三位记者——其中一位近乎是全职，用了三年的时间进行调查，才揭露出了一件出人意料的罪恶昭彰的事件。在名为"唯利是图的监护人"（Guardians for Profit）的系列报道中，《洛杉矶时报》揭露了损人利己的投机分子如何暗箱操作，在老人不知情的情况下，不顾老人的意愿使自己成为老人们的合法监护人。这些老人，年老体弱，没有近亲，但却有一笔财产，这使得这些合法的"监护人"能够照管老人的生活并随心所欲掠夺其财产。这一系列的报道震惊了整个洛杉矶，使其加强了在合法监护人方面的立法执法。但是该系列报道花费了数十万美元。

这种新闻报道也可能会带来法律风险，激怒强大利益集团，这也是为什么此类报道很少出现在互联网上的一个原因。就应对此类法律风险而言，一个主流新闻机构的经济实力，及其律师团队和诽谤保险都十分必要的。问责新闻报道不是铁芯新闻中数量最多的，却是分量最重的。在复杂多变的新闻产业中，铁芯新闻中的每种新闻形式都在减少，成本越高，减少幅度越大。也就是说调查性新闻、释义性新闻和跟踪性新闻遭受打击最重。即使是见证性新闻——尤其是像国际新闻报道这样需要高成本的新闻——也是前景惨淡。将来铁芯新闻将日益空心化，仅仅留下一些最简单、成本最低、由综合性记者报道的见证性新闻，他们的任务就是完成刊发，而不会对新闻进行深入挖掘。新闻从业者正在减少，而那些具有丰富经验的高收入记者和编辑则首先受到影响。随着他们离开新闻领域，新闻业的铁芯也会慢慢变得中空。

如果要对新闻铁芯正发生的变化做形象说明的话，可以了解下《洛杉矶时报》近来走过的曲折历史。《洛杉矶时报》创办于1881年，几年后由此报第一位编辑——前联邦军军官哈里森·格雷·奥蒂斯（Harrison Gray Otis）收购。从新闻业角度讲，该报当时是城市开发商谩骂城市工人的一个工具。1910年因此还发生了一件臭名昭著的事件，在与工会争斗过程中该报业公司遭到了爆炸袭击，21人遇难。两位工会领导人遭到指控，辩护律师是克拉伦斯·丹诺（Clarence Darrow），但最终他们还是认罪。之后仍谴责声不断，称这两位工会领导人是被陷害的。奥蒂斯于1917年去世，该报纸由他的女婿哈利·钱德勒（Harry Chandler）接管，之后又在1944年传给了钱德勒的儿子诺曼（Norman）。在几十年的时间中，该报纸始终站在当地主张城市开发和发展的权势力量一边，成为美国最无所作为的普通大城市报纸之一。

1960年，该报传给了诺曼的儿子奥蒂斯（Otis），而这位奥蒂斯后来被证明是一个传奇。高大英俊的奥蒂斯颇有一副花花公子的模样，喜欢滑雪、冲浪和健身，但是他接手家族的报业之后，志向高远，决心一展抱负。在后来的 20 年间，他让《洛杉矶时报》走出了碌碌无为、令人尴尬的困境，跻身美国最好报纸行列。作为一名好胜心强、颇具荣誉感的加利福尼亚人，他希望洛杉矶能有一份报纸可以与华盛顿和纽约的报纸比肩。他不惜重金，招来最好的记者和编辑为他工作，还扩充了该报纸的新闻队伍，大力推动国际报道，成功地在他任期的第一个十年内摘下了四个普利策奖。对于当时《洛杉矶时报》的福利待遇，新闻工作者中流传着一个"天鹅绒棺材"的说法，意思是福利待遇太过诱人。举例来说，任何记者出差距离超过 1000 英里将享受一等舱待遇。该报纸的利润随着其质量的提高而增长，再加上赶上了好时代，这对报纸来说可谓名利双收。其后《洛杉矶时报》又将其报道范围扩大到周边地区，在华盛顿建立分社，新发行了一份全国版，主要面对美国东部的当权派。这些扩张行为就报纸本身而言是十分荣光的事情，但是其成本也是非常高的。

到 20 世纪 90 年代中期，奥蒂斯逐渐丧失对该报纸的掌控权，钱德勒家族的其他成员为寻求更多的利益，需要一个更强势的人来使公司盈利。在 1995 年，《洛杉矶时报》的掌控权逐渐落到了马克·威尔斯（Mark Willes）手中，他是通用磨坊公司（General Mills）的前任主席。他被戏称为"麦片杀手"，因为他公然无视报纸的使命，声称报纸无异于麦片。1999 年，威尔斯的任期突然结束了，因为有消息泄露说他参与了斯台普斯球场（Staples Center）这个新体育中心的利益均享计划，让报纸专门为球场开辟一个报道版面。问题在于，起初这一专版被包装为独立报道，但是记者却发现它是专为广告商牟利的。如此违背新闻业从业道德的做法引发了编辑人员的反抗，奥蒂斯本人也公然谴责威尔斯。事已至此，钱德勒家族的其他人员更急于要卖掉该报纸。2000 年，时代镜报公司（Times Mirror Company）连同其龙头刊物《洛杉矶时报》一起被伊利诺伊州以营利为导向的芝加哥论坛报业集团（Tribune Company of Chicago）收购。芝加哥论坛报业集团旗下拥有《芝加哥论坛报》（Chicago Tribune）和其他几家报纸，而《洛杉矶时报》在经历了斯台普斯球场丑闻后也急需一个新的领导人。

当年秋天，美国最受尊敬的编辑之一约翰·卡罗尔（John Carrol）被委任接管《洛杉矶时报》的新闻部门，《洛杉矶时报》新闻编辑室的员工得知消息后都备受鼓舞。约翰·卡罗尔此前一直在《巴尔的摩太阳报》（Baltimore Sun）担任编辑，论坛报业集团之所以选中他不仅是因为他在报界德高望重，而且他拥有激励员工创作重大新闻的能力。卡罗尔不反对削减冗余，他认为《洛杉矶时报》确实存在人浮于事的问题，但他同时也认为该报 20% 上下的利润率已经足够高。在他眼中，《洛杉矶时报》作为美国最好的报纸之一，其价值在于其无畏的精神和高质量的报道。在美国新闻界，《洛杉矶时报》与《纽约时报》《华盛顿邮报》和《华尔街日报》齐名，这四大报纸四足鼎立，自成一类，尽管其他报纸在各自领域也做得很好，但和这四大报纸相比，则不在一个层次上。

当卡罗尔走进《洛杉矶时报》新闻编辑室时，他看到的是一个具有巨大潜力、渴望被引领的队伍。他回忆说："从他们反抗斯台普斯球场的事件中可以看出他们的职业道德。"卡罗尔的所见所闻让他惊诧不已，他告诉《洛杉矶杂志》（Los Angeles Magazine）说："我到任后的第一周，有人问我能否在《洛杉矶时报》图书节上说两句。我以为会像在教堂地下室聚会那样只有零星几个人，结果却是像奥斯卡颁奖典礼那样的隆重场面。在这熠熠生辉的洛杉矶之夜我喝了一杯酒，这感觉实在是太棒了。"

起初，卡罗尔在芝加哥论坛报业公司工作得很愉快。裁员工作当然需要很谨慎，但是任务不算繁重。然而，这一切在 2003 年发生了改变，公司广播部门的执行官丹尼斯·菲茨·西蒙斯（Dennis Fitz Simons）被任命为报业公司的总裁。令卡罗尔失望和震惊的是，当他向公司的执行主管们汇报、谈及报纸的使命时，对方却不屑一顾，渐渐地他开始将这些主管们看成是一群另类。反过来芝加哥方面也恼怒万分，因为公司要求裁员和缩小报道范围，而卡罗尔却反对。当卡罗尔与公司高管就预算问题发生冲突时，他辩解说他希望公司能承担社会责任，提供公共服务。最令他吃惊的倒不是公司方面反对他的观点，而是他们看起来无法理解卡罗尔为什么在预算出现问题的时候有这样的想法。在公司高管眼中，社会责任之类的概念与预算问题风马牛不相及。

在报纸的社会责任和经济收益之间总是需要达成某种平衡，而根据报纸行业的标准，《洛杉矶时报》确实员工过剩，新闻方面的预算不符合公司的盈利指导方针。卡罗尔的立场是，《洛杉矶时报》每年利润超过 2 亿美元，处于绝佳盈利状态。他希望这些钱都用得其所，用于服务社会是很有必要的，而且也是一种赢得读者信任的合理方式。

公司老板们有时候会以嘲讽的语气说《洛杉矶时报》的新闻编辑室散发出"神父"气质，意思是说这些编辑人员执拗于救济天下，执意反对削减支出和做出改变，反对以减少严肃新闻的报道为代价来增加广告收入。

卡罗尔认为这些公司里的老板们不仅对《洛杉矶时报》不断增长的声誉不屑一顾，甚至还认为这是一种阻碍，结果是关于预算和员工编制的争论变得越来越激烈。2004 年，《洛杉矶时报》获 5 项普利策奖，这绝对是对该报高质量报道的一种认可，但是远在芝加哥的论坛报业的高管们却对其熟视无睹。当年6月，就在卡罗尔赴纽约参加普利策颁奖午宴后的一周，他和他的总编辑迪恩·巴奎（Dean Baquet）会见了论坛报业的最高级别的两个主管，告诉对方说公司设定的预算削减幅度太大，可能会不利于报纸的发展，会破坏普利策奖带来的良好发展势头。可是这两位高管不为所动，反而宣布了一个新闻业务的出售计划，并且还说如果主动离职的人员数量达不到要求的话还要实施强迫下岗。关于这一安排的原因，公司方面说是因为报纸的广告收入减少了。

从那年6月份开始，《洛杉矶时报》接下来的故事就是一轮又一轮的裁员。2005年，卡罗尔辞去自己的编辑职务，他不想看到这样一份好的报纸逐渐变得面目全非，而且他认为论坛报业公司的管理层缺乏前后一致性的长远规划。他说"每次裁员传递给人们的信息就是'赚钱赚钱，赚到钱之后我们再讨论《洛杉矶时报》如何运营的问题'"。迪恩·巴奎接替了卡罗尔的职位，但是他也于2006年因拒绝论坛报业公司继续裁员的要求而被炒了鱿鱼。之后詹姆斯·奥谢（James O'Shea）接任，他曾是《芝加哥论坛报》的高级编辑，此时临危受命执掌《洛杉矶时报》，意在驯服《洛杉矶时报》内不听话的管理层。2008年1月，奥谢也因为拒绝大规模裁员而被辞退。据《洛杉矶杂志》的统计，从20世纪80年代到2000年，《洛杉矶时报》员工数量一直稳定在1200人左右，该杂志估计在奥谢离开时《洛杉矶时报》的员工数量减少了30%。2007年，大亨泽尔（Sam Zell），一位没有任何报业经营经验的亿万富翁通过一系列复杂的交易掌控了论坛报业公司，却留下了130亿美元的债务。他要求继续减编，将报纸的新闻版面——区别于广告版面——缩减了15%，而且制定了数量高达上百个的裁员计划。很多优秀的记者或主动辞职，或被开除，或另谋高就。泽尔曾来到公司最受敬重的华盛顿分社告诉记者们说，既然这个分社没有任何收益，你们这些记者也就没用了。这件事传出来使他声名狼藉。2008年，《华尔街日报》的前执行编辑鲍尔·史泰格（Paul Steiger）为一个新开的非营利性质的调查报道机构《为了人民》(*ProPublica*)招聘24位调查记者。他很高兴能看到1000多位高水平的记者来应聘，但同时看到这么多受敬重的同行都是来自《洛杉矶时报》，他深感痛心。他说道："简直是悲剧。"2008年12月，论坛报业公司根据美国《联邦破产法》第11条申请破产保护，《洛杉矶时报》的发行业务得以维持。到2009年春季，曾经如日中天的《洛杉矶时报》有一半从业者流失了，而且人们相信还会有更多的裁员。

直到最近，新闻铁芯中各种形式的新闻报道还受到人为保护和资助，这是因为美国的公共服务和贪婪的资本主义结合使新闻业衍生出一种商业模式。在18世纪，报纸往往受到政府机构资助，或者成为某些企业的宣传工具，这些企业本身的利润来自其商务印刷服务。19世纪的技术进步导致了新闻业的商业化，就当时而言其革命性堪比当今的数字技术革命。报业，尤其是城市中的各大报纸，从勉强维持运营突然向商业转型，一种新的经济模式诞生了。

在过去，报纸收益微薄，利润主要来源于工会、各政党和其他利益团体的资助及其发行收入——人们订阅该报纸或者购买单份报纸的收入。由于当时报纸印刷成本高，报刊公司尽可能地抬高价格，但这样发行量就会减少。后来，新的技术使报纸印刷变得既迅捷又便宜，此时一种基于广告收益的新的报业经济模式便应运而生，当然这必然需要吸引大量的读者。

当报纸寻求将商业发展和保护言论自由的社会责任结合起来时，这算得上是一个与魔鬼达成的交易。就保护言论自由而言，美国宪法"第一修正案"将其单列出来保护，近乎神圣。为完成保护言论自由的使命，各大报纸没有刊登狭隘的政治批评文章，而是选择刊登真正意义上的新闻，因为这是现代美国言论自由的基础，有大量潜在的读者——这是一件大好事。报业老板现在摇身变为商人，他们致力于吸引更多的读者，为此他们给报纸降价。早在 1830 年，波士顿便发行第一份"便士报"——《记录报》（ *Transcript* ）。很快在其他大城市中也出现了"便士报"，之所以这样称呼是因为每份报纸只卖一美分，比以前的 6 美分便宜多了。这些新的大众媒体报纸通过各种新闻吸引了大批读者，而搜集这些新闻的钱则来自广告收入。一方面，报业公司出于私利追求高额利润，另一方面利润中的相当大一部分又用于服务公共目的的新闻报道，两者相伴而行，并行不悖。

然而，这种交易并没有那么简单和纯洁。虽然报纸确实刊登关于政治和公共事务（仍有党派偏见）的严肃新闻，但报纸中的内容绝不会仅仅只包含严肃新闻，或者说对于正在蓬勃发展的报纸业来说刊登严肃新闻不是主要的目标。丑闻、犯罪、社会议题或某位名人的八卦新闻等是大部分报纸的主要内容，尤其是那些"便士报"。报纸确实也是推动各种社会变革的生力军，但其主要目的往往是追求更多的发行量。例如，威廉·伦道夫·赫斯特（William Randolph Hearst）旗下的报纸曾大力煽动美国因为古巴问题与西班牙开战，而这只不过是一种报纸促销的噱头。

很快，图片、漫画、诗歌和书籍系列、体育以及其他一些能吸引读者购买报纸的事物都出现在报纸中。1913 年，约瑟夫·普利策（Joseph Pulitzer）创办的《纽约世界报》（ *New York World* ）中出现了一种新的大众娱乐方式——填字游戏。在广告商眼中，如果说报纸的内容重要的话，是因为它们能带来大量读者，这些读者虽然只是走马观花地对报纸中的广告一扫而过，但可能会被吸引去购买其中所宣传的锅碗瓢盆和各种药品。表面上看，各种铁芯新闻报道还是报纸的镇宅之宝，但实际上广告和其他光鲜诱人的内容早已经把严肃新闻给覆盖了。

据我所知，没人试图统计近几十年来报纸中的内容有多少可以称得上是"铁芯新闻"。我个人的猜测是，有关重要话题的严肃报道平均占报纸版面的15%左右，这一比例在国家遇到危机时会高一些，但在那些送到家门口的厚厚的周日报纸中占比则很小。在美国大部分城镇中，这些报纸周末版都刊满了广告，按美国南方的说法，这些报纸可以填满一个煎锅，简直"厚得流油"。在19世纪商业报纸诞生时，情况就如此，150多年来情况也一贯如此。这种新闻的数量随着报纸规模的变大而增加，但是其所占的比例似乎一直没变。一般的报纸中，大约有一半的篇幅都是广告，大约15%是核心新闻，取悦大众的软新闻、特写、漫画、八卦、社论、游戏等则占了35%。即使是美国的精英报刊中，这种比例也没有很大的变化。《纽约时报》《华盛顿邮报》《洛杉矶时报》等都会报道体育、娱乐和其他"非铁芯新闻"，甚至连《华尔街日报》也开创了一个个人版用于刊载出行建议和书评等。

想要具体统计出有多少人是为了看严肃新闻，又有多少人只是为了上面的娱乐信息而买报纸，其难度无异于要将一个炒好的鸡蛋还原。但是有理由相信，如果有更多的读者呼吁希望看到更多严肃新闻的话，报纸应该会因此做出调整满足其需求。近一个半世纪以来，读者并没有这种诉求，这表明报纸上的内容比例基本上是没有大问题的，读者大众对严肃新闻是有兴趣，但不算大。

但是最能吸引好的记者和编辑来报刊工作的是报道严肃新闻的前景，而其中报道问责性新闻享有最高的威望。这也是最需要投入金钱和时间成本、最需要投入精力也最需要专业知识的领域。相比而言，娱乐性新闻都是由报业集团或者等级低一些的记者报道的。当然，严肃新闻的制作需要雇用经验丰富的员工，他们期望加薪和休假以及健康保险和养老金等福利，而且他们还自视甚高。

也只有这类严肃新闻才能获得奖励和荣誉，当然它们也证明报纸可以在实现其商业目的的同时履行社会责任，这也是美国宪法第一修正案着重保护的新闻——虽然第一修正案保护的是言论自由而不是高质量的新闻报道。即使这样，20世纪的报业公司因其报道严肃新闻服务社会而收获荣誉，受人尊敬，与之相伴而行的是不断增长的利润。

不管读报的公众出于何种原因订阅报纸，他们都可以看到此类严肃新闻，这是和那些娱乐性新闻共同刊载在报纸上的。这样在利润和公共服务之间就形成一种良性循环。严肃新闻成本最大，也不是报纸最主要的卖点，但它们能提供公共服务；而一系列用来吸引报刊读者的娱乐新闻能吸引大量的广告投入，赚得的利润可以用于报道严肃新闻。从20世纪80年代至今，报纸几乎都赚得盆满钵满，公众既可以看到严肃新闻又能享受娱乐，新闻编辑室中也很少有人会花时间考虑他们的工资居然来源于那些对他们所做的工作不感兴趣的民众。当然，不大喜欢严肃新闻的读者也得买这些新闻，因为它们就在报纸上。他们可能会扫一眼这些铁芯新闻，或者偶尔认真读一读，但他们不会刻意去把这些新闻挑出来看。对这类读者而言，铁芯新闻实际上是体育新闻或广告这些最吸引他们的报纸内容的一个附赠品。

对于那些关心严肃新闻的读者来说，报纸的运营模式让他们受惠颇多，如果严肃新闻的制作仅仅依靠他们这个小范围的读者群的经济支持，那他们能看到的内容肯定不会像现在这样丰富和深刻。在20世纪，随着时间的推进，广播和电视也都逐渐开始报道严肃新闻，但是它们这类新闻报道肯定不到全部节目的15%。从纯商业角度看，严肃内容受欢迎程度低，广告收益中用于制作和报道严肃新闻的份额确实很不成比例。但是公众可以从中获益。

数字技术，尤其是互联网的发展，正迅速粉碎报业长期存在的经济模式。传统的新闻早已身陷囹圄，现在又遭到数字革命强有力的挤压。当原有的大众传播模式逐渐被一种面向小范围专业观众的新模式所取代时，变革发生了，正如百货商场变成了小精品店。严肃新闻，这个曾经受到保护的孩子，现在逐渐被遗弃在残酷的大自然中任其自生自灭。就像曾经的奶农，之前受到政府保护，后来完全受市场支配。有人认为市场是决定谁生谁死最好的仲裁者，但是也有越来越多的人认为如果任由市场力量恣意妄为，社会会付出沉重的代价。以沃尔玛大超市为例，它在美国的一些社区遭到抵制，因为人们害怕沃尔玛的到来会让当地的商贩们丢掉饭碗。对于抵制者来说，大型超市带来的好处无法抵消当地商贩消失带来的损失，如果这些小商贩没了，当地人对社区共同体的认同感也将不复存在。

我成长于20世纪50年代，当前报业的危机让我想起了家乡五金店在大型连锁超市的出现后的遭遇。当时家乡小镇的大街上，同一街道上就开了三家五金店。街上节奏慢慢悠悠，每家五金店都有其忠实的老客户，他们都是县里的农民。如果一位农民将他的业务承包给一家五金店，这表明他对该店的敬重，五金店也会以此为荣。每逢周六早上，满街都是人，三家五金店都挤满了皮肤黝黑、身穿背带工作服的农夫，他们肆无忌惮地开着玩笑，也让这些商店的生意得以维持。三家店也会相互竞争，但是总是有足够的客源来维持运营。但是后来，这一切都发生了改变。大型连锁店到来后，标价更低，这三家五金店不得不另辟蹊径来赚钱，同时减少开支。他们解雇了员工，也难以继续获得银行信贷。他们尽量减少库存，只存一些最畅销的物品，确保不会积货。但是这样做的后果是，他们丧失了自己的特色，也断了与老客户之间的联系，最后他们都停业了。现在三家店面中的一家租给了一个律师事务所，其他两家都人去楼空，周六的大街上出奇的安静。

这里没有对错可言。这些农民从大型商店里购买低价的商品，他们也对那些小商店的关门感到惋惜，但这似乎是不可避免的。这些小的五金店尽其所能去挽救它们的商业，开源节流的做法虽然也有意义，但是它们被市场打败了。我不确定传统新闻业的命运会不会像这些五金店一样，但是面对突如其来的变化，在生计难以维持之际它们的反应相似。新闻机构正以一种理性的方式努力去挽救它们的商业，但是这不等同于挽救新闻。事实上，它们越来越认为新闻部门的运营——尤其是用于报道核心新闻的预算支出——是一种不划算的投入。就媒体界演变的趋势看，新闻机构维持运营的资金将来源于其读者，编辑室报道的新闻也会以市场为导向。面对无穷无尽的可能选择，围绕铁芯新闻新的平衡何时形成还是一个未知数。

虽然很多美国民众也认为新闻业正面临一场严重的危机，但这种危机感在新闻编辑室里表现得最为强烈。在造成危机的一系列问题中，如果说不断减少的问责性新闻报道是其中最重要的，那排第二位的是报业内部的领导力危机和精神风貌危机。现在，即使在最精英的报业公司里，记者、编辑和新闻主管们都相当失落，倒不是因为别人谴责他们充满偏见，而是因为他们自己开始怀疑自己的职业。编辑们曾经激情四射，爱憎分明，时时为新闻编辑室注入报道的灵感，现在他们却不得不把大量时间花费在控制预算上。记者们所看到的是，全国范围内因为新闻机构削减开支而导致工作减少。而随着工作的减少，新闻工作者越来越少关注他们曾经所追求的新闻形式。他们不再认为自己的工作有价值——不仅令人振奋，还能为大众服务，他们中有很多人认为自己每天仅仅是在从事着一种没有意义的单调工作——仅仅是以最小的成本将报纸的版面填满内容。新闻机构中任何主管如果选择抵制公司的预算目标，那估计离他被解雇的日子也就不远了。

哈沃德·加德纳（Howard Gardner）、米哈里·契克森米哈莱（Mihaly Csikszentmihalyi）和威廉·达蒙（William Damon）合写了一本具有开创意义的书《好工作》（*Good Work*）。这本书记录了两组专业人士——遗传学家和记者对待自己工作的态度。这两个领域都需要对信息进行整合和修改，而且他们的工作满足感都依赖于他们高水平的工作表现以及履行社会责任的意识。书中描述了遗传学家每天早上几乎是从床上跳起来，兴奋地去做有价值有意义的工作。相反，三位作者根据数十次采访的结果发现，记者们显得"十分消沉"，没有领导们的激励，还感觉到他们付出的努力不被老板欣赏，甚至还有可有可无的感觉。

对于那些相信一个强有力的独立新闻媒介对美国民主制至关重要的人来说，听到《好工作》中记者们的言论会觉得心灰意冷。乔·伯奇（Joe Birch）是驻田纳西州的广播电台记者，从他的言论中可以反映出记者们都担忧他们的专业精神正在消失。乔·伯奇说：

我认为国家正漫无目的地发展，电视新闻也是如此。现在，只有有勇气站出来对其进行顽强抵抗的人才能拯救我们。因为我们知道通过这些耸人听闻的故事和一些名人绯闻可以赢得读者和观众，这一诱惑难以抗拒。记者们常会对自己说，"好吧看看，看看我们的收视率，这不是很喜人吗？"这意味着我们放弃了自己的责任。虽然新闻能娱乐大众，那不是我们的工作，那是艺人们的工作，我们的工作是让公众知情。

作者们在研究中发现，当记者们探讨问题到底出现在哪里时，他们说这并不是谁的错，只是又一个在风暴般的变化中求得生存的普通故事。新闻机构的老板们想要力挽狂澜，但在许多情况下，他们认为的最主要任务和记者们的看法相左。挽救公司并不等同于坚持履行其公共服务的义务，而这长期以来一直是传统媒体的一部分。老板们没有试图破坏他们监管的新闻机构，但在他们眼中，自己的工作使命和重点在某种程度上不同于新闻编辑室里那些带"神父"气质的记者们。

2006年，报纸行业因发行量的减少和广告收入尤其是高利润的分类广告收入的下降而陷入集体恐慌。分类广告如此吸金的原因是，尽管每条广告的成本相对较低，但是分类广告的累计收入比报纸其他版面整版广告的收入要多。报纸上的广告是根据栏目尺寸定价的，这样一寸一寸地累积，一个分类广告页面带来的收入远远超过整版广告页面的收入，因为整版广告因为页面大一般都享受折扣。

免费的分类购物网站 Craigslist.com 以及其他搜索网站对报纸分类广告来说简直是一场浩劫。例如，Craigslist 网站上的分类广告和传统报纸上的一样，你可以在网站上创建一个出售未使用的健身器材的清单或找到一间出租公寓，而没有任何花费。该网站简单、便捷，而且可以将你想卖的东西的图片打印出来。类似的汽车销售和招聘的网站也同样对传统的报纸分类广告造成了毁灭性的冲击。对于报纸行业来讲，分类广告一直是其重要的经济来源，这些网站的兴起已对其造成了毁灭性的影响，而且其影响会越来越大。与免费的网站相比，虽然网页版报纸也刊登分类广告，但是很难与其在价格上竞争。

随着读者人数的减少和广告商转向新媒体领域，很多报纸的广告和发行量逐渐减少，其收入面临着巨大的压力。更糟的是，报业公司最大的两项支出——劳工工资和报纸成本，正呈螺旋式上涨。劳工合同的签订为不断上涨的工资提供保障，新闻用纸的成本在过去的几年中也急剧增加。报业利润水平超过 20% 本是常事，但其收入的下降和不可避免的成本的上升使报业陷入了混乱。在许多情况下，报业公司在经济景气的时候一般会并购其他报纸，背上巨额债务，后来却发现用来支付利息和本金的收入不断减少。许多报纸的应对策略是削减报业人员，包括那些制造大部分观众认为是无聊的、成本昂贵的并且需要最好的、最有经验因而工资也最高的记者来报道的新闻工作人员。逐渐地这类新闻被视为是一种奢侈品而非必需品，甚至对那些更喜欢好莱坞八卦消息的读者来说，它们还是令人扫兴的东西。

因此，报业的铁芯身陷囹圄。

有一种说法是，通过新的新闻媒体形式，例如基于网络的公民新闻和新闻博客等，不仅可以使报业铁芯幸免于难，而且可以使其变得更为重要。传统的新闻媒体正试图通过其他方式来进行新闻报道，以刊载新的读物或开发新的网络平台等来迎合年青一代网络读者的喜好。这或许会发生，但是到目前为止，传统新闻被更替的速度看起来远不及其流逝的速度。

更糟糕的是，传统新闻报业集团一直秉承着一种社会责任感，但是这种责任感正逐渐消失。缺乏社会责任感的现象在某段时间内出现无可厚非，但是由于各大报纸争先恐后地追逐利润而使得其社会责任感逐渐消失，不可逆转。在美国报纸业一直和商业联系在一起，传统的报业集团也一直是以利润为重的商业集团，但是他们同样也会把社会责任放在同等的地位。

然而，这种社会责任不是一成不变的，经济不景气时更是如此。将报业理想化是幼稚可笑的，并不存在一个什么黄金年代，报纸出版商都是舍己为人的楷模，牺牲报纸的利益来展现自己的品行。或许会有个别这样的出版商，但只是几个特例。也没有什么世外桃源，里面尽是纯粹的报道，没有任何因为懒惰、人为误差、贪婪和偏见而带来的问题。新闻业是人从事的事业，包含着所有与人相关的问题。

但是，认为新闻业的价值观没有任何改变，或者认为逐渐增强的市场为导向的观念对其价值观没有任何影响，也是不对的。

我知道以前的情况不一样，这样说并没有自欺欺人的意思。我第一次参加美国报纸编辑协会（American Society of Newspaper Editors）大会是在1978年，当时我是田纳西州雅典市（Athens, Tennessee）《雅典每日邮报》（*Daily Post-Athenian*）的年轻总编，报纸的发行量是10,000，对于参加在华盛顿举行的美国报纸编辑协会举办的年度春季大会我很是期待。美国报纸编辑协会是最负盛名的编辑机构，和以商业利益为目的的美国报业出版商协会（American Newspaper Publishers Association）相对。在一家报纸中，出版商是终极大老板，而编辑则是编辑室中的大王，而那时出版商对编辑室都充满了敬畏之情。虽然出版商有最终的权力来否定编辑做出的决定，但这差不多相当于美国总统撤销将军们在战场上发布的军令一般。对出版商来说最可怕的噩梦是编辑出于原则立场提出辞职，而且编辑们都明白其中的威力。

美国报纸编辑协会大会的与会者大多数都是白人男性，但是他们的政治立场却差异很大，经常是出现在同一个镇上的不同报纸之间。《纳什维尔旗帜报》（*Nashville Banner*）代表保守党的利益，而其对手《田纳西人》（*Tennessean*）则是民权的捍卫者。在西弗吉尼亚州的查尔斯顿（Charleston），有一家报纸是由保守的克莱（Clay）家族经营，而另一家则由内德·希尔顿（Ned Chilton）掌控，他是一个敢于不留情面向别人发起政治攻击的自由派。出版商大会总是一场奢华的盛会，由纸张公司和其他供应商出资举办，以此来投出版商所好。我的外祖母经常去参加出版商大会，她发现一个西装革履、代表宝华特纸张公司（*Bowater Paper Company*）、跳舞优雅的英国人总是殷勤地围着她转。不用说，《格林维尔太阳报》（*Greeneville Sun*）的大部分报纸用纸都是从宝华特纸张公司购买的。

编辑大会没有出版商大会那么奢华，相对更节俭些，但是也会提供足够的饮品。而大会上的编辑们都以大会的实质内涵和新闻制造者的身份而引以为豪。协会主席通常会在大会上发言。会议一般在华盛顿举办，而出版商大会则喜欢在纽约召开。编辑们通常会带着情绪来开会。在我第一次参会时，我被台上发言的编辑们公开的反对言辞震惊了。他们的攻击言论倒不是针对在场的政客，而是针对那些不在场的出版商。这些新闻编辑们开诚布公，讨论着如何阻止出版商的干预，以及策划如何使编辑室不受这些精于算计的家伙的影响，这就像在召开工会大会一样，感觉怪怪的。但是身在其中就有一种亲密感和亲切感，像一群战友在进行一场崇高的战争。

那年编辑大会的主席是尤金·帕特森（Eugene Patterson），他是《圣彼得堡时报》（*St. Petersburg Times*）的编辑。这是一家佛罗里达的报纸，它不是那种只受当地退休工人喜欢的报纸，而是不管在当时还是现在都总是出现在国家十大最佳报纸的行列里。尤金曾经是二战时在巴顿将军手下的坦克指挥官，曾长途奔袭去支援巴尔基（Bastogne）。而他在作为《亚特兰大宪政报》（*Atlanta Constitution*）编辑时，乔治亚州立法机关因为朱利安·邦德（Julian Bond）反对越南战争而拒绝为其提供议会席位，帕特森挺身而出写了大量社论表达抗议，因此被授予普利策奖。之后帕特森在《华盛顿邮报》任大编辑，当时他的上司是执行编辑本·布莱德里（Ben Bradlee），后来他因不得志而辞职了。当被问起为什么会辞去这份受人尊重的工作时，他用他那本土的佐治亚州口音说道："本·布莱德里需要的是一个傀儡主编。"

他虽然身材矮小，但是在同伴中却很有威望。他在编辑大会上发言，语气坚定，鼓舞人心，让我这个从小地方来的年轻记者听得如痴如醉。他说到了民权运动、越南战争、五角大楼文件事件和水门事件之后成长起来的对抗性新闻媒体敢于对政府发难，同时自信心也在上升。他在大会上说道："我们记得大萧条和世界大战时期以及五十年代的报刊恭恭敬敬，对既得权势集团俯首帖耳。作为反抗角色的重要一部分，报纸主要是用来监督当局，我们的主要义务是引领群众，这样他们能更清晰地看清政府的治理是好还是坏，尤其是关注那些当局可能正在遮掩的至关重要的事件。"我记得我当时离开会场时心潮澎湃，备受鼓舞。

美国报纸编辑协会仍然是国家最重要的报业组织，因为报纸在收集和报道新闻方面仍然占主导地位。但是美国报纸编辑协会大会却今非昔比了。在纳什维尔和查尔斯顿四家报业公司中只有一家仍是家族经营,其他的不是关闭了就是卖给了其他报业公司。以前,转行成为出版商的编辑们曾一度被要求取消他们在美国报纸编辑协会的会员资格,但是这种规定随着越来越多的编辑们转向公司经营职务而逐渐被取消。在20世纪80年代,编辑们和出版商的敌对阵营逐渐模糊起来。不久之后,美国报纸编辑协会的主席成了一名出版商,编辑与出版商的角色愈发趋同了。现在甚至编辑们都会投入大量的时间考虑预算和管理的事情,而以前他们都更多的是制定新闻的导向。

2006年,约翰·卡罗尔在大会上发言,他几个月前已经从《洛杉矶时报》辞职了。很多人认为他是这个国家最受欢迎的新闻编辑。他将此次演讲称为"在美国报纸编辑协会上的道别"。想想会场的走廊里还回荡着帕特森、布莱德里和《纽约时报》的安倍·罗森索(Abe Rosenthal)等新闻伟人的脚步声,卡罗尔的发言就像是道别逝去的时代的一首挽歌。卡罗尔说道:"虽然没有一丝的不敬,但如今伟人已逝,我们再没有往日的辉煌。这不完全是我们的错,我们的任务比他们那时的更艰巨。我们的自信心正随着报业的衰退而减少。"后来他听说一些大会上的编辑们听完他的话后深受伤害,本来他们已经很苦了,听完他的话更是感到雪上加霜。

报纸业曾尝试通过挖掘新闻来吸引读者,但效果不显著,因为发行量并没有出现相应的增长,这一事实让人痛心。关于报纸质量能够留住读者的说法无法轻易证明,似乎报纸读者群的大小看上去更与习惯有关,有明显的代际差别。二战期间的一代人都喜欢读报,但是婴儿潮出生的一代显然没有那么喜欢报纸,而现在很多年轻人认为报纸和所有传统的新闻都是过时的。

报业危机一方面体现在要寻找一种解决方法既能支付报道对我们国家民主制具有重要意义的问责新闻产生的大额成本，又能保证一定的利润收入。但这是一个还没有被解开的谜，所以问责新闻的铁芯还在不断地变小变轻。但是如果没有传统新闻媒体，报纸的社会责任感成为只是徒有虚名的空话，其损失将会更大。

报业危机的另一方面则体现在很多年轻人不再对报纸感兴趣，这其实体现的是一个更大的问题——年轻人开始远离新闻本身。一些对年轻人的调查显示，很多人表示他们花大量的时间浏览新闻，但却是网络新闻。现在还不确定他们所指的是哪类新闻，或者年轻人如何定义新闻，看起来他们应该不会指的是问责新闻。调查显示他们对于政府的了解的欠缺也不是十分令人吃惊。2006 年的左格比（Zogby）民调显示，约有 75% 的美国人能够正确说出电影《活宝三人组》（*Three Stooges*）中的名字，但是只有不到一半的人能说出政府的三个权力分支。美国人无法指认出副总统是谁或者在地图上无法指出伊拉克的位置的搞笑视频现在已经成为一种主要的喜剧形式了。

媒体偏见总是存在的，也总会是个问题，因为新闻不管怎样都是由人来报道的，有的人做得好，有的人做得差一些。一些记者懒散无为，一些动机强大，还有一些腐败堕落。我知道一些记者在进行报道时会带有偏见，还有一些编辑也无法做到完全地不留情面，或者真正有决心使其新闻组织做好客观报道。

但是这些都是些次要问题，虽然恼人却是可触可见的，它们不是新闻危机的核心问题。它们只是症状，而不是疾病本身。传统的客观报纸值得称赞的一点是其具有责任感。具有讽刺意味的是，当以前人们给予新闻机构很高的评价时，它们犯的错误反倒可能越多。皮尤调查中心（Pew Research Center for People and the Press）进行的一项调查显示，从1984年到2005年，报业可信度从84%下降到了54%。公众对新闻媒体持怀疑态度也不是没有一点好处的，新闻机构的工作更加谨慎和透明了。

但是二十年前当新闻媒体在民调中还占有很高地位时，错误被认为就是错误，不是什么别的。这种错误可能是个弥天大谎，可能会造成危害；错误的起因可能是记者的草率马虎，或者不经意的失误，也可能是成见使然。但是那时，不当的报道不会立刻被认定是偏见造成的。那只不过是个错误，需要纠正，也可能让人觉得愧疚和生气。报道者的偏见只是其中的一种解释，而且我想说通常它不是罪魁祸首。在我看来，在传统新闻报道中，因为懒惰和不经意而产生的错误远比报道偏见常见。

人们普遍认为媒体有偏见的看法带来的一个真正问题是传统新闻机构丧失了部分它们以事实说服人的能力。近来，就像不受欢迎的评论一样，人们不喜欢的事实也很容易就被一起抹杀。当然，这不会一成不变，但是如果大的结构性问题得不到解决的话，媒体有偏见的公众印象会变得根深蒂固，那时事实也就不会再有说服功能了。

的确，问责新闻的消失之所以如此重要，是因为如果可靠消息匮乏，那我们的国家就只能循着虚假的新闻和评论在前进的道路上摸索。虽然这些虚假的新闻和评论夺人眼球，但其可信度却极低。相比而言，那坑坑洼洼的古老铁芯中的新闻尽管不完美，但却是必不可少的。

第 二 章

媒体与民主

正如杰斐逊（Jerfferson）和麦迪逊（Madison）所言，除非全体公民能够获得和权贵人士一样的优质信息，否则自治就无法实现。

——罗伯特·麦克切斯尼（Robert W. McChesney），《洛杉矶时报》专栏

1971 年 7 月的一天夜里两点钟，在伦敦一家旅馆的房间里，亚瑟·奥克斯·庞奇·苏兹贝格（Arthur Ochs "Punch" Sulzberger）做出一个能够决定当代新闻媒体和美国政府间关系的关键决定。苏兹贝格是《纽约时报》的出版商，当时睡梦中的他被远在纽约的编辑叫醒，摆在他面前的是一个巨大的难题。但是他所做出的这个决定创立了一个新标准——媒体可以公然违抗政府做出独立判断。这一新闻报道的标准被大部分美国人所称道，当然，当新闻报道曝光的是与自身利益相关时，美国人也并不一定会支持这一标准。

就如尤金·帕特森（Eugene Patterson）1978 年在面对全国报纸的编辑们演讲时所宣称的那样，在我们这个民主制国家里，现代媒体在角色上一个最重要的转变就是从"言听计从"转为"针锋相对"。这是一个逐渐转变的过程，但是如果给这种转变一个关键点的话，那就是在《纽约时报》决定公布五角大楼文件（指美国国防部关于越南战争的秘密文件）的时候，而且后来虽然受到总统的压力，但是《纽约时报》不顾压力，继续报道。这是新闻媒体为民主制服务最有说服力的一个例子，或许也是《纽约时报》历史上最伟大的时刻。

五角大楼文件事实上指的是数千份文件，其中很多是机密文件，由林登·约翰逊（Lyndon Johnson，美国第三十六任总统，1963—1969）政府时期国防部部长罗伯特·麦克纳马拉（Robert McNamara）命令收集的。那时美国深陷越南战争的泥潭无法脱身，麦克纳马拉想探究其原因所在。虽然他被认为是战争的始作俑者之一，但是他自己也对其如何发生不明其因。

这些文件将战争的缘由事无巨细地展现在人们面前，它详细地展现了从艾森豪威尔政府起就开始的一系列谎言和误导。丹尼尔·艾尔斯伯格（Daniel Ellsberg）参与了资料的整理过程，起初从没想过这些文件会公布于众。当他看到美国政府所作所为之后很震惊，之后煞费苦心地将文件复制下来将其泄露给《纽约时报》。当时越南战争正在进行中，这些文件引发了《纽约时报》内部的激烈争论。有人想以故事的形式将文件的内容公布于众，但不去引用文件本身，因为它属于保密性质。时报的几位资深律师甚至拒绝查看这份文件并声称如果时报使用其中的内容那他们将不会为报纸辩护。安倍·罗森索（Abe Rosenthal）是时报的执行编辑，他认为将如此重要的事件公布于众是时报的责任，他还认为政府将这些文件列为机密是为了掩人耳目，因为其中并没有什么秘密可言，有的只是政府的欺骗行径和曝光后政府会遇到的难堪局面。如果时报不对其进行报道，那么时报的声誉将永远被玷污。

庞奇·苏兹贝格作为当时《纽约时报》的出版商和从 1896 年开始就接管该报的苏兹贝格家族的一家之长，在此事件中站在了罗森索的一边。在 1971 年 6 月 13 日（周日），《纽约时报》将五角大楼文件刊登在周末版的头版上，这在新闻媒体与民主制的关系方面是一个里程碑式的时刻。有讽刺意味的是，起初尼克松（Nixon）总统对新闻的报道并不在意，因为那些文件揭发的主要是约翰逊政府的行为。但是到了周日下午，国务卿亨利·基辛格（Henry Kissinger）进言说对如此机密的文件的报道置之不顾会使人们认为尼克松是个"胆小鬼"，这让尼克松焦躁不安。当周一《纽约时报》的头版对事件进行第二次刊登时，尼克松总统震怒了。然而由于周日报纸刊印出来后政府没有任何反应，所以庞奇安心地飞去了伦敦。周一晚上，在第三期时报刊印前两个小时，在纽约的《纽约时报》负责人们收到一封来自司法部长约翰·米切尔（John Mitchell）发给庞奇的电报，电报写道："对五角大楼文件的报道违反了《反间谍法》（Espionage Act），如果继续进行报道的话，将对美国的国防利益造成致命的伤害"，并要求停止刊发文件。虽然电报中没有明确的法律威胁，米切尔给《纽约时报》的一个律师赫伯特·布鲁内尔（Herbert Brownell）打电话说如果继续进行报道的话美国司法部将对其提起诉讼。这封电报引发了《纽约时报》内编辑、业务主管还有律师们的激烈争论。法律总顾问刘易斯·罗博（Louis Loeb）认为应该停止报纸对文件的刊印；罗森索则坚决认为应该继续刊印。只有庞奇有最终的决定权，所以一个跨洋电话打到了他在伦敦的萨沃伊饭店（Savoy Hotel）的房间里。

庞奇曾是海军陆战队员，政治上十分保守。作为掌控《纽约时报》的家族掌门人，他从小时候起就有一种对《纽约时报》的责任感。而对于苏兹贝格家族来说，《纽约时报》的利益高于一切。和往常一样，他询问大家的意见。家族顾问詹姆斯·古德尔（James Goodale）当时在场，他个人倾向于继续刊发文件，他回忆说当时电话里庞奇的声音听起来像他宁可自己不是出版商。在一阵纠结后，庞奇明知会违背他的很多高级顾问的观点，却还是决定选择不向权威屈服。他不顾司法部长和总统的威胁坚持要继续刊发文件，当然这也就意味着他会使自己陷入法律纠纷。当罗森索回到编辑室宣布这一决定时，引来一阵欢呼。第二天，司法部长米切尔费尽心思发布了一张限令条，《纽约时报》停止刊印五角大楼文件，并等待最高法院做出最后裁决。

在《纽约时报》停止刊发五角大楼文件期间，埃尔斯伯格转身去寻找其他有影响力的媒体，希望它们能够不顾政府的反对，继续报道此事件。他把五角大楼文件转交给三家大的电视网络，但是都吃了闭门羹。但是后来令人吃惊的事情发生了。《华盛顿邮报》(*Washington Post*)接过了接力棒，开始刊发文件。之后《波士顿环球报》(*Boston Globe*)和《圣路易斯邮报》(*St. Louis Post--Dispatch*)也加入此行列。之后这三份报纸都被勒令停止刊发文件，等待法院的最终判决。后来，最高法院做出裁决，根据宪法第一修正案规定，美国政府无权命令报纸停止报道。报刊机构如果能被证明因其刊发的内容违反《反间谍法》中保护国家安全的规定，则会受到惩罚，但是无法禁止它们刊印相关内容。随后，五角大楼文件被完整地刊发出来，国家安全也没有受到明显的损害，而美国政府也没对这几份报纸提出其他的指控。这一事件成了问责新闻的标杆，为几年后的水门事件调查做了铺垫，也引发了全国范围内延续至今的讨论——这一讨论的核心是新闻媒体在违背政府意愿的情况下何时发布消息才比较适宜。

当人们看到全世界的独裁者们努力压制不同声音时，他们很难反对对抗性媒体的报道价值。在俄罗斯，自苏联解体之后，与政府针锋相对的新闻媒体如雨后春笋般涌现，生气蓬勃。相比而言，小布什政府也在努力控制媒体舆论，却难以相提并论。但是，在所谓的"反恐战争"背景下，小布什政府已经系统性地减少了获得各种政府文件的途径，并对那些对其进行不利报道的新闻机构展开攻击，贴上不爱国或更严重的标签。举例来说，2005年12月，布什总统就公开指责《纽约时报》关于他的报道。当时《纽约时报》头版文章中写道："据政府官员称，（小布什政府）秘密授权国家安全局，在没有法院颁发的允许进行国内监听的许可证的情况下，对国内的美国公民和其他人进行窃听来搜寻关于恐怖活动的信息。"奥巴马政府承诺使政务更加公开透明化，但是新闻媒体与政府之间的矛盾冲突几乎不可避免——这是一种健康有益的冲突。

新闻工作者的一个信条是他们的工作对民主制意义重大。事实上，如果有人去偷听一群记者聚在一起哀叹传统媒体的艰难处境，他们很容易得出结论：如果没有高质量的新闻报道，美国的民主制可能会大大受损。对于持不同政治立场的非新闻工作者们，即使他们可能很不满新闻媒体的报道，但这是他们都承认的一个观点。虽然他们与新闻媒体争论不断，但是他们承认可靠的消息十分重要。如果新闻报道不可靠，它就失去了其劝说功能。如果新闻机构不再是可靠消息的传播者，不合政府心意的或政治上不受欢迎的新闻将被当作媒体的偏见而抹杀其价值。在这种情况下，有真正知情权的美国公民将不复存在，取而代之的是一种无政府状态，半真半假的新闻、别有用心的假消息或者赤裸裸的宣传将充斥媒体。

但是在我们彻底审视和评判新闻现状之前，我们应该以记者特有的那种怀疑主义态度来仔细审视我们自己。当大部分人们坚信的事物接受近距离的检验时，令人不安的事实就会出现并撼动这种信念。大多数人都不愿使自己的信念受到这种考验，但是新闻业是靠事实说话的，如果它不能承受住这种检验，那它也不值得我们忧心忡忡。新闻业对民主制有一定的影响，但是给这种影响力下一个明确定义也不是一件易事。新闻业真的对民主制是必不可少的吗？需要问的是一个真正的充满生机的民主制度如果没有传统的客观的新闻铁芯，是否还能健康运行？如果这种新闻媒体消失于历史的长河，从此灰飞烟灭，社会是需要付出代价的，但是这一代价具体是什么目前尚不可知。如果新闻业对民主制意义重大，那么应该能很清楚地从美国社会的演变方式中体现出来。我们应该毫不费力就能看到高质量的新闻报道对我们社会和对我们共享的价值观的影响，尤其是对我们社会和价值观的演变走向的影响。以此为标准，当我们谈及新闻的影响力和局限性时，二战后的美国最有发言权。

1939 年，科尔·波特 (Cole Porter) 创作的新音乐剧《淑女杜芭瑞》(*Dubarry Was a Lady*) 在百老汇首映，由贝蒂·葛莱宝 (Betty Grable)、艾索尔·摩曼（Ethel Merman）和伯特·拉尔 (Bert Lahr) 主演。这是一部粗俗下流的剧目，讲述了一个衣帽间服务员，误喝了混有麻醉药的酒，醒来后自认为是法国路易十五国王，最后以国王屁股上中箭结局。这是一部极具讽刺意义的闹剧，台词中充满双关语。该剧连续上演了一年，获得巨大的成功，后来米高梅电影公司（MGM）将其拍成了由露西尔·鲍尔 (Lucille Ball) 和雷德·斯克尔顿 (Red Skelton) 主演的一部电影。但是在电影公映之前，需要通过《电影制作守则》(*Production Code*) 的审查，检查是不是有有害或不适宜的内容，用以保护美国观众免受身心伤害。审查员发现了电影的很多问题，按照清教徒式的标准认为电影有伤风化，并长篇累牍一条条地把反对的理由列出来。根据威廉姆·麦克布莱恩 (William McBrien) 写的《科尔·波特回忆录》记载，"甚至连'垃圾'这个词都不能用"。

当今美国社会视为荒谬可笑的清教徒式的道德守则仍然在一些国家盛行，但是美国不再是其中的一员了。在不到五十年的时间里，美国人已经从不敢使用"垃圾"这个词到允许低级的色情作品作为普通的视频在宾馆里供应，即使最好的酒店也不例外，更别说网上或者在那些虔诚的小地方的便利店杂志架上了。长期被禁止使用的词现在频繁出现在电视上，甚至也慢慢出现在报纸上。我们似乎变成了一个对粗俗文化完全容忍的社会。在 2006 年，我和妻子在南加利福尼亚的默特尔比奇（Myrtle Beach）的一家饭店里吃饭，这是一家自称是家庭经营的饭店。我们注意到一个年轻的服务员，穿着一件上面印着粗秽言语的衬衫穿梭在餐桌之间，但好像没有人注意到那几个字。不管你认为这是我们言论自由的胜利还是粗俗文化的胜利，这都显示出我们的文化在发生天翻地覆的变化。

1940 年以来，美国在很多方面都发生了变化。如果说"人生而平等"和"追求幸福的权利"是美国价值观的基础，这些价值观被广大中产阶级进行阐释的方式已经发生了革命性的变化。就我们对我们所珍视的事物的理解而言，我们现在已是一个完全不同的国家。在流行文化方面，受《电影制作守则》限制的时代已经和美国内战之前一样的久远了。在种族权利、妇女地位、堕胎合法化、环境保护和同性恋地位等领域，变化大得令人难以置信。

新闻业在这一变化浪潮中留下的痕迹值得我们用一生来探究，但是简单的答案可从常识中获得。在非裔美国人的种族隔离和人权方面，新闻业起到了不容小觑的作用，它使种族歧视这种不公平的暴力现象受到了人们的关注，无法再被忽视。而且新闻媒体在塑造国人对环境问题的态度方面也起到了重要作用，当然人们改善美国环境的激情应该是被一系列的公益广告点燃的。这些广告最早是在 1971 年地球日那天投放出来，广告上展示了一位年长的印第安人，面容坚毅，时而骑在马背上，时而划着独木舟察看着前方堆砌着废弃轮胎和冰箱的满目狼藉的土地；随后镜头近景拉向他的脸庞，在他沧桑的面颊上滑落一滴眼泪。一夜之间，人们便开始反对乱扔垃圾。在接下来的几年，环境问题成了"铁芯"新闻业的核心内容之一，但是这位印第安人的眼泪为这类报道奠定了基础。这位落泪的印第安老人叫艾隆·艾斯·科迪 (Iron Eyes Cody)，实际上他是一位意大利裔美国人，出生于埃斯佩拉·科尔蒂 (Espera de Corti)。广告的这一角色安排在当时并不怎么为人所知，但是当时如果就有博客空间的话，这一安排估计会在各个博客中被大加挞伐。

在堕胎问题上，也并非是新闻业促使最高法院在 20 世纪 50 年代重新审视堕胎行为。我认为妇女们不需感谢新闻工作者帮她们获得了长期以来争取的权利和自由；同样，她们在职场以及日常话语和形象中地位的提升也不是因为新闻媒体的功劳——起码说不全是它们的功劳。这些首先归功于法院打破了传统的大门，之后新闻媒体和流行文化涌入其中，将当时仅仅出现在法律中的条款变成了现如今人人接受的正常做法和现象。

这些改变来之不易，都是通过斗争换来的。在很大程度上，美国的所谓党派纷争所涉及的就是如何应对这些已经重新定义了美国中产阶级价值观念的社会变化，就如一个神话中从瓶子里放出来的精灵，对于是否要把它重新赶回瓶子里这一问题，不同的党派意见不同。在关于是否要阻止这些变化这个问题上，美国社会目前还进行着一场文化战争——一场发生在政治和政策领域的战争，而新闻媒体在这里发挥了很重要的作用，因为铁芯内的新闻报道针对的主要就是政治和政策领域。正是在审视政府的角色以及权力的行使方面，新闻媒体对民主制做出了很大的贡献。我们的价值观念虽然并不是在这些领域形成的，但它们在这里获得应用，得以升华。当新闻媒体发挥其作用时，我们就会获得足够的信息来做出明智的决定，否则，我们国家将会有误入歧途之虞。

美国人民自我意识方面最惊人的变化是同性恋革命。《淑女杜芭瑞》一剧的审查人员曾明确指明"剧中绝不允许存在同性恋倾向"。在那时，同性恋是最大的忌讳；1959 年，畅销书《华府千秋》（*Advise and Consent*）中的主角是一位美国参议员，他因为害怕自己在二战期间发生的同性恋行为曝光而自杀了。这是一个可悲的故事，但是相比于他的同性恋身份曝光后备受凌辱，选择以死解脱在当时倒也不算不合情理。

1964 年，我父母开车去送我上大学，我父亲小声地提醒我一定要提防同性恋者。他说这话的时候显得特别羞愧，我也迷惑万分，因为我对同性恋一无所知，完全想象不出自己会遇到一个同性恋"怪物"。对于我们这个南方的中产阶级家庭来说，同性恋这个词绝对是个禁忌，几乎是难以启齿的。

不久前，我问了我刚高中毕业的侄女她们学校有没有人知道同性恋。她若无其事地说，学校里谁都知道谁是同性恋。她对同性恋这件事不以为然，不认为同性恋受到了骚扰或迫害。她说没人会在意或者不会那么在意这件事，没什么大不了的。她所说的这所学校不在城市，也不在郊区，而是位于一个有 15000 人的南方农业地区的小镇上。我怀疑那里人们的偏见比她所说的要大，但是从她所说的话中也可以看出来已经发生了深刻的变化，其速度快得惊人。新闻媒体和社会对同性恋观点的改变之间的相互关系很好地向我们展示了新闻媒体在关于国民自身定位的认识上的复杂角色，而这种角色正是新闻媒体和民主制的关系的核心所在。

《美国同性恋合法化运动的斗争》(*Out for Good: The Struggle to Build a Gay Rights Movement in America*) 的合著作者达德利·科林蒂恩 (Dudley Clendinen) 认为，不管何种形式的新闻媒体，我们都可以将其看作是一场复杂的政治剧中的重要角色，其他的主要角色和力量包括争取同性恋权利的激进分子、他们的对手、法院、立法机构、公共意见以及难以预料的重大事件。

在 20 世纪 60 年代，反主流文化盛行，同性恋和妇女的权利斗争退居到种族议题和反战运动之后。同性恋主义者几乎不为人所知，仅仅在纽约和旧金山等城市中，为数众多的同性恋者创办了一些以同性恋酒吧为中心的隐秘团体。当时没有同性恋主题的新闻，唯一一次同性恋者（当时"基友"一词还仅在同性恋者群体内部使用）出现在新闻中是因警察突袭了一个同性恋酒吧并逮捕了其中的同性恋者，事件才被刊登在了报纸上。当时的同性恋者被看作是性行为反常的堕落者，主流媒体亦是如此描述他们。但是一种气愤和怨恨之情已然发芽，正蓄势待发。

1969 年 6 月 28 日凌晨，警察再次突袭了格林威治镇（Greenwich Village，位于美国康涅狄格州）的一个名叫斯通沃尔 (*Stonewall Inn*) 的同性恋酒吧。之前也发生过类似的突袭，但这次却不同，由于某些原因这件事成了导火线，引发了该镇同性恋者的反抗斗争，他们反抗警察们对男女同性恋们的迫害。反抗斗争开辟了全新的局面，不到 6 个月，两个同性恋组织在纽约成立，并有三家同性恋报纸创办。在 1970 年 6 月 28 日，斯通沃尔酒吧事件爆发一周年之际，第一个"同志光荣日"大游行举行，媒体对其进行了报道，但是却充满敌意，态度轻蔑。斯通沃尔事件中的骨干分子们开始在全国范围的主要城市组织集会，争取改变他们认为带有歧视的法律。在大部分地区，媒体对这些同性恋者活动鲜有关注，但是 1977 年在迈阿密，他们成功地通过了一项禁止歧视同性取向的法律，可谓首战告捷。

随后，媒体报道开始增多，这引起了以安妮塔·布朗特（Anita Bryant）为首的势力的强烈反击。布朗特是一位有名的流行歌手，曾唱过诸如《纸玫瑰》（Paper Rose）之类的流行单曲，她同时也是佛罗里达柑橘委员会（Florida Citrus Commission）的邻家女孩般的代言人，用她阳光健康的形象来推广佛罗里达的橘子汁。她也是一位虔诚的南方浸信会基督教徒 (Southern Baptist) 和主日学校的老师，坚信同性恋在上帝眼里是罪大恶极的事情。她愿意成为"救救我们的孩子"协会 (Save Our Children) 的代言人去讨伐那些同性恋者，并废除他们的法律。她指出："如果同性恋者获得合法权利，那么接下来就要使娼妓合法化，再之后是要给人兽恋和骗子正名了。"这部同性恋法律很快就被废除了，正如当年斯通沃尔事件引发了同性恋者的维权热情一样，从此全国范围的反同性恋运动也被点燃了。

在那部法律被废止之后，得梅因（Des Moines）的一个同性恋者向布朗特扔了一个派，她当时嘲讽说"起码还是个水果派"，这句话被媒体广泛报道。在此之前，她曾说过"我们将讨伐和消灭全国范围内所有的同性恋者"。这句话就像催化剂一样，启动了一场强大的争取宗教权利的政治运动。杰瑞·法威尔（Jerry Falwell）牧师专门来到迈阿密支持布朗特，不久之后他就成立了"道德多数派"（Moral Majority）——一个福音派基督教徒的政治大团体，后来在 1980 年罗纳德·里根 (Ronald Ragean) 的当选过程中立下了汗马功劳。基督教右翼组织的一个最主要的目标是反对同性恋，所以一场全国范围内的战争被组织了起来。媒体向来喜欢冲突，各大媒体也就开始报道同性恋争取权利的斗争。但当时报道的内容不外乎争取同性恋权利的斗争节节败退呀，平权法案遭到废除呀之类，媒体成了人们诟病同性恋者的平台，比如指责同性恋者试图雇用性取向正常的儿童，等等。科林蒂恩在其书中说，当时媒体对同性恋充斥着负面报道。

媒体的报道加剧了全国范围内人们对同性恋的反感，但是在大量的消极报道中仍隐藏着一些不为人知的闪光点。这场前所未有的同性恋权利事件成了所有美国人讨论和争吵的话题。尽管媒体进行了大量消极的报道，但是它们的关注似乎也鼓舞了这些同性恋者们，至此同性恋权利运动已经演变成原先选择不公开的同性恋者敢于大胆宣布出柜了。异性恋的人们很惊慌地发现身边到处都是同性恋。同时，媒体对同性恋的报道也开始变得人性化。像芭芭拉·史翠珊(Barbra Streisand)和玛丽·泰勒·摩尔(Mary Tyler Moore)这样的名人也支持同性恋合法化，有人还发起了一场抵制佛罗里达橘子汁的运动。虽然主流民意还是倾向于支持布朗特，但是她成了"恐同症"（homophobia）的象征，"恐同症"一词也从此流行。约翰尼·卡森(Johnny Carson)开始在他的脱口秀节目《今夜秀》(Tonight Show)中调侃布朗特，《黄金女郎》(The Golden Girls)这一当时热播的电视节目也会嘲讽布朗特，通常是通过一个说话女里女气的男子来影射她。当然，即使这样，同性恋权利法案无所进展，主流政治党派仍然对此避而远之。

1981年6月，亚特兰大市（Atlanta）疾病控制中心(Centers for Disease Control)周报上报道了一条不起眼的消息，这条消息形成的影响令人始料未及，从而引起了巨变。该消息称一种奇怪的致命的急性肺炎正在同性恋群体中传播。不久后《纽约时报》第20页上报道了一篇相关文章，但是直到1982年末，该疾病才被称为艾滋病（AIDS），或者叫获得性免疫综合征。那时这一疾病对于男同性恋群体已经造成了巨大的杀伤。

艾滋病的消息再一次打击了同性恋的形象，因为宗教右翼认为艾滋病是上帝对他们的惩罚，这足以证明同性恋是有罪的。但是艾滋病毕竟是新闻。虽然媒体诟病同性恋群体生活习惯随便，但随着艾滋病大肆摧残同性恋群体，社会上开始出现了一种颇具人性化的反应。一段时间后，关于艾滋病的报道就像关于战区伤亡人数的报道一样，几乎每个人都知道某人的家人或者邻居的侄子得了艾滋病。这种致命的疾病没办法治疗，起初人们对这种痛苦虽然无法感同身受但至少内心充满同情。对于同性恋们来说，现在面临的不是为自己争取合法权利的问题，而是生死存亡的大事。政府方面动作迟缓，毫无作为，不去积极寻求治疗方法，这引发了另一场激烈的同性恋主义者的反抗运动。他们采取政治行动，同时也通过书刊如拉里·克莱默 (Larry Kramer) 的《平常心》(*The Normal Heart*) 和演出来反抗。另一个有力的反抗形式是"艾滋被单纪念组织"（Aids Memorial Quilt）的成立，该组织给每位因艾滋病死去的人准备一条六英尺长三英尺宽的被单以示悼念。1987 年当它第一次被陈列在华盛顿的商业大街时，比一个足球场地还要大。活动吸引了超过 50 万的参观者，成为又一场媒体盛事，但时任总统里根无视这件事。虽然在大部分美国人看来得艾滋病而死是一场悲剧，但悲剧是发生在那些与他们自己志不同道不合的人身上。

"同性恋群体和大家不一样"这一根深蒂固的成见是同性恋群体最难以克服的障碍。1984 年，我和爱人住在格林威治村，我们以游客的身份参加了一场同性恋权利的游行活动。我们在同性恋权利斗争方面采取中立的态度，当时参加活动只是出于好奇。我们在男扮女装的男同性恋者和扮成同志圣歌"YMCA"里角色的人群中游荡。但是我们见到的最引人注目的是一个 30 多岁的男士，上身穿着一件蓝色全棉衬衫，看着像是布鲁克斯兄弟

（*Brooks Brothers*）这个牌子的，下身穿卡其色裤子，样子看起来像是保守党派的大学里的兄弟会成员。他胸前的一枚纽扣上写着"我也是同性恋"。我当时觉得很吃惊，但是我明白他的意思了。

后来发生了一件不同寻常的事情，改变了人们的交谈内容和看法，甚至也改变了他们长期的信仰。在 1985 年 7 月，巴黎的美国医院（American Hospital）宣布著名影星洛克·哈德森 (Rock Hudson) 得了艾滋病，正在接受治疗。接下来是关于他隐秘的同性恋生活的新闻报道，两个月后他就去世了。从《纽约时报》到《人物周刊》（*People*）等各大媒体纷纷对这一爆炸性新闻进行报道。这给很多人造成了情感危机，如果在哈德森的丑闻被爆出前人们很爱他，那么现在你能恨他吗？两年后美国钢琴演奏家列勃拉斯（Liberace）也死于艾滋病，这又引起人们感情上对他爱与恨的矛盾。我记得那时我 72 岁的母亲在知道她最爱的列勃拉斯去世的消息时的反应。对她而言，同性恋是一种会降临在人身上的最邪恶的命运，尽管身边有亲友是同性恋，但是她会说她从来没有见过同性恋者。她的应对策略在我看来就是"我不问，你也别告诉我"的政策，这一政策后来被比尔·克林顿总统在处理军队里的同性恋问题时采用并冠以更简练的说法——即"不许问，不许说"。很多人不认可同性恋者的性取向，但他们认为这是一种接受他们的办法。当我问母亲她是否接受列勃拉斯的同性恋身份时，她反驳道："我又没在他的床底下，我怎么知道。"这是一种折中的立场，既不表示支持，也不憎恶。这是一种妥协，渐渐地，同性恋者们被看成是跟我们一样的人，也被授予基本的权利。

这是媒体的功劳吗？不管是新闻媒体还是大众媒体都起到了重要的作用，就像它们引起人们对同性恋者的仇恨和散播艾滋病是上帝对同性恋罪行的惩罚的观点一样，它们通过新闻报道改变了大众的看法。总的来说，人们首先通过铁芯新闻报道来了解事实，其次是那些跟进的娱乐报道。例如，1991 年 5 月，美国哥伦比亚广播公司的热播喜剧《北国风云》（*Northern Exposure*）中有一集叫"爱情慢舞"。讲述了两个同性恋者在舞池里互相搂着腰在跳舞，周围阿拉斯加州西西里（Cicily）的邻居们后来也加入了舞蹈。令人吃惊的是，这里的两位同性恋者已不是十年前《黄金女郎》中讽刺安妮塔·布朗特的娘娘腔的形象，而是像在那场同性恋权利游行中纽扣上写着"我也是同性恋"的那位男士。他们和其他人看起来没什么两样。我们不知道电视场景中出现这样的镜头会有什么影响，但是不可否认的是这种场景在几年前绝不会被播放出来。事情已经发生了很大的变化，之后电视中出现同性恋已成寻常事。是这些改变了人们的看法吗？人见人爱的艾伦·德杰尼勒斯（Ellen DeGeneres）或者公开宣布出柜的可爱的罗丝·奥唐纳 (Rosie O'Donnell) 对公众又有多大的说服力？直觉告诉我们，一个像汤姆·汉克斯（Tom Hanks) 这样的国际巨星在 1993 年的电影《费城》中扮演一个死于艾滋病的同性恋律师这样的角色是很有影响力的，尽管量化这种影响力是难以做到的。

但是很多美国人还是对同性恋存有疑心和戒心，甚至反感他们。美国圣公会（Episcopal Church）就因该教能否有同性恋主教这个问题而濒于分裂。同性恋的婚姻问题对很多美国人来说也是很敏感的。但另一方面，尤其对于年青一代来说，同性恋只是个人的事情，与他人无关。媒体在这方面发挥了很大的影响力，倒不是说媒体在为同性恋权利积极奔走呼号，而是说媒体为全国范围的对话提供了平台。在这个媒体平台上，有些观点更趋固化，而另外一些观点则得到了改变。

二战后，在美国这个民主国家，国民性格的许多方面都被重新塑造，而媒体的角色也一直不断受到广泛严格的监督。在 20 世纪 30 年代，《时代周刊》的合伙人和主编亨利·卢斯（Henry Luce）曾公开指责新闻机构的一种危险趋势，因为他看到这些新闻机构仅仅对民众感兴趣的事情进行报道。如他所见，这样的后果就是它们肆意报道粗俗的和骇人听闻的新闻，"完全出于经济利益的追求，制造出成堆的废话。"他指责说媒体已经丧失了它本来对民主制的职责——当然这样的担忧早已存在。

几年后，卢斯资助了一项令人钦佩却又被忽视的工作——成立了哈钦斯委员会（Hutchins Commission），旨在为美国的新闻媒体指明方向。该委员会以芝加哥大学校长罗伯特·哈钦斯（Robert Hutchins）的名字来命名，并由他主持。1947 年，委员会发布了报告，意在为负责任的新闻媒体如何面对这危险复杂的世界勾勒蓝图。一年前，温斯顿·丘吉尔（Winston Churchill）将造成欧洲分裂的苏联专政形容成"铁幕"，而且当时核毁灭的前景也十分耸人听闻，而电视这一颠覆性技术看上去也将推翻传统的报纸、杂志和广播在媒体领域的主导地位。该委员会的知识分子们既有美好的设想，同时又焦虑万分，而且正如随着时间推移所证明的一样，他们的设想美好但却很不切实际。

他们主要担心在这种沉湎于无聊琐事、敏感话题和唯利是图的文化中严肃新闻会逐渐消失。可笑的是，他们把电视看作救星，他们设想这个国家的各家各户都围坐在电视机旁全神贯注地看联合国大会的辩论，并且吸收其中的信息和智慧。他们清晰地看到商业媒体的出现给实质性和严肃新闻带来的影响和问题，但是他们却愚蠢地低估了实际的影响力，也没有设想到美国媒体在这种唯利是图的文化下如何挣扎着求活。

就整体而言，美国的媒体是个庞然大物，良莠不齐，令人眼花缭乱，简单地将各种问题归咎于媒体容易误导人。毕竟，媒体集团一般都涉猎各种类型的媒介，融合了各种价值体系和目标，就像一个音乐公司一样，既发行古典音乐和儿童音乐，也会有最玩世不恭的嘻哈音乐。各种各样的音乐，都是为了更好地盈利，但是表演者们都是为了迎合不同的观众喜好各有偏好。同理，不同的媒体形式为美国民主制做出不同的贡献，有时候包括一些小报和最普通的电影。

政治学者罗伯特·恩特曼（Robert M. Entman）提出了一种办法来区分美国各种媒体，这一方式在我看来颇有道理。他制定的区分标准既令人吃惊，又发人深省。他把美国媒体分为四类，即传统媒体、小报媒体、宣传性媒体和娱乐性媒体。

第一种区分的办法是看各媒体类型是否忠于新闻的五大标准。其中前四大标准为准确性、平衡性、政府问责制和新闻与社论同广告的分离；第五个标准是在多大程度上追求利益最大化。我们知道各种类型的媒体都有盈利的动机，但是恩特曼的一个重要发现是其追求利益最大化的程度却是不同的。

美国传统的商业媒体，包括《纽约时报》、哥伦比亚广播公司和《时代周刊》以及许多地方报纸，都致力于遵循这五大标准。他们的任务，正如他们自己所理解的一样，就是力求准确，即进行实事求是的报道，为其新闻栏目提供事实性的基础。这意味着他们的报道得依赖于值得信任的人，所以在实际的报道中他们也多会引用有信服力的大机构的文件和人员的表述。

恩特曼对平衡性的定义是要做到"平等地对待争论中的双方"，并且在报道中避免加入个人观点。从根本上说就是力求客观，这一标准在美国新闻报道中已有一百多年的历史了。

民主问责制意思是要做到对政府问责，后来随着时间的推移问责的概念扩大到要对其他权力集团进行监督，例如对商业势力以及现在越来越多的对媒体本身的监督。传统的新闻媒体始终践行自身的监督职能，尤其是对政府官员的监督。传统新闻媒体的一项使命就是其始终坚持的民主问责制，比如对公共政策议题以及总统活动的报道等。正是这一问责的使命为大多数调查性新闻报道提供了存在的理由。

新闻报道的第四个标准对于新闻机构来说是一面墙，或实际上来说是两面墙。第一面墙存在于新闻和社论之间，也就是说新闻报道不会受到社论的影响。我在《纽约时报》工作的时候，新闻运营部在纽约西43街时报大厦的第3层，社论部在第10层。《纽约时报》普利策奖获得者马克斯·弗兰克尔（Max Frankel）被选为该报刊的社论部主编后，就在第10层。几年后，他被任命为报纸新闻编辑部的执行主编，他又搬到了第3层。在这之前他可是从未踏足3层半步。要是他之前就来3层的话，会被认为做法不妥当，会破坏规矩，因为一般认为新闻和社论部门应该是相互独立的。虽然在许多评论家眼中，《纽约时报》的新闻编辑部就是照着社论部鹦鹉学舌，但是在报纸内部，这两个部门之间的区别是实实在在的。

传统新闻组织中的第二面墙存在于广告/市场营销和新闻之间，相比于前一堵墙这面墙甚至更严格地将两者分开。记者在进行报道时不应该考虑这条新闻会对广告投资者造成什么样的损失，同样他们也不应该写吹捧的文章或哗众取宠来迎合广告和市场部。报道什么样的新闻的标准是记者和编辑者们依据新闻本身的价值而确定的，媒体机构中为广告和市场部打小算盘的人绝不会出现在新闻组这边。

恩特曼的独特视角是将"限制利润最大化"也列入了传统新闻机构的"关键标准"。他对此的定义是，用专业的新闻评判标准，而不是出于观众和利益的考虑来决定对何种新闻进行报道，给其分配多大的报道分量，如何配置时间和资源进行跟踪报道，以及其他相关的事情。任何一个传统的新闻工作者都知道新闻机构是一个营利性机构，而且新闻机构赢利也是新闻工作者的一个任务。但是传统的新闻组织早已相信追求利益最大化不仅是不好的而且是不对的。说其不好，是因为从长远来看新闻具有吸引读者和观众的能力，这对媒体的业务至关重要；说其不对，是因为从道义上讲，传统新闻组织除了商业价值外，也有社会责任。

传统的新闻组织对什么是合理的利润这一点的看法也不尽相同。但是总体来说，在报纸行业的传统价值观中，首先是要对读者负责，其次才是对股东负责，或者说至少对两者都负责。这是美国新闻工作者们所秉持的价值观，但是这些价值观却日益与他们的公司利益发生冲突。

传统的新闻机构致力于坚守这五大新闻报道的标准：准确性、平衡性、问责制、独立性和限制利润最大化。当然这是最理想的情况。对于传统的新闻机构来说，第一位的价值和使命应该是民主监督，第二位的才是追求利益，排在第三位的是为民众提供信息使他们能够知道世界上正在发生的事情。正是传统的新闻机构在行使监督功能、创造铁芯新闻方面，自始至终发挥了最直接的作用。

其他形式的媒体也都可以用这相同的标准来进行分析。所有的媒体都具有新闻功能，但是它们之间的差异是显著的，同时也发人深思。在恩特曼看来，"小报新闻"自成一类，永远是利润第一，这也是小报和其他媒体最大的区别。在准确性、平衡性、问责制和独立性的新闻标准上，小报内部亦有不同，但是在利润这一点上所有的小报新闻都结为一体。对于它们来说，利润最大化永远是第一位的选择。

根据这一定义，小报新闻包括地方电视新闻。这些新闻报道的内容完全取决于观众的收视率而不是新闻本身的重要程度。20 年前，地方电视台还多是地方政府拥有，它们中也有一些和报纸一样志向高远，力争为民主监督做出贡献。它们认真报道当地的政策问题，不只是乐此不疲地空喊口号，搞形式主义。问题是它们的利润很低，因为和其他形式的节目相比它们的观众人数少。后来这些地方所有的电视台被大公司收购，它们的侧重点就发生了变化。自此，地方电视新闻脱离了传统新闻的行列，成了小报媒体，追求利益最大化。

世事如此。地方所有的电视台以高价出售，没有人会无私地不把它卖给最高出价者。收购方也很愿意以高价购买，因为他们知道这些电台之前的管理者们没有实现利益最大化。这是最吸引人的地方。这些地方电台都是待开发的金矿，之前的管理者并没有将其埋在地下的宝藏挖掘出来。对收购方而言，成为有影响力的地方电台的主人让他们得到了意外的心理收获，高质量的节目使他们非常自豪，获得的新闻奖项也提升了他们的名气，而且这样做还能挣大钱。当然，他们这还不算挣得最多，如果换一种经营方式，可能会有更多的利润。

当收购方后来决定将这些作为投资的电视台出售变现时，他们总会报出高价。而购买者也愿意付出这笔价钱，因为他们希望能够挖出这个金矿里的每一颗金子。在这种情况下，地方电台不得不自负盈亏，为了偿还抵押贷款，需要赚取足够的钱来抵偿其收购价。原来的主人变富了，现在收购它的主人变得更加富有，民众成了最大的输家，因为地方电视台的新闻节目因其高成本而被放弃。危害更大的是，报道内容的重心从原来构成铁芯新闻的地方新闻转移，变成了犯罪事件、事故、火灾以及其他的地方事件，此外还有天气、体育以及其他民众感兴趣的话题。过去十年，地方电台充斥着健康节目，比如说如何用最新的技术来移除皮下脂肪等，但是这些节目有时候是提前制作好的录像，看似新闻实则是制药厂的宣传片。

不管是在大城市还是小城市，地方电视台都不再报道有意义的政治和政策新闻。而当必须要对地方政府进行报道时，电视台记者中鲜有地方政治专家。电视台的新闻工作室没有给专家类记者留下空间，报道的任务不分专长，哪位记者都可以去，而记者们接到任务后一般都时间紧迫，也不熟悉事件的来龙去脉。结果是，他们经常抄袭当地报纸严肃新闻的报道。对于地方选举的报道也一样，我们在电视上经常可以看到面容姣好的新记者。他们对政治知之甚少却被要求去对其进行报道，报道的内容我们可想而知，不仅肤浅而且无趣。

这并不意味着地方电台报道的新闻不追求准确性和平衡性。地方电台的新闻还保留着传统新闻的这两项标准，但是它不再积极问责政府，进行报道决策时也不会不考虑对收视率的影响，当然最为重要的是，利润最大化成为第一目标。直到近来的经济危机，如果一个地方电台的利润率不到60%，那它就算是低于行业平均值，而60%的利润率可是大部分地方报纸的三倍。

还有很多这种类型的小报新闻组织。最突出的一个就是《国家调查》（*National Enquirer*），还有经常出现在超市食物标签货架上的比《国家调查》低端的同类杂志。还有《人物周刊》以及模仿该杂志的其他杂志，这些杂志给《人物周刊》造成了越来越大的竞争压力，使其不得不放弃原先的一些标准，转而报道更多的八卦消息。例如，2006 年《人物周刊》的封面刊印了一张小报红人杰西卡·辛普森（Jessica Simpson）的照片，并附上文字"我恋爱了"。后来发现，这句话并非出自杰西卡本人之口，而是来自一位声称杰西卡这样说过的不具名的"友人"。如此不靠谱的封面原是《人物周刊》竞争者的典型风格，不是《人物周刊》自己的风格。

小报媒体的报道比传统媒体更有趣，其初衷如此，正如冰淇淋相比于主食更受人喜爱。它们给人提供一些有营养的东西，往往就是从各大通讯社摘取一些片段。但是涉及问责新闻时，它们就变得自私贪婪，把所有的资源用于报道博人眼球的花边新闻。纽约州州长艾略特·斯皮策（Eliot Spitzer）曾因嫖妓被抓，纽约的两大小报媒体《纽约邮报》（*New York Post*）和《每日新闻》（*Daily News*）乐此不疲，不惜重金，挖掘出了背后的每个细枝末节。但是，它们对于报道对纽约人民来说很重要的公共政治新闻的兴趣却远没有这么浓厚。

恩特曼认为小报新闻机构把追求利润排在第一位，报道滑稽有趣的内容排在第二位，排在第三位的是使自己报道的内容对国家的议事日程或政策有一定的影响力。比尔·奥雷利（Bill O'Reilly）将自己形容成一只监督政府的"看家狗"，很显然他希望自己的节目能对国家政策有影响。恩特曼却认为欧莱利是一个小报媒体人，因为他把知名度（收视率和利润的代名词）和娱乐性当作第一要务。我倒更倾向于认为欧莱利应归为第三种媒体形式——宣传性媒体。

从最纯粹的角度讲，宣传性媒体几乎对利润毫不在乎，它在乎的是影响力。许多有影响力的宣传性媒体机构都亏损，最好的情况也只是赚取很低的利润。拿《国家》（*Nation*）杂志、《旗帜周刊》（*Weekly Standard*）、

《新共和国》(*New Republic*)、《国民评论》(*National Review*)和《美国前景》(*American Prospect*)杂志以及其他一些类似的新闻机构来说，没有人会把它们看成是赚钱的金矿。对绝大多数纪录片制作人而言，别说什么挣大钱了，能维持生计就已是谢天谢地了。每次拍摄一部纪录片，他们总是期待着天使的出现，给他们送上赞助来帮助他们完成拍摄。

对于宣传性媒体机构来说排在第一位的是其民主监督的职能，但这是不断对相反的观点进行批评的职能；排在第二位的是对国家议程发挥重要影响力，进而影响公共政策，当然它们对报道内容的选取是取决于其是否能提高自身的地位。它们可能会追求准确性，但不追求事实真相。宣传性新闻媒体报道的内容可能是真实的，但是它给人的印象可能不是准确的，因为其中某些事实被忽略或扭曲了。同样，平衡性也不是它们的一个标准，新闻和评论的分离也谈不上。

最后一种是娱乐性媒体。这第四种媒体形式在新闻领域也占有一席之地。它最纯粹的形式可能类似于电视中的资讯娱乐节目，比如说《奥普拉·温弗里脱口秀》(*The Oprah Winfrey Show*)和《今日秀》(*Today*)等，还包括关于重大疾病的电视剧和基于事实改编的电影以及严肃主题的小说等。和小报媒体一样，娱乐的第一目的是追求利润最大化，然后是娱乐。它不会秉承准确性、平衡性、政府问责或者新闻和评论分离等标准，除非这样做可以提高收视率。例如，一些电视剧是基于真实故事而制作的，但却是为了推广目的而不是为了符合传统新闻媒体的要求。这里真实的故事被戏剧化，并嵌入了个人的观点。好莱坞导演奥利弗·斯通(Oliver Stone)导演的《约翰·菲兹杰拉德·肯尼迪》(*J.F.K.*)是关于肯尼迪总统被刺杀的故事。影片认为该事件是美国陆军、中央情报局、美国时任副总统林登·约翰逊（Lyndon Johnson）和其他一些人之间的一个阴谋，事后他们极力掩盖，却又得到最高法院大法官厄尔·沃伦（Earl Warren）的支持。但是该影片没有任何真实的证据可循，大部分历史学家认为它完全不可信，但是影片却无疑地使看到的民众信以为真。同样的，导演斯蒂芬·斯皮尔伯格（Steven Spielberg）拍摄的影片《拯救大兵瑞恩》（*Saving Private Ryan*）讲述了一个发生在诺曼底登陆时期的虚构故事。在该影片中，关于诺曼底登陆的残酷场景在很多人看来都极为真实，其中登陆时 20 分钟的场景是我生平见过的最可怕的场景。我认为该片是资讯娱乐的最佳代表，除了讲故事之外，电影还传达了导演的理念。我的父亲曾经是麦瑞尔突击队（Merrill's Marauders）的一员，二战期间在缅甸的日军敌后战场作战。他现在深陷战争后遗症的梦魇中，我建议他不要去看《拯救大兵瑞恩》，因为它太过于真实了。

虽然以上四种媒体形式都有新闻报道的职能，但还是传统媒体始终公开地在履行这一重要的社会职能。宣传性新闻媒体也会进行新闻报道，但是事实性和平衡性都不够。小报媒体则很少报道新闻，而娱乐性媒体只是间接地发挥新闻的功能。换句话说，如果新闻报道对民主制起很重要作用的话，这一功能的实现主要是靠传统的新闻媒体，而当新闻媒体的五大主要标准——准确性、平衡性、政府问责制、新闻与评论分离以及对利润最大化的限制——都得到遵循的时候，媒体的职能就会发挥得最好。

过去二十年间不断向传统新闻媒体袭来的巨大风暴使传统新闻媒体往小报新闻媒体、宣传性新闻媒体和娱乐性新闻媒体的方向转变。地方电视新闻的做法逐渐被网络新闻和地方报纸模仿采纳。当监督类的新闻被认为太过于无聊，播报的新闻内容取决于观众的关注度而非内容的重要性时，小报新闻的标准就已经流行。实际上，国家的传统新闻媒体机构正在转变为小报新闻机构，速度快得惊人。

如果一个像我们这样的国家的大部分新闻媒体变成小报新闻媒体、宣传性新闻媒体或者娱乐性新闻媒体，情况会怎样呢？我认为传统新闻的五大标准无疑将会处于岌岌可危的地步，大媒体公司为了保住利润会将这些标准抛弃。如果新闻媒体的铁芯消失殆尽，国家将为此付出很大的代价。而目前我们国家的新闻媒体正朝着小报化转变，这也就意味着新闻媒体的唯一目标就是利润而不是在为民众服务的同时兼顾利润。

传统新闻媒体的式微引发了一个问题，即新闻媒体在民主制国家的角色以及言论自由的角色问题，两者略有不同。宪法第一修正案列出"言论自由"和"新闻自由"，那时指的是口头和笔头上都可以发表自己的观点。相比而言，新闻媒体机构按照准确性和公平性的标准对消息进行准确报道的概念则更晚近才出现。

当"言论自由"和"新闻自由"的概念流行起来时，对于当时的普通人来说，他们认为主要是反对英国国王的言论自由。在知识分子看来，比如英国哲学家约翰·洛克（John Locke）和其他一些启蒙者，他们提出了理性和个人自由发展的思想，这为《美国宪法》和《权利法案》提供了思想框架。托马斯·杰斐逊（Thomas Jefferson）在1787年时曾说："如果让我来决定我们应该是要一个没有报纸的政府还是没有政府的报纸，我将毫不犹豫地选择后者。"当然，这是为了反抗英国国王乔治三世（King George III）对媒体的绝对控制权，当时美国殖民地极力争取言论自由的权利，但也仅仅局限于反对英国统治的言论。在英国那边言论也是受到限制的，托利党（Tory）人经常因其言论而被施予严厉的惩罚，身上被抹上柏油并粘上羽毛，以示羞辱。后来美国独立后，它自己的政治舞台上便开始上演一场恶性的权力斗争，一方是杰斐逊派，憧憬着一个由独立的农民和小政府构成的农业天堂，另一方以约翰·亚当斯（John Adams）和亚历山大·汉密尔顿（Alexander Hamilton）为首，极力主张建立一个强大的中央政府和启动宏大的公共项目。那时的环境是几乎无限制的言论自由，但多数是对反对意见不留情面的抨击，我们现在所理解的 20 世纪的传统新闻在当时几乎不存在。或许这也在意料之中，杰斐逊后来当选美国总统，在继续承受了几年这种毫无节制的媒体抨击后，他说："什么都不读的人也比只读报纸的人好。"当然，这话很少有记者们引用。

看来很清楚，言论自由，即使是不负责任的言论自由，也被宪法第一修正案的起草者们维护着。如果传统新闻不再成为美国媒体的标准，言论自由可能会依然存在。博客圈中将会尽是像詹姆斯·卡伦德（James Callender）之流毫无原则的小册子作者，他起初攻击约翰·亚当斯，后来又把矛头指向杰斐逊，揭露他和他的黑白混血女奴萨利·赫明思（Sally Hemings）之间的丑闻。如果媒体回到以前的模式，美国人可能会听到对现实不同版本的描述，而我们则会更倾向于选择我们信以为真的版本。

但是将会丧失的是自进步时代就形成的专业上的进步和已经在传统的新闻经济模式中扎了根的新闻。有时候人们会忘记具有职业标准的新闻媒体的改革是和其他比如医学、法律、教育和会计等行业的改革同时发生的。就像以前的记者长时间以来就被认为是小混混的职业一样，那时行医被认为是理发师的副业，他们都缺少民众的尊重。但是发生在 19 世纪末 20 世纪初的进步主义革命提升了这些行业的质量和名声，至少在过去几十年它们都受到了人们的爱戴。

虽然记者们常常自称是专业人员，在美国他们拒绝像医学和法律一样设立职业认证体系，因为他们认为职业认证可能破坏宪法第一修正案所保护的言论自由。但是即使没有这种认证的职业地位，新闻媒体在20世纪还是变成了有标准和有理想的职业，越来越多的人在新闻学校和新闻编辑室里接受了有关这些标准的教育。虽然《纽约时报》和其他的一些精英媒体机构是该领域的佼佼者，但是职业记者协会的成立将所有来自小的不出名的新闻媒体机构的记者们联系在一起，因为他们坚信他们有着和《纽约时报》最有名的记者们一样的标准和理想。

这些不出名的记者们所在的新闻机构虽是商业经营，但也秉承着传统新闻媒体的价值观，服务社区民众。其中有一些新闻机构可能远比其他机构出色，但是他们的标准是一样的。当然，他们信奉的是美国的新闻标准，而这并不只是新闻媒体的唯一标准。在世界的其他地方，尤其是在欧洲，其他形式的以宣传为导向的新闻媒体也创建了一种不同的标准，并已成为各自国家激烈的政治辩论和成功民主制的一部分。事实上，各种各样不同的新闻媒体形式的存在导致了一个问题，即民众为了支持该国的民主制需要多少的信息量？一个民族需要多少的信息才能对自身的利益有最好的判断？这些问题引发了几十年来的哲学辩论，到现在也没有明确的答案，但是可以肯定地说，问题起源于20世纪20年代的沃尔特·李普曼（Walter Lippmann）和约翰·杜威（John Dewey）。

他们两个人共同思考的问题是民主制的本质和存续问题。李普曼在24岁时便成为《新共和》（New Republic）周刊的创始编辑之一。几年后，他就《纽约时报》关于布尔什维克革命的报道问题与别人合写了一篇很有影响力的分析文章，认为《纽约时报》的报道不仅有偏见还不正确——在他看来这是媒体报道的老问题了。李普曼在他作为报纸专栏作家漫长的职业生涯中两次摘得普利策奖，他把媒体看作是一种提供信息的服务工具，服务于国家精英和政策制定者，而他们才是国家的实际管理者。他认为广大民众很容易被操控，民众真正知情和同意的政府除了在新英格兰的市镇会议上有可能实现外，在其他地方几乎不可能。他还认为记者如果没有对他们报道的内容进行验证，那么他们报道的能力就值得质疑。一些人把他描述成嘲笑民众的反民主的精英论者，而历史学家迈克尔·苏德森（Michael Schudson）认为李普曼所说的实际上是下面的意思："民主自治与民众的才智不相干，而是与我们共同的缺陷相关 —— 即我们难以持续关注自身日常经历之外的事务。"

比李普曼年长 30 岁的约翰·杜威是一名影响深远的哲学家、心理学家和进步主义教育学家。虽然实际上他从来没有就这些问题和李普曼辩论过，但是他还是被认为是站在关于民主制如何运行这一场辩论的另一面。杜威同样认为民众是很容易被操控的，但是他相信一群群的民众可以很好地为自己提供足够的信息来进行有效的治理，而新闻媒体在其中起到很重要的作用。虽然这些只是李普曼和杜威繁杂的理论的过度简单化概括，但我认为李普曼可能觉得专业的新闻媒体是精英们有效自治的关键，而杜威则希望高质量的新闻报道能教育民众。李普曼可能会带着一种质疑的眼光看待当今网络上的民主互动，而杜威却可能会支持这一现象。但是他们两人都会认为新闻媒体的铁芯对于民主自治至关重要。

有一种学派认为，只要有观点就足够了，无所谓是否有事实来支持观点。这种思想观念认为一个国家只要有言论自由，那么民主制就足够安全保持下去，所以每个人可以畅所欲言。但是新闻媒体建立在以下基础之上，即有必要也最好让民众享有信息充分前提下的言论自由。这种看法把我们引向那个暧昧的问题，即是否让大众而不仅仅是一小部分人获得充分信息？如果将国家的管理权仅交给一小部分强大的利益集团、积极分子或政治领袖，而其他人安于现状，除了看到别人的评论之外几乎得不到任何真正的信息，这与美国的信念是相悖的。

在以前那种近似垄断的媒体形式下，美国民众可以看到相同的新闻内容。在将来，高质量的新闻将只被少数精英所消费，新闻标题和文章将专为注意力持续时间短、更倾向于从网络上获得新闻的民众设计。2007 年，我在《纽约时报》听一位未来学家对一群来自学校新闻系的系主任们说，他们教授学生如何写作时，应让他们把新闻用 50 个字写出来 —— 甚至比这句话还短。他不是在开玩笑。

媒体能支撑民主制是因为它既是言论自由的工具又是告知和教育民众的主要方式。网络新闻文化正快速成为年轻受众的新宠，但网络不支持有深度的或调查性的新闻。网络新闻媒体文化是一个讲故事的平台，生动有趣，但网络上的一篇超过 150 字的文章通常被认为太长，读者会不喜欢读。这不是个问题吗？枯燥冗长的新闻故事显然也没有什么意义，但是我们正处于一个时代的边缘，快餐似的新闻媒体盛行，正在取代严肃新闻媒体，而严肃新闻将只成为少数精英的读物。

这是正在发生的事情，而不是传统新闻媒体人看着自己的饭碗正被小报新闻、宣传性新闻和娱乐性新闻所抢而在散布恐慌。我们可以明显地从很多地方得到证据。当我们信手从报刊栏上取下一份精英报纸之外的普通报纸来看时，就能发现情况在变，而且即便是那少数的几份精英报纸也已感受到新闻预算被削减的压力。在大部分的地方报纸中，流行的是地方上所谓的超级新闻，就像地方电视新闻，只播报事故、火灾或其他特别报道，却很少报道有关政治、政策、政府问责和民主监督的新闻。我们也可以从CNN和MSNBC得到证据，它们将播报的重心从新闻转向了评论，遵循着福克斯新闻（Fox News）将新闻和宣传结合起来播报的成功经验。《时代周刊》也将重心从原创的新闻报道转向更多的分析评论，虽然算得上是理性的宣传，但离传统新闻却越来越远。当你在美国大部分城市拿起一份沉甸甸的全是广告的周末报纸时，你也能发现情况在变，因为你只需用5分钟的时间就可以看完全部的严肃新闻。

未来可预见的世界将是一个言论充分自由的世界，但是这里可能极度缺乏可靠的传统新闻。一起消失的可能还有新闻媒体的勇气，而这一勇气支撑起了即使是最小的报纸的使命感。我父亲曾经告诉我，如果你经营一家报纸的话，你绝对不会交到朋友。因为一旦你开始工作，迟早会把所有人都逼疯的。他说这句话时很平静。

第 三 章

脆弱的"宪法第一修正案"

国会不得制定关于下列事项的法律：确立国教或禁止信教自由；剥夺言论自由或出版自由；或剥夺人民和平集会和向政府请愿申冤的权利。

——《美国宪法第一修正案》

对于美国人来说，言论自由受到宪法第一修正案的保护，或者可以说美国人坚信如此。第一修正案自 1791 年以来就是美国宪法的一部分，它对言论自由的明确保护人所尽知，也一直令人欣慰。

第一修正案巧妙地将美国人理想主义中高贵而又深刻的自由意识结合起来。它明确了三个保证，用三个分号隔开：第一项自由是信仰不受政府干涉的自由，这一条款保护了每个公民根据个人的情况去信教的自由。第三项讲的是公民集会和向政府请愿要求救济的自由，这意味着民众可以参与政治活动和抗议。第二项自由将个人信念与政治活动结合起来，实质上是保证公民的言论自由和媒体的言论自由。这些保证几乎从我们国家的民主制度建立起就一直存在。

但是大部分美国人所熟悉的第一修正案对他们的言论自由和媒体的言论自由的保护只有 75 年的历史。虽然曾经也有过认真严肃的新闻报道，就如艾达·塔贝尔（Ida Tarbell）等进步主义时期的"扒粪者"所做的那样，但是此类新闻调查在反复无常的各州面前显得非常脆弱。作为国家法律的一个原则，我们如今所说的媒体言论自由开始于 1931 年最高法院对明尼阿波里斯市（Minneapolis）的一位蛊惑民心的顽固分子的判决。那之前，在我们国家近三分之二历史的时间里，第一修正案关于对我们当前觉得理所当然的公民言论自由的保护不是被忽略就是被推翻。考虑到第一修正案经历的坎坷历程，我们有理由相信人们现在理解的民主国家所固有的言论自由常常遭到威胁，尤其是在战争时期，这一自由会被重新解释，还遭到新的限制。第一修正案的定义取决于最高法院的解释，这意味着它无法为我们所认为的固定不变的言论自由保护提供确定的保障。第一修正案真的脆弱不堪？随着政治风向的不断变化，第一修正案的定义以及它所保障的内容也起起伏伏，坎坷不断。

中肯地说，美国法律对于言论自由的保护远远超过世界上其他国家。我们在言论上几乎禁止了所有的事前限制（prior restraint），即没有阻止新闻发表的法律规定。五角大楼文件案如果发生在其他的民主制国家，可能会有不同的结局。我们国家大力限制政府对言论自由施加惩罚的权力。受第一修正案和《信息自由法案》（*Freedom of Information Act*）的保护，我们可能是世界上最开放的国家。因此，认为这些自由当前已经岌岌可危的想法可能是不对的，但是反过来，鉴于当前危害巨大的大众恐怖的气氛以及我们不断剪裁言论自由使其适应政治环境需要的历史，以扬扬自得的眼光看待第一修正案的做法也是幼稚可笑的。

从一开始，政治就不断对媒体言论自由进行着塑造。在革命时期，对于反抗的殖民地来说，言论自由就是反抗英国乔治三世国王的自由。我们的开国元勋们认为新闻自由和言论自由对于政府问责至关重要，而当时的"政府"指的是英国政府在美洲独断专行的权力。美国最初的 13 个殖民地的宪法中都有保护言论自由的条款。后来在起草美国的第一部宪法时，劝说 13 个独立的殖民地放弃他们的一些自主权、建立一个拥有强大的中央政府的国家是一个重要目标。但是，关于新成立的美国政府的权力问题，宪法起草者却难以达成一致，历史记载的制宪会议的过程也充满了各殖民地的阴谋和偏执。1789 年，制宪会议的与会者们聚集在费城商讨建国事宜时，认为公民权利是充满争议的事情，需要以后从长计议。事实上，很多参会者认为一部包含了《权利法案》(*Bill of Rights*)的宪法很容易被各州否决，因为虽然各州一致同意一些诸如言论自由和公开审判的权利，但是每个州都按照自己的方式来定义这些权利。

但是宪法一经批准，国会就立刻开始拟定《权利法案》，即宪法的前十项修正案。《权利法案》在费城被批准后，接下来的挑战就是说服 13 个州的立法机构中的三分之二批准这些修正案，让它们成为美国的法律。这一工作在 1791 年完成。当然，隐藏在历史迷雾中鲜为人知的是，直到1939 年——《权利法案》通过 150 周年前，当初没有批准的另外三个州才最后批准了《权利法案》，它们是乔治亚州、马萨诸塞州和康涅狄格州。

当第一修正案成为我们法律的一部分时，美国采取了到那时为止鲜有国家采取的步骤。以英国为例，英国被认为是世界上伟大的民主国家之一，但是它没有成文的宪法和有关个人权利的具体法律条款。英国公民所享有的自由权利是由议会决定的，受议会喜好的限制。从英国的《政府保密法》(*Official Secrets Act*)可以看出其对当今的影响，该法律允许政府严格限制英国媒体报道的内容。在美国人的眼中，美国有宪法第一修正案而英国没有，这一差异有时会以相当诡异的方式表现出来。关于英国版的新闻限制的一个怪异的故事记录在由罗伯特·瓦格曼(Robert J. Wagman)所写的历史书《第一修正案的历史》(*The First Amendment Book*)中。书中有一个由伦敦《星期日时报》(*Sunday Times*)的编辑安德鲁·尼尔(Andrew

Neil）讲述的故事。尼尔曾专门飞往纽约购买《抓捕间谍》（*Spycather*）一书——一本揭露英国情报部门不良行为的书，这本书在美国很畅销，但一直受到英国政府的打压，因为它泄露了重要的国家机密。尼尔偷偷地将这本书带回了英国，并发表了其中的内容。尼尔写道："如此严肃的指控可以在美国出版和辩论，而英国却不行，我认为这很荒谬。"他和他的报纸遭到刑事——而不是民事——指控，同时一道禁令颁布，禁止发表书中的任何内容。接下来是长达 15 个月、耗资超过 500 万美元的法律程序。《星期日时报》最终赢了这场官司，但这并不是因为法院认为不让英国公众获悉这种信息是错误的，相反，是因为法官们认为问题已经没有意义，已经没有什么需要保密的事情了。而且，尼尔的报纸所主张的披露政府机构的不法行为能够服务公共利益的观点也没有引起什么反响。

瓦格曼在书中写道："水门事件永远不可能发生在英国。"意思是通过新闻报道扳倒一位总统在英国几乎不可能发生。五角大楼文件案也一样，在这一案件中美国最高法院的最后判决是，新闻媒体可以因其报道的内容而受到惩罚，但除非是极端特殊情况下，政府不能阻止其报道。当然，无论是水门事件，还是五角大楼文件案，并不是任何时候都可能发生在美国。虽然言论自由和新闻自由在美国历史上有过鼓舞人心的时刻，但是新闻在美国的历史也充斥着政治上的权宜之计、司法的含糊其词和赤裸裸的镇压。

第一个在美国引起广泛关注的新闻自由案件发生在 1734 年。印刷工约翰·彼得·曾格（John Peter Zenger）是《纽约周报》（*New York Weekly Journal*）的出版商，该报纸被认为是全国第一份政党报纸。他以煽动诽谤罪遭到指控，理由是他写文章抨击纽约殖民地总督威廉·考斯比（William

Cosby）。

煽动叛乱和诽谤等罪名经常被援引用来打压话语表达。在《韦氏新世界词典》（*Webster's New World Dictionary*）中，煽动叛乱被定义为"搅动不满情绪，抵抗或反抗当权政府"，诽谤则是"任何虚假和恶意文字或书面语句，或任何标志、图片或肖像，以各种方式来暴露某人的行为，引起公众的嘲笑、仇恨、蔑视或损害他的名声"。但是，从美国建国以来就一直存在的问题是，所谓的言论自由可以允许多大范围的"煽动"？

依据被用来判定曾格案件的 18 世纪的英国法律，事实真相不受到任何保护。事实上，在当时如果发布的诽谤文章内容属实，法院反会加重判决。费城的知名律师安德鲁·汉密尔顿（Andrew Hamilton）不这样认为，他同意来到纽约为曾格辩护。他认为，陪审团不受英国和美洲法律的约束，当涉及批评政府的事件时，最终应该让事实真相说话。陪审团最后没有听取法官希望定罪的意见，判定曾格无罪，因为他刊发的文章是以事实为根据的。这个案件变得名扬四海，纽约市也给予不收取任何费用的汉密尔顿最高的荣誉。虽然法律没有因为曾格的案件发生改变，但是这件事深深触动了殖民地民众，也深刻影响了半个世纪后宪法第一修正案的起草者们。曾格对考斯比的一条控诉是他复仇心切地解雇了宪法起草者之一的古韦纳尔·莫里斯（Gouverneur Morris）的一位祖先。莫里斯后来认为曾格的审判是"美国自由的萌芽"。但是，在宪法第一修正案批准后的几年内，恶性的政治内斗使其对自由的保护变得几乎毫无意义。约翰·亚当斯在 1797 年接任华盛顿当选总统，成为联邦党人 (Federalists) 的首领，他们与托马斯·杰斐逊领导的民主—共和党人（Deocratic-Republicans）斗争了很久。联邦党人要争取中央政府更大的权力，而民主—共和党人想要将权力授予各个州政府。双方在各自的报纸上展开迅猛的攻击，当时与法国开战的可能性更是增加了紧张气氛。美国独立战争结束后，英国和法国之间敌对关系并未结束，两国关系反而更为恶化。同情英国的联邦党人将那些民主—共和党人拥护法国的言行视为叛国行为。随着 1800 年大选的临近，新闻环境变得越发丑陋，直接威胁到了亚当斯的再次当选。

联邦党人控制的国会在 1798 年通过了《惩治煽动叛乱法案》(*Alien and Sedition Acts*)，一举解决了报纸言论问题。该法律威胁将对任何"通过书写、印刷或讲授的方式密谋反对政府"的人处以长达五年的监禁及 5000 美元的罚款——这一数字在当时是十分令人震惊的。法律一经颁布，逮捕行动就开始了，而且大部分被拘押的是民主—共和党人。根据联邦法官的说法，法律禁止公开讨论亚当斯总统不可以连任的具体原因。更有甚者，有一个人因为刊印"总统和平退休"的文章而被判入狱。

民主—共和党人援引第一修正案反对《惩治煽动叛乱法案》的努力也无疾而终。尽管如此，杰斐逊还是赢得了选举，国会的控制权也转移到了民主—共和党人手中。当时《惩治煽动叛乱法案》已经在亚当斯政府后期被废止，民主—共和党人没有寻求对其进行延长，之后杰斐逊总统也赦免了那些因触犯该法律而被拘禁的人员。即便如此，新闻自由的胜利并不意味着第一修正案可以实施有效的保障。从 19 世纪的后半期到 20 世纪的很长一段时间，我们今天所理解的新闻自由和言论自由并未成为美国真正的法律。

在那个时候，在联邦制"双重主权"理论的名义下，美国最高法院的解读与当年的起草者一样，认为第一修正案只适用于国会的行动，而不适用于各州。结果是，由于各州法律有时设置严格的限制，第一修正案对于言论自由和新闻自由的保护并不能覆盖全国公民。到了 1830 年，奴隶制问题已成为一个高度分裂性的问题，主张废奴的报纸开始涌现。南方各州的许多议会通过了反对煽动奴隶叛乱的法律，任何支持废除奴隶制的行为被认为是在搅动一场血雨腥风的战争。在南方如果因为持有一份主张废奴的报纸——更别说出版了——被抓住，初犯会被判处监禁或鞭打，若再犯则通常意味着死刑了。1837 年，一群暴徒在伊利诺伊州（Illinois）的奥尔顿市（Alton）——与圣路易斯市（St. Louis）只有一河之隔——谋杀了废奴主义报纸《圣路易斯观察员》（*St.Louis Observer*）的编辑。这种事情居然能够发生在美国的一个自由州尤为令人震惊，而且在这个案件中，当时竟然没有人成功地援引第一修正案中对新闻和言论的保护。

内战开始之初，支持南方邦联的呼声还持续刊登在北方各大报纸中，但出版商需要自己承担风险。当时有一本名为《林肯的愤怒》（*Lincoln's Wrath*）的书，讲述了一份位于宾夕法尼亚州西切斯特市（West Chester）支持南方民主党的小报《杰斐逊主义者》（*Jeffersonian*）的故事。这份报纸强烈反对林肯，反对战争，并支持南方脱离联邦的权利。1861 年 8 月，一群暴徒毁坏了该报的印刷机和订阅列表。不久之后，联邦警官来调查这件事，却援引《没收法》（Confiscation Act），使联邦当局能够扣押任何支持南部邦联的人的财产。当然，让报纸噤声并不是一个好的办法，而当这样做的代价超过了其收益时，当时的总统林肯就会避免这种做法。当林肯的一名将军因《芝加哥时报》（*Chicago Times*）对北部的不忠行为而勒令将其停刊后，林肯总统撤销了这一命令。当然林肯总统这样做并不是出于对言论自由的尊重，作为一位实用主义者，他认为这种过激行为"有可能造成比出版物本身更大的破坏"。在马萨诸塞州，一份类似的报纸也遭到了停刊，当时一群暴徒折磨该报的编辑，给其涂上柏油粘上羽毛，但是林肯却没有做出任何谴责。在南方，战争开始后，支持北方的报纸是不可能存在的。

内战结束后，国会通过了宪法第十三条修正案，结束了奴隶制度。随之而来的本来应该是过去的奴隶自动享有所有白人公民的权利，但事实并非如此。尤其是在经历重建的南部，新制定的针对黑人的法律旨在使投票之类的事情变得高不可攀。为了纠正这一点，国会又通过第十四条修正案，规定各州不能制定法律剥夺公民受宪法保护的权利。理论上讲，这应该结束了关于第一修正案保障言论和新闻自由的规定被各州法律撤销的可能性，实际却并非如此。尽管宪法第十四条修正案规定了相应的权利，但是自从联邦军队从南方各州撤出后，法院完全忽视了南方各州法律对黑人宪法权利和言论自由的破坏。南部的立法机关用一系列针对黑人的种族隔离法案建立了一个种族分离的社会，一直持续到 20 世纪的后半叶。许多年来，每当在与使媒体保持沉默的各州法律进行斗争时，宪法第十四条修正案几乎起不到任何作用。

在新闻媒体的历史上，水火不容的事情同时存在是很普遍的情况。尽管在 19 世纪宪法第一修正案对新闻媒体没有起到有效的保护，但是这一时期的报纸却因使用最为恶毒的语言进行尖锐的政治攻击而闻名。在 19 世纪后期，所谓的"黄色媒体"开始揭露丑闻，不断爆出轰动性新闻。20 世纪初，一群意志坚定的调查性记者因揭露国家最有权势的机构的丑事而被戏称为"扒粪者"。1904 年，林肯·斯蒂芬斯（Lincoln Steffens）出版了《城市的羞耻》（*The Shame of the Cities*），揭露横行市政府的腐败现象；艾达·塔贝尔也发表她的权威著作《标准石油公司的历史》（*History of the*

Standard Oil Company），详细讲述了该公司的商业欺凌和不当行为。两年后，厄普顿·辛克莱（Upton Sinclair）的《丛林》（*The Jungle*）出版，细述了肉类加工业极其令人作呕的行径。尽管有这种自由的新闻环境，但是现实情况是记者们还是经常受到反复无常和睚眦必报的州政府的摆布，州政府能够通过颁布一项法律来关停一家报纸或抹掉批评者的声音。虽然各州宪法中经常有保证言论自由的规定，但是各州的法官们往往站在政客们一边。

到了第一次世界大战期间，对新闻自由的压制一度达到顶峰，而最高法院逐渐开始以不同的方式来看待新闻自由的问题。1925年"吉特洛诉纽约"（*Gitlow vs. New York*）案件中，吉特洛因编写和散发了一份主张推翻政府的宣言而被定罪，而法院也支持这一判决。后来，来自田纳西州的最高法院保守派法官威廉·桑福德（William Sanford）写道，因为第一修正案适用于各州法律和事件，此案件已被最高法院进行重新审核。这是对两年前法院意见的逆转。1927年，在一个正当程序案件中，桑福德再次宣称第十四条修正案意味着《权利法案》的保护适用于各州。

同年，在明尼阿波利斯市（Minneapolis）发生了一件最具决定意义的事件。主人公名叫杰伊·尼尔（Jay M. Near），他发表的文章中满是偏见，为人也卑鄙刻毒。他的报纸《星期六》（*Saturday Press*）公开嘲笑天主教徒，嘲讽犹太人，侮辱黑人，贬损工会。他的同事是一位败选的市长候选人，已经被判定犯有刑事诽谤罪。当然，尼尔同样也仇恨市政府的腐败行为，但他以他特有的霸道方式抨击这种行为。例如，当他指控警察局长贪污时，他声称犹太黑帮是城市的"实际执政者"，这一指控虽然可能是事实，但有反犹太主义的倾向。他喜欢抨击的其他对象包括市长、县检察官和陪审团成员，他认为他们不是不称职就是故意渎职。

此前明尼苏达州（Minnesota）已经通过一项《妨害公众安宁法》（*Public Nuisance Law*），即所谓的"明尼苏达州言论限制法"——因为它能永久使那些"通过发布恶意的诽谤性的文章而扰乱社会秩序的报纸"销声匿迹。当时的县检察官——后来成为明尼苏达州的州长——投诉了尼尔，声称尼尔对他和其他政府官员的指控以及该报的反犹太主义倾向触犯了公众安宁法。当地的一位法官心领神会，发出禁令，禁止尼尔编辑、出版或散布他的文章或任何其他含类似内容的出版物。禁令在尼尔没有收到通知的情况下发布，并受到明尼苏达州最高法院的支持。最高法院将《星期六》报纸比喻成像卖淫场所一样对公众安宁造成了困扰。虽然该州宪法对新闻自由做出了保障，但是法院认为那不保护诽谤性的材料，只为"诚实、认真、有责任心的媒体提供保护"。

受判决的影响，尼尔已无法维持报纸的经营，虽然尼尔在报业协会中声誉不佳，但他还是极力寻求报业同盟的帮助。最后是《芝加哥论坛报》（*Chicago Tribune*）的所有者罗伯特·麦考密克（Robert R. McCormick）成了他的救星。麦考密克同样满脑子偏见，当然更为富有，他意识到自己也可能遭遇尼尔一样被缄口的命运。有了麦考密克的财务支持，"尼尔诉明尼苏达州"（*Near v. Minnesota*）一案最终在美国最高法院开庭，这一案件后来被证明是一个里程碑。尼尔的律师在 1931 年初为他辩护时说，《星期六》中的文章的确有诽谤嫌疑，但是正如约翰·彼得·曾格案件一样，它们也是事实。1931 年 6 月 1 日，最高法院以 5 比 4 的票数做出判决，尼尔胜诉。法院认为，第十四条修正案意味着第一修正案的保护适用于所有州，除非在极其特殊的情况下，否则新闻审查是违宪的。

案件中的新闻自由的核心问题是事前限制问题。法院裁定,尽管尼尔可以在事后受到处罚,但是政府不能阻止他在报纸上发表文章。如果他发表诽谤文章,他可以被追究责任,但除特殊情况外政府不能事先限制报纸的刊发。开国元勋们在制定第一修正案时就提出了新闻自由的核心,就是政府不可以对新闻表达进行事先约束。

法院此前曾裁定,新闻自由和言论自由不是绝对权利,在某些情况下,可以受到限制,但尼尔事件不属于这种情况。即使《星期六》报道的文章不是事实,明尼苏达州的《妨害公众安宁法》对新闻的规定也被认为是违宪的。法院裁定,最重要的一点是,明尼苏达州的法律"对报纸刊发的限制是违宪的"。这项裁决第一次表明,在第十四条修正案的正当程序条款下,明尼苏达州通过一部损害新闻自由的法律是违宪的。到此为止,宪法第一修正案真正成了美国土地上的法律,前后花了140年的时间。

"尼尔诉明尼苏达州案"的判决有力保障了第一修正案的条款,但这一保护力度仍然有条件,要受美国最高法院的限制。在吉特洛案和尼尔案之前,法院几乎无视第一修正案,但在尼尔案之后,法官不得不反复解释第一修正案的含义。由此可见,认为第一修正案的保护作用和局限性都是一成不变的看法是一种误解。

长期以来,人们都认为言论自由是有限度的。最高法院奥利弗·温德尔·霍姆斯(Oliver Wendell Holmes)法官在1919年的一份全体法官一致通过的判决书中写道:"在对言论自由最严格的保护中,一位在剧院中虚报火情并引起恐慌的人是不会得到保护的。"他补充说:"问题是当事人的言论是否确实在此类(公共)场合中使用了,这些言论又是否会造成明确和现实的危险,并带来实质性的坏处,如果属实国会对此有权进行预防。"很少有人会用这种理性的言辞辩论，但是这些言辞实际上是在第一修正案坎坷的历史中最臭名昭著的时刻出现的，是被用来证明压制言论的合理性的。这些话本身也许听上去令人宽慰，但实际上却是令人心寒的。

学者们发现了美国人在战争时期的辩论模式。一般而言，战争开始之前的时期通常伴随着激烈的辩论和斗志昂扬的演讲。这一时期被认为是一个"言论开放期"，此时最为激烈的反对言论也可以被接受。但是当战争决策已然做出，美军士兵踏上战场，"言论开放期"便让位于"言论定型期"，争论到此为止。在内战前的南方，联盟的忠实支持者们大声地反对分裂国家。我的一位祖先在 19 世纪 30 年代和 40 年代曾担任了两届田纳西州的议员，虽然在 1861 年他早已是一位老人，但是他还是极力阻止田纳西州退出联邦。他到处奔走呼号，在战争开始前倒也一直得到容忍。战争爆发后，当地便不再让他发出声音，要不是他的儿子们和女婿们都在南方邦联军队服役，他可能就被投进监狱了。南方的"言论开放期"已经结束，在北方，除了极少数例外，争论也停止了。

同样，1914 年第一次世界大战在欧洲爆发后，美国国内又开始了一场激烈的辩论，其中有些地区强烈反对这场战争。当伍德罗·威尔逊（Woodrow Wilson）总统最终宣战时，他很快就让国会通过了 1917 年《反间谍法》（*Espionage Act*），该法规定，若有出版物散布阻碍战争动员的"虚假信息"，应当科以长期监禁和重罚。法律允许政府在定义"虚假信息"方面有很大的空间。同年，威尔逊推出了《与敌国贸易法》（*Trading with the Enemy Act*），该法旨在审查所有与国外进行的通信，特别是针对外文报刊，该法规定可以禁止邮递此类报刊。

战争点燃的爱国热情让美国人对批评战争的同胞痛恨至极。有一位名叫维斯·霍尔（Ves Hall）的蒙大拿州牧场主成为倒霉蛋，他是一个唱反调者，经常在一家酒吧里喝过头，之后就开始宣布反对这场战争，他希望德国能赢，对威尔逊总统的主张不屑一顾。倒霉的霍尔为此和别人打了一架，并以违反《反间谍法》而被捕并被起诉。受理此案的法官居然宣判他无罪。他裁定，虽然霍尔的意图是煽动对政府的不服从和妨碍征兵制，但他的"出言不逊"发生在酒吧厨房，而且是一次"因头脑一时发热而发生的激烈争吵"，并未对社会秩序或征兵制形成威胁。指控霍尔就好比一个人用一支22口径手枪射击远在3英里外的人而被指控为谋杀未遂一样。判决一出，蒙大拿州的公民极为愤怒，当地政客们更是怒不可遏，该州立法机构迅速通过了一项法律，禁止任何煽动抵制战争的言论。蒙大拿州的两位参议员趁此向国会提出了一项该州法律的全国版，后来成了1918年的《反叛乱法》（Sedition Act）。

《反叛乱法》创建了一个名为"不爱国的或不忠诚的语言"的类别，给予政府几乎无限的权力来审查或惩罚它。法律也可对妨碍出售战争债券以及蔑视或贬损政府声誉的行为治罪。按照这一法律的规定，我们当前在国内所看到的反对伊拉克战争的声音和刊物将会受到严惩。在第一次世界大战期间，根据这些法律的规定，近2000起相关的书面和口头的事件遭到了起诉，100多个刊物受到影响或被停刊。

其中一个案件是"申克起诉美国"（Schenck v. U.S.），当事方是两位纽约的社会主义者，他们刊印和散布传单，谴责美国的征兵制实际上是一种暴政，目的是为了保护华尔街的利益，因此他们呼吁抵制征兵制。与吉特洛和尼尔的案件不同——那两个案件都是关于各州是否有权力限制言论自由，申克的案例涉及的是国会的权力。这两名男子因违反《反间谍法》被捕并定罪，他们的案件直到 1919 年战争结束后才被送到最高法院。他们的律师认为，第一修正案保障了民众的"绝对无限制的言论自由"，而政府的反应却是主张其自我保护的权利高于第一修正案，它还声称只有政府自己有权决定其自我保护的权利是否受到威胁。最终，最高法院的法官们达成了一致的判决，霍姆斯法官在其中列出了"明确和现有的危险"的标准。虽然最高法院同意第一修正案有限制，但它拒绝让政府成为这些限制的仲裁者。最高法院为自己保留了这份权力，却同时又支持了政府的意见。申克最后被定罪，并被投入了监狱。

就限制言论的标准而言，更严的标准代替了以往较为宽泛的标准。以前，只要某一言论被认定为具有造成损害的"倾向"，就可以限制它，而现在则需要认定言论会造成"明确和现有的危险"才可以限制。从这种意义上讲，新闻变得更为自由。但在接下来的几年中，这一定义有时被削弱有时又被加强，反复了好几次。美国当前关于在煽动非法或暴乱的行为时第一修正案规定的言论自由可以受到限制的标准，是 1969 年在"勃兰登堡诉讼俄亥俄州"（*Brandenburg v. Ohio*）的案件中设定的，该案件的主人公是一位与尼尔案件十分相似的人物。

克拉伦斯·勃兰登堡（Clarence Brandenburg）是三 K 党的狂热分子。在辛辛那提市（Cincinnati）附近一个农场举行的集会上，他的发言声如洪钟，声称如果美国社会不做出改变，接下来他们就只能诉诸暴力行动。他因此被捕并被定罪，但美国最高法院驳回了对他的定罪，并确定了当前何为煽动性言论的标准。法院裁定，煽动性言论不仅会煽动非法行为，还会导致人们立即采取行动。法院接着裁定，"言论和新闻自由不允许各州禁止民众宣扬使用武力或违法行为，除非这种宣传可能即刻煽动或引发违法行为",而且很有可能取得成功。据全国首屈一指的第一修正案律师弗洛伊德·艾布拉姆斯（Floyd Abrams）的说法，此处的判决语言比"明确和现有的危险"标准更具保护作用，超越了世界上任何地方。他表示："勃兰登堡案可能是对第一修正案最具保护力的判决。"

从大的方面讲，对第一修正案做何解读是政府长期以来一直在从事的一项斗争，目的是阻止政府不喜欢的或有害的信息得到发表。虽然这通常被冠以服务广泛的公众利益的美名，但事实上经常是为了避免政治尴尬或者削弱政治反对派。历史上多数情况下政府使用的武器是反叛乱法，但总的趋势是这种攻击的渠道越来越窄。如今，一名反战人员因为"不爱国的言论"而被监禁的情况是不可想象的。

当然，只是战场转移了。在履行监督职能的新闻自由与无政府状态下毫无限制的新闻自由之间取得适当的平衡，是符合公共利益的。虽然我不能提供任何统计数字，但我敢肯定，绝大多数人（包括记者）都不相信新闻自由是绝对的，也不应该是绝对的。如果言论绝对自由的话，就意味着可以发布军事机密，诽谤任何人或侵犯任何人的隐私。但我也认为大多数人认为对新闻自由的保护也是至关重要的。最高法院对这种保护措施一直阴晴不定，其中有两个案件对今天具有特别的意义，因为它们有助于说明新闻界和政府正在进行的斗争的范围。第一个案例确定了在政治言论和公共事务方面媒体可以出错的原则。从18世纪的曾格案开始，在公职人员对媒体发起的诽谤诉讼中，新闻报道本身的准确性一直可以用来保护媒体。但是，在一个乍看起来有些怪异的法院判决中，这一报道准确的标准在民权斗争中的一个具有里程碑意义的案件中却无法很好地保护媒体了。

1960年，在美国南方，民权抗议和公民不服从运动如火如荼。就当局特别是警察部门的普遍反应而言，从故意拒绝保护黑人示威者到积极参与对他们的攻击，应有尽有。此时，马丁·路德·金（Martin Luther King）牧师已成为当局攻击的一个特别目标。当年3月，一个自称为"保护马丁·路德·金的委员会"（Committee to Defend Martin Luther King）的组织在《纽约时报》上刊登了一个筹资广告，题为"留心他们不断上涨的呼声"（Heed Their Rising Voices）。广告上有几个印刷错误，内容描绘了一系列针对南方黑人学生的行动，构成了"前所未有的恐怖浪潮"。广告谈到了在南卡罗来纳州（South Carolina）的奥兰治堡（Orangeburg），400名在餐桌前静坐抗议的学生被消防水龙带喷射并大批被捕。然后它讲述了一个发生在阿拉巴马州（Alabama）蒙哥马利市（Montgomery）的事件，学生们在该州议会大厦的台阶上唱爱国歌曲"我的国家属于你"（My Country 'Tis of Thee），结果他们的领袖们被驱逐出场。广告还声称，几卡车的警察出现并包围了阿拉巴马州立学院（Alabama State College）的校园，整个学校的学生举行抗议，拒绝重新注册。紧接着，"他们的餐厅被关闭，警方指望通过饥饿来使学生屈服"。事实上，学生们那天唱的是美国国歌《星光灿烂的旗帜》（*The Star Spangled Banner*），学生领袖们是因为另外一天别的示威活动被驱离的，警方实际上也没有"包围"校园，关闭餐厅的行为显然也没有发生过。

当时刊登广告的《纽约时报》印刷了大约65万份，其中394份被送到阿拉巴马州的经销商手中，而最后销往蒙哥马利市的是35份。怒气和不满开始在阿拉巴马州点燃，虽然在该广告中没有提及任何人的名字，但有几名官员对《纽约时报》以及由64位著名人士——有黑人也有白人——组成的"保护马丁·路德·金的委员会"提起诽谤诉讼。提起诉讼的人中包括沙利文（L.B.Sullivan），他是蒙哥马利市的三名市镇专员之一，他们要求《纽约时报》赔偿 50 万美元，同时还起诉了四名帮助投放广告的阿拉巴马州黑人牧师。瓦尔特·琼斯（Walter B. Jones）法官在蒙哥马利市审判这一案件，按照《第一修正案的历史》一书中的说法，琼斯法官"似乎觉得内战刚刚在前一周结束，而内战的结果是一个灾难性的错误"。他撇开了第一修正案，并引导陪审团按照他的意见判案。最后的结果是沙利文取得了完全的胜利，在阿拉巴马州最高法院维持判决之后，该案件又被转到了美国最高法院。

这个案件最重要的判决是在筹资广告被首次投放四年后才做出的。对于《纽约时报》和其他严肃新闻机构来说，陷入这种诽谤案件就意味着一场生死搏斗。如果一个州立法院陪审团提出的高额损害赔偿金得到法院支持，那么就会让诸如《纽约时报》的报纸成为众矢之的，人人都可以来揩油。这些报纸都在国内发行，经常会发表一些批评当地官员的文章和政治广告，但是常常也伴有一些事实上的错误，正如存在于那个付费的筹资广告中的错误一样。即使是一份小的地方报纸，只要它在别的州有一位订阅者，也可能成为数千英里外有意对其进行惩罚的陪审团的受害者。

美国最高法院的 9 位法官意见一致，判决书则由威廉·布伦南二世（William J. Brennan Jr.）法官执笔。布伦南的父亲是一位没有受过教育的爱尔兰移民，成年后他与他的高中同学结婚，之后又去了哈佛法学院，并被德怀特·艾森豪威尔（Dwight D. Eisenhower）总统任命为最高法院法官。布伦南法官对那些可能会对报纸产生"令人不寒而栗的影响"——这是他在后来的审判中创造的一个词——的法律特别警觉，他对"《纽约时报》对沙利文案"的裁决为新闻机构日后在进行政治报道时提供了宝贵的依据。

该裁决首先对阿拉巴马州最高法院的观点表示蔑视，因为它认为第十四条修正案的正当程序条款与各州的诽谤诉讼无关。阿拉巴马州的法律和行动还被比作是 1798 年的《惩治煽动叛乱法案》，并被判定违宪。

但裁决的核心思想是政治言论有权得到特别的保护。法院裁定第一修正案对言论自由和新闻自由的保护要求公职人员不能将报道准确性的标准适用于普通公民，并对其提起诽谤诉讼。布伦南认为，在混乱的政治局势中，如果报道涉及官方行为并且其中的错误不是故意的，新闻机构可以进行有损公职人员或错误的报道。他表示，"国家应该对有关公共议题的辩论不加限制，保证其健全和开放性"。但是，这项裁决只是为了保护新闻报道中的错误，而不是保护蓄意的谎言或漠视真相的行为。法院说，遭到此类诽谤的公职人员也可以追究损害赔偿，如果那些错误的报道是出于"真实恶意"，而"真实恶意"是指发表一些明知是错误的诽谤内容，或者"罔顾是否虚假的"内容。

裁决随后根据这一标准对《纽约时报》的广告进行了审查，发现报纸在刊登广告时有疏漏，因为如果事前进行认真审核，本应可以发现其中的不准确内容，但是报纸的做法还达不到"真实恶意"的标准。最高法院早已摒弃了《惩治煽动叛乱法案》，也认为诽谤诉讼只不过是压制新闻的另一种方式。"《纽约时报》对沙利文案"的判决为将诽谤诉讼视为反叛乱法的替代物的时代画上了句号，给新闻报道出错提供了空间，当然这些错误不是故意的或毫无顾忌的错误。虽然布伦南因为这一裁决被一些人批评，说他走得太远了，是要保护不准确的政治言论，但是休戈·布莱克（Hugo Black）法官在他的一致意见中认为布伦南走得还不够远。布莱克认为第一修正案为批评政府的言论提供绝对保护，其中包括带有真实恶意的言论。布莱克这位当时已是 78 岁高龄的法官，出生于阿拉巴马州的一个贫穷的农场家庭，是家中 8 个孩子中最小的一个，年轻时还是三 K 党的成员。在被富兰克林·罗斯福总统（FDR）任命为最高法院法官后，他逐渐成了《权利法案》保障条款的捍卫者，但他坚持的新闻绝对自由的看法从未被最高法院的多数法官所接受。

"《纽约时报》对沙利文案"的重要意义在于它为言论自由创造一个法律堡垒，即使言论不可避免地伴有夸张、扭曲和事实错误也依然受到保护。言论的这些问题是新闻所致力于帮助形成的不受约束的政治言论环境的一部分。如果新闻机构因为出错而受到严惩，那么必然的一个结果就是只刊发事实确定和绝对准确的内容。刊发其他内容都会招致灾难性的诽谤判决，而司法程序带来的经济压力将会破坏第一修正案致力于培养的自由权利。最高法院后来表示，这种保护措施除了适用于公职人员，也适用于公众人物，包括商业和劳工领袖、电影明星以及棒球运动员等。

但是这种自由会不会太过于宽泛了？有人认为，"《纽约时报》对沙利文案"对我们的政治环境造成了巨大的破坏，政治人物不可能再通过诽谤诉讼捍卫自己的声誉。倒是有电影明星成功起诉了一些低俗小报，因为这些小报所指控的醉驾或吸毒的消息被证明是假的。但对于政治人物来说，几乎无法对媒体的谎言施加惩罚。毫无疑问，"《纽约时报》对沙利文案"的裁决给他们制造了一个相当残酷的媒体环境。可以肯定，一些优秀的人物将不愿涉足政治生活，因为他们担心获得政治权力后紧跟而来的是无孔不入的媒体监督。"《纽约时报》对沙利文案"的积极面也是相当引人注目的。美国人在评论政府方面享受到的保护可以说宽泛得惊人，即使评论中的事实有误也不受影响。最高法院觉得应该创造一个言论更加自由的空间。值得一提的是，其他开放自由的民主国家并不想赋予自由这么大的空间，并且仍然经历着激烈的政治辩论。

最高法院在 1972 年的一个案件中朝另一个方向做出了倾斜，有效地遏制了"《纽约时报》对沙利文案"决议产生的自由权利，并且至今还深刻影响着报纸与政府之间的拉锯战。这个案件是"布兰兹堡诉海耶斯案"（*Branzburg v. Hayes*），该案中最高法院似乎想表明，在保护记者方面"《纽约时报》对沙利文案"已经做到极致了，再多的话就过头了。

"布兰兹堡诉海耶斯案"的重点是，第一修正案是否赋予了新闻工作者不必为其所写的报道出庭做证的权利，尤其是不需为他们承诺不会泄露的秘密信息源做证的权利。保罗·布兰兹堡（Paul Branzburg）是路易斯维尔市（Louisville）《信使报》（*Courier-Journal*）的记者，他报道了全国各地盛行一时的青年文化。其中的一部分报道是关于当地的毒品市场，他还讲述了关于制造大麻的故事。他为此被两个大陪审团传唤，让他来揭露他对这些非法活动的了解，但他拒绝出庭做证，因为他认为第一修正案赋予了他保护新闻来源的权利。在另外两个类似的案件中，有记者潜入黑豹党（Black Panthers）这一因暴力和犯罪活动而闻名的黑人分裂主义组织后写出报道，但拒绝出庭做证。他们也认为第一修正案赋予了他们豁免权，不需要为自己的新闻报道出庭做证。这三起案件合称为"布兰兹堡诉海耶斯案"，最高法院法官最终以 5 比 4 做出判决，认为当记者被大陪审团传唤就潜在的严重犯罪行为做证时，记者不享受第一修正案的保护。

最高法院中那 5 位占多数的法官似乎也在寻求平衡，不让记者们变成警察或告密者，并以此限制他们的报道能力。法院的多数意见是由拜伦·怀特（Byron White）法官执笔的。他是"罗伊诉韦德案"（*Roe v. Wade*）中反对承认堕胎权的两名法官之一，也是一个因脾气暴躁而出名的传奇人物。

另一方面，他是"肯定性行动计划"①（affirmative action）的坚定支持者，还认为以英语中的"性别"（gender）一词区分不同人群是一个可疑的分类（suspect classification）。该案中，他明确地站在了媒体的对立面，甚至还带点不屑。他表示，法院拒绝"给新闻人员提供其他公民不享受的证言特权"。法院说，记者首先是公民，有责任在被传唤时做证。第六修正案保护"迅速公开审判的权利"，以及与原告方证人对质和要求己方证人出庭做证的权利，当第一修正案与第六修正案相抵触时，第一修正案不起保护作用。

虽然怀特裁定第一修正案不对新闻工作者拒绝出庭做证的权利进行保护，但是真正界定了新闻记者被传唤做证时下级法院的做法的是另外两位法官的意见——其中一个是与怀特一致的意见，另一个是反对意见，这种状况至少持续到了 2007 年的路易斯·利比（Lewis "Scooter" Libby）案。一致意见是由来自弗吉尼亚州的刘易斯·鲍威尔（Lewis Powell）法官写下的，他是著名电视记者爱德华·穆洛（Edward R. Murrow）的密友。鲍威尔同意多数意见，但他也有自己独到的看法，强调了决议的"有限性质"，好像是说在某些情况下不应该强迫记者做证，但是具体是哪些情况他又没有明说。

反对意见由波特·斯图尔特（Potter Stewart）法官提出，他明确指出了在何种情况下记者可以被迫做证。斯图尔特曾指出定义何为露骨的色情作品很困难，但是他说"当我看到它时我就知道"。这成为他最广为人知的评语，令他颇为苦恼。在他提出的反对意见中，他认为在记者被迫做证之前应该满足三个条件：首先是记者掌握的信息应该与案件明显相关；其

---

① 指聘用或录取因种族、性别等常常受不公平对待的人。——译者注

次是这些信息无法从其他渠道获得；最后是案件中对这些信息的需求必须
具有足够的说服力，并压倒其他需要。

30多年来，波特·斯图尔特法官的"原则"得到普遍遵循，记者们很
少被带到大陪审团面前出庭做证。这实际上是一个"不要问，不要说"的
解决方案，因为记者实际上没有权利拒绝做证，但是政府不想由于政治原
因对此进行强迫，因为这样做总会引起骚动。检察官们寻求信息时除非迫
不得已，他们也不愿意纠缠记者。而记者们一般也都能够采取一些避免对
抗的妥协方式。当对抗不可避免时，有些记者宁可去监狱，也不会暴露秘
密信息源的身份。事实上，在新闻价值体系中，违反司法命令而坐牢相比
于违背保持沉默的承诺，是更令人尊敬的做法。

这种妥协在美国检察长和特别顾问（U.S. Attorney and Special Counsel）
帕特里克·菲茨杰拉德（Patrick Fitzgerald）受理利比（Scooter Libby）案
时被彻底打破。利比是一位白宫高级官员，被指控就他与记者的交谈内容
向大陪审团说谎。作为时任副总统迪克·切尼（Dick Cheney）的顶级助
手，利比有计划地向记者大量泄密，目的是抹黑中央情报局（C.I.A.）的一
份报告，这份报告因挑战政府认为伊拉克正在寻求核武器的说法而被认为
对政府有害。菲茨杰拉德传唤了《纽约时报》记者朱迪思·米勒（Judith
Miller），要求她出庭做证，向大陪审团公开她与利比的谈话。米勒拒绝
做证，菲茨杰拉德便以藐视法庭罪将其逮捕入狱。菲茨杰拉德坚持想要得
到米勒掌握的信息，而他之所以如此要求，是因为他相信只要大陪审团坚
持原则，那布兰兹堡案的判决其实是完全否定第一修正案的利益的。事实
上，尽管第一修正案的专业律师们多年来一直在试图避免对此做出清晰明
确的解释，但是菲茨杰拉德对布兰兹堡案的解读也不是不合理。菲茨杰拉

德赢了，最终所有的记者都出来做证了。

利比的定罪对小布什政府来说是十分令人尴尬的，但是该事件的真正要点在于菲茨杰拉德的判决可能会对严肃新闻报道造成沉重打击。没有一位心智正常的记者会希望自己因为一篇报道而进监狱。一个记者们因不愿透露秘密信息源而入狱的法律环境必然导致记者们不愿再进行有可能招来大陪审团调查的报道。同样，一旦有记者在法庭上透露秘密信息源的身份，必然会让那些有敏感信息的人不再信任记者的话。虽然并不是每个人都认为记者丧失对消息来源的保护特权将会对报道的内容产生重大的影响，但对于记者来说，他们相信若信息来源无法保护，那将会造成灾难性的影响。

虽然反煽动叛乱的法律已经被搁置了，但传唤记者的做法也将产生与反煽动叛乱法一样的结果——报道变得更少。大量涉及政府的重要新闻报道都来自秘密渠道。但是没有新闻机构愿意承担为那些非迫不得已不愿揭露信息来源的记者进行法律辩护而产生的巨额费用。肯定的是，今后记者及其雇主们将更不愿意保守秘密，而提供信息的人也将愈发不确定自己是否会得到保护。当然，就像利比案一样，多数被保护的并不是真正的告密，而是政治操纵。即使是这样，我相信，记者们如果能报道他们秘密得到的消息，那对公共利益来说是件好事，即使信息源向记者泄密是出于不可告人的原因。大多数机密信息源泄密并非是为了公共利益，相反他们多是为了一己之私利。在我看来，给这种秘密信息的交易泼冷水有悖于第一修正案所倡导的言论自由。

同样的，虽然公职人员或利益集团发起的诽谤诉讼因为《纽约时报》对沙利文案"的判决而难以获胜，但是法律辩护的费用高得令人难以承受，尤其是对那些财务上举步维艰的新闻机构而言。公民记者和其他非传统新闻机构以及自由撰稿人更容易遭受诽谤或其他诉讼的威胁，因为即使他们胜诉，维权的费用也是致命的。

布什政府在9·11事件以后利用其权力削弱了《信息自由法》（*Freedom of Information Act*），限制公众获得迄今为止一直公开的国家安全方面的文件。"新闻自由记者委员会"（Reporters Committee for Freedom of the Press）记录了近年来政府多次阻止他们报道政府不愿意被报道的新闻。例如，《纽约时报》报道了总统未经法院批准便授权开展国内窃听活动的新闻后，司法部开始对此事进行刑事调查，试图挖出泄密的来源。总统在9·11事件之后也大力推动了《爱国者法》（*Patriot Act*）的立法进程，大大拓宽了政府监听私人电话、电子邮件以及医疗、财务和其他记录的权限，这使对新闻消息源的保护变得更加难以保障。

反恐战争引出了如何限制言论自由的合理问题，以及言论限制与政府对泄密的合理担忧如何保持平衡的问题。作为公民，我们都受到第一条和第六条修正案的保护，同时记者作为公民也有相应的责任。但是，如果美国因恐怖袭击而再次反应过度，那么记者的责任该做何解读呢？面对必将来临的恐惧之潮，在历史上经历了起起落落的第一修正案还能矗立不倒吗？抑或它只是一个在历史上也没有提供多少实实在在保护的脆弱的堡垒？我希望最终自由权利可以占上风。

第 四 章

客观性的最后抵抗

我认为客观性不可能实现。

——杰夫·贾维斯（Jeff Jarvis），Buzzma-
chine.com

当宣传也被当成新闻，问题可就大了。

——尼曼基金会（Nieman Foundation）
的卡利·克罗斯利（Callie Crossley）

糟糕的新闻引起世界的关注，而心系新闻业的人们也花费了不少时间来研究什么样的新闻是好新闻，原因又是什么。"偏见"是一个经常被使用的词，"不公平""不平衡"，以及"浅薄"和"懒惰"也是我们常听到的词语。此外，"不准确"也常常出现。

但怎样才能称得上是好的新闻？好的新闻有什么特性呢？每个人都会认为第一个标准是准确性。对于大多数新闻读者来说，下一个标准是没有偏见：新闻报道应该是公平的和平衡的。2007 年"新闻卓越计划"（Project for Excellence in Journalism）进行的民意测验显示，超过三分之二的读者喜欢看到"没有特别观点的"新闻报道。在美国，中立性长期以来被定义为新闻的客观性，这个术语在 20 世纪初被普遍使用，并被大多数新闻媒体奉为圭臬。当前民众对新闻媒体的敬意下降是由于民众认为新闻记者没有遵守这个客观标准。诚然，还有其他原因，如民众认为新闻媒体哗众取宠、过于激进以及有赤裸裸的欺诈。但是，新闻诚信问题的核心在于很多民众不相信新闻媒体报道的内容是客观的。

但即使公众抱怨新闻媒体缺乏客观性，新闻应该是客观的这一观念越来越被业界视为陈旧过时的。当我告诉同事们，我仍然相信新闻客观性时，我往往看到别人尴尬困惑的脸色。这与我在纽约的晚宴上说我来自田纳西州时的情形相似，共同进餐的人知道纽约有来自田纳西州的人，但他们从来没有和田纳西州人面对面相处过，仍然秉持新闻客观性标准的人也会遇到相同的处境。在颇为复杂的新闻圈子里，如果有人仍然坚持该标准，就会被认为是天真或不诚实的，或至少是落伍的。

在我看来，好的新闻与我喜欢称之为"真正的新闻客观性"的标准联系在一起，而不是虚构的或虚伪的客观性。我认为，真正的客观性应该继续成为美国的新闻标准，但我们现在看到的可能是客观性在进行着最后的抵抗。

我将新闻客观性定义为努力成为一名诚实的新闻工作者。这意味着当事实存在争议时，抛开你自己的观点和偏好，保持中立态度，不偏袒任何一方。这意味着报道的新闻可能会让你与朋友反目成仇，也意味着不报道那些伪装成新闻的宣传内容。它有时还意味着报道一些泄露信息来源的事件！记者利用自己的魅力和技巧来获取可以使公众受益的信息，然后将其公布于众。因此，有时候信息提供者会有被记者背叛的感觉。客观性也意味着当事实真相很清楚的时候，不要为公平的假象而让当事双方在你的报道中假装辩论。大量引用什么"他这样说／她那样说"的观点，将对立的说法全部揉进报道的做法已经败坏了新闻客观性的名声。这种做法并不是真正的客观性。

批评客观性的人认为客观性不可能存在。他们认为即使存在事实真相，记者也不能对其进行报道。记者也是人，是人就会有偏见，即使我们试图做到客观，但是这种偏见还是会不可避免地渗透进我们的工作中。杰夫·贾维斯（Jeff Jarvis）是《芝加哥论坛报》的一位记者兼编辑，他同时也是博客网站 www.buzzmachine.com 的创始人，他认为"我们的工作从来不是报道事情的真相，我们一直在帮助公众决定什么是真实的"。他在新闻学院被教导要做到新闻报道的客观性，但现在他认为这是"我们无法实现的虚假的高标准"。

另外，批评家们也恰当地指出，美国传统新闻有一些没有明文规定的标准，这些内在标准的存在使报道在撰稿的一开始，就已偏离客观的原则。例如，出现在主流报纸上的文章是基于一些未经证明的假设，比如资本主义不是邪恶的，或者言论自由是一种美德等。批评者认为，这种文化上的和政治上的假设是不可避免的，也会不可避免地产生偏见。如果一位认为言论自由是对神明的亵渎的伊斯兰记者，看到因丹麦漫画亵渎穆罕默德而引发愤怒，肯定会写出与西方记者不同的报道。那些批评客观性的人认为，即使人们努力避免思维定式，但是他们脑海中固有的观念也会使得真正的客观性变得不可能。

评论家还认为，假装报道客观新闻实际上是不诚实的和有误导性的。如果当事实真相是错误的时候记者还把它们当作客观事实来报道的话，这样就会背叛和误导读者。既然在理想的情况下客观性也难以实现，那不再假装客观的报道会不会减少一些欺骗？事实上，他们认为所谓的客观的新闻报道通常都是假的，往往都带有偏见，要么是到截止日期前的胡乱拼凑，要么是记者的懒惰造成的。

评论家指出，在假冒的客观新闻中，记者们只引用争议双方的观点，而没有任何独立的调查去探索事实真相。他们指出，记者们用低劣的手段来迎合政治利益，对所有观点一视同仁，虽然其中有些观点完全没有事实根据。比如，全球变暖被绝大多数气候专家认为是一个事实，但许多新闻报道掩盖了这一事实，因为他们对少数怀疑论者——通常是相关工业的托儿——的观点给予了重视。

更为犀利的批评者还指出，"新闻报道应该客观"这一新闻传统为歪曲事实真相提供了更多的空间。在一个看起来客观的新闻世界里，公共关系产业不仅诞生了，还蓬勃发展。公关的主要目的是打着新闻的幌子，将有利于客户的信息展现在公众面前，这与它们以付费广告的形式或其他私营渠道出现相比，可信度更高。从某种意义上说，公众一般会认为一个新闻机构至少会努力进行客观性的新闻报道，这使得新闻栏目或节目中出现的内容显得更为真实，这就是为什么诸如视频新闻发布（video news release）之类的都已成为标准的公关工具，它们看起来就像是客观报道的新闻一样。评论家认为，声称进行客观报道的新闻机构其实为歪曲的新闻报道提供了掩护。如果这些歪曲的内容是出现在保守主义或自由主义的刊物中，或出现在具有明确导向性的记者的报道中，或出现在如大制药公司这样的行业的刊物上，人们反倒会对其中的偏见有更好的认识。

还有人认为，现在的公众——特别是年轻人——已不再需要客观的新闻报道了，他们想听到的是观点。

新闻界很多人正在放弃客观性标准，其原因在于上述这些批评都是很有道理的。但是，在我看来，新闻道德放弃客观性标准后，不会带来多少好处，反而会产生更为严重的问题。

记者之间持久争论的一个问题是新闻客观性的具体含义，以及它如何成为美国新闻报道的标准。有一个学派认为，客观性主要是19世纪报纸大亨们出于商业利益而制定的标准，他们想要卖出更多的报纸。共和党人、民主党人、无政府主义者、社会主义者和一无所知党成员（Know-

Nothings）都需要购买菜肴、棉线、腰带和香烟以及治疗痔疮和放松身体的药物。要是报纸能够满足所有这些需求，那广告商就会支持，而一种实现方式就是报道的消息要去除政治观点。换句话说，客观性由一种商业上的必要性转变成赞助商的一种美德，在他们看来，没有政治偏见的新闻只是其自身利益意想不到的副产品。

考虑到人性，人们很容易认为金钱利益是客观性标准重要性提升的最有说服力的原因，它是由我们的商业文化决定的。新闻媒体的标准也会随着经济模式的改变而改变。在欧洲，媒体的商业化程度较低，新闻应该客观的观念并没有引起重视。欧洲的新闻风格更主观和政治化。法国保守党的报纸报道的文章就更加偏向保守主义。如果你看到共产党或者保皇党、社会主义者、无政府主义者或者法西斯主义者所发行的报纸，你就会看到他们在事实上是有选择性的，并且是为了推进政治议程而进行报道的。

一些新闻历史学家，例如迈克尔·舒德森（Michael Schudson）认为，在19世纪的大部分时间美国的新闻也是完全受意识形态驱动，客观性能成为美国新闻的标准正是对这种新闻报道的一种反应。进步主义者和改革者认为，党派倾向明显的美国报纸并不是在传达政治哲学思想，而更像是特殊利益的俘虏。在公众眼中，工会、政党和其他利益集团都是腐败的，都在利用自己的报纸追求自身利益而不是广泛的公共利益。

当记者开始尊重自己的职业，努力制定行业的行为准则和道德标准，并且试图改善之前被认为浅薄甚至恶毒的形象时，客观性便成了新闻规范。大多数不良声誉主要来源于公众的看法，公众认为记者们会为所欲为，他们会扭曲事实，扭曲"客观"的真相。他们会溜进一个正在悼念孩子夭折的家庭，并把孩子的照片从墙上偷走。他们会说谎和欺骗。财经新闻界有的记者接受贿赂，报道对行贿方有利的新闻，或者掩盖对行贿方不利的信息，这一点几乎被认为是正常现象。

在政治领域，根据记者们的信念和不同的腐败免疫力，报道的内容可能有时刻薄恶毒，有时却又奴性十足。19 世纪末，正因为民众对于各种金融、商业、政治和新闻腐败充满了怒气和厌恶，才催生了进步主义时代的到来。按照这一思路，客观性成为标准部分地是为了解救新闻的腐败，同时为新闻从业者确定明确的标准，并保证新闻组织的责任心。

但究竟什么是客观的新闻呢？作为人类一分子的记者们难道会摆脱身上的人性，清除他们的所有偏见吗？他们如果能做到客观，是不是意味着他们会像一块白板，处理新的主题时不带任何个人见解？反对客观性的人认为，因为客观性要求记者们必须完全抛弃偏见，而这又是不可能的，因此客观性是一个错误的目标。作为一个群体，记者可能比普通人有更多的见解，记者在进行新闻报道时对发生的事情毫不知情 —— 或者没有见解 —— 的情况非常罕见。但是客观性并不要求记者像块白板，毫无偏见。事实上，正是因为记者们是带偏见的，客观性才显得有必要！

在比尔·科瓦奇（Bill Kovach）和汤姆·罗森斯蒂尔（Tom Rosenstiel）合著的《新闻要义：新闻人的素养和公众期待》（ *The Elements of Journalism: What News people Should Know and the Public Should Expect* ）一书中，介绍了他们所谓的"不为人所知的客观性的意义"。在 19 世纪晚期，新闻开始自我改革，最初的目标是以可靠的准确性替代当时主导着新闻的党派主张。当时流行的概念是"现实主义"，即对事实的报道自然会导致真相的暴露。但这个概念有缺点。事实可以被挑选，虽然报道的事实可能是真实准确的，但是它可能会产生一种远离真相的印象。对事实的取舍正是宣传性新闻报道的基础，这包括政治专家的观点、公关代言以及严重歪曲真相的宣传报道。

新闻却是不同的，或者应该是不同的。1920 年，沃尔特·李普曼还是一位正在冉冉升起的政治专家，他与人合写了一份影响深远的分析，其结论是《纽约时报》对俄罗斯革命的报道因为文化偏见或记者和编辑的故意扭曲而失真。他写道："整体来说，关于俄罗斯的报道就是对真相视而不见，只报道人们感兴趣的内容。"李普曼的解决方案是新闻报道要"秉承科学的精神"，因为即使是记者们努力做到诚信也还是不够的。他呼吁采用一种验证和收集新闻证据的方法，使记者能够"摆脱他们在观察、理解和陈述新闻过程中存在的那些不理性的、未经检验的甚至是没有意识到的成见"。他的重点是寻找方法来帮助记者们克服自己不可避免的偏见。

正如科瓦奇和罗森斯提尔所指出的那样："换句话说，在原来的概念中，客观是指客观的方法，不是客观的记者。"这是因为记者不可避免地带有偏见，他们需要客观性作为标准，用证据检验他们的偏见，使报道更接近真相。

他们认为，客观性之所以快速成为美国新闻的标准，是因为美国新闻界渴望采取更科学的方式来进行新闻报道。整个国家对科学的信心在增长，科学的方法似乎也适用于新闻界。

科学家的研究都是从假设开始。他们期待着发生什么，但他们不知道到底会发生什么。换句话说，关于科学真相可能是什么，他们有自己的观点和信念，或者说有自己的见解甚至偏见，但他们通过研究来验证这些假设。他们从事的客观、科学的探究不是没有偏见，但是它们的偏见必须经得住证据和结果的考验。

这就是可以被称为真正的客观、合理和现实的方法。它首先假设记者有偏见，而且他们的偏见必须通过收集事实和信息来进行验证，这些事实或信息有可能肯定也有可能否定他们原先的想法。通常情况下，这两种结果都会产生，对这种情况也需要不带情感地进行报道，就像科学家得到不确定的发现时要如实汇报一样。如果证据是肯定性的，那么按照科学的标准这就是事实。

但是，新闻客观性是为了辨别事实性的真相，而不是抽象的、无可挑剔的真理。寻求真正客观性的记者们可以从他们用心收集到的证据中发掘出最好的真相。如果因为不可能有完美的真相而贬低客观性，就像因为陪审团的判决不完美而取消陪审团的审判一样。

否定客观性的手段之一是引用失败的客观新闻报道的案例。也许最常被引用的例子是 20 世纪 50 年代初期媒体对约瑟夫·麦卡锡（Joseph McCarthy）参议员的新闻报道。那确实是失败的新闻报道，而批评的矛头多指向那些使用客观原则来对此事件进行报道的记者们。

1950 年林肯日（Lincoln Day）那天，麦卡锡在西弗吉尼亚州惠林市（Wheeling）的一个共和党妇女俱乐部发表了一次臭名昭著的演讲，题为"国务院里的共产主义"。根据大多数人的回忆，他在发表演讲的时候，挥舞着一张纸说道："我手里有一份含有 205 个人的名单，他们是共产党员，但仍然在国务院工作和制定政策。"当时正处于冷战高潮，美国参议员做出这样的演讲可以说是轰动性新闻。毫不奇怪，它登上了全国各地报纸的新闻头条，那天新闻的主要内容就是麦卡锡参议员提出了令人震惊的指控。在我看来，因为他说了那样的话，媒体就报道，于情于理都说得过去。如果一位联邦参议员今天宣称国务院窝藏了 205 名恐怖分子，那么这一消息也会得到广泛报道，原因很简单，就是因为这样一个有身份有地位的人物提出了如此具有爆炸性的指控。

客观新闻报道的优点是你可以回去寻找证据。但在麦卡锡事件中并不是这样，这是新闻报道的失败，不是客观性的失败。麦卡锡没有受到新闻界的质疑，几天后他在盐湖城（Salt Lake City）说国务院中共有57位共产党人。同月，他又在参议院说这个数字是81。参议院民主党要求他公布这些名字，但麦卡锡拒绝提供。实际上，他并没有名单。

在接下来的几年中，美国被"麦卡锡主义"搞得人仰马翻，这个词被编辑漫画家赫布洛克（Herblock）推广使用，意思是指一种特别无耻的破坏性的煽动行为。在这段时间的大部分时间里，新闻媒体只是报道麦卡锡所说的话，却并没有指出他所说的人数一直在变化，或者他对共产党人的指控没有被证实，或者他一直在陈述无法自圆其说的观点。这种报道有时被视为客观的新闻报道，因为他所说的"事实"实际上被报道了。但这是道德怯懦，不是客观性。对客观性标准的真实应用，要求描述出一个真正客观的现实画面，而对于当时的新闻机构而言，这是一件非常危险的事情。

事实上，重要的是要牢记客观的新闻不仅仅是如何进行报道或者如何撰写文章的问题。它也需要编辑们决定对何种内容进行新闻报道。没有派出记者对麦卡锡言论中的矛盾内容进行报道是没有适用客观性原则，也不符合新闻伦理。这是客观性标准的溃败，因为国家当时显然需要知道事实真相；这也是新闻伦理的溃败，因为做出不报道的决定不是基于新闻判断，而是出于恐惧。虽然对麦卡锡的报道被用来抹黑新闻客观性，但是真正的问题是媒体做出的决定，它们没有坚守真正的客观性标准。客观性的新闻并不是听到什么就报道什么。

但是，在终极意义上，客观性也不是指完全开放的心态。我已经能接受这一点了，它所涉及的是文化偏见和框架问题。例如，作为新闻读者，我相信那些正在试图寻求真相的记者们是带有文化偏见的。我希望记者们尽力留心他们自己那些与生俱来的文化观念，以免使其报道的内容有失偏颇，但是他们不需要假装他们没有民族文化传承或自己的观点。这是否会使客观的新闻从本质上变得不诚实呢？我并不这样认为。虽然这是文化上的倾向性，但也可以挖掘出事实性的真相。我希望《纽约时报》的记者们在报道伊拉克战争中注意到伊拉克的其他价值体系。事实上，我希望他们客观地向我解释这些观点。但我不要求他们忘记或抛弃美国的信仰。相反，我希望他们通过自己的才智和观察来客观地看待这个世界，并注意自己可能会将自己的文化角度投射到不同的文化上，从而造成误解。例如，我会不会认为一名美国记者可以客观地就非洲部分地区的女性割礼进行报道？我想知道非洲的文化观点是什么，但是我觉得美国记者应该有能力客观地进行报道。对女性割礼的强烈谴责对我来说没什么用处，相反，详细解释这种做法为什么会发生，它起源于何处，以及为什么持续存在会更有价值。重要的是，我们生活在一种特定文化中的事实不会妨碍我们在新闻报道中做到客观公正。

没有哪一个问题能像当前政治和道德辩论中的堕胎问题那样说明客观报道的重要性和困难了。记者作为一个群体，更为支持堕胎合法化，而反对者们长期以来一直抱怨说这些偏见已经扭曲了他们的报道。1995年，国会通过了一项禁止半生产堕胎（partial birth abortion）的法令。那些反对堕胎的人曾一直试图将这个问题定义为是一个保护胎儿的问题，而支持堕胎者则认定它是一个女性权利问题。由于半生产堕胎的过程极为恐怖，堕胎反对者认为这次能够在法律上击败对手了。在半生产堕胎中，腹中胎儿是被抓住脚从产道拉出，而且胎儿头部还被活生生刺穿，以便可以移除。

关键问题很快出现：每年有多少这样的堕胎？又是在孕期的哪个阶段出现的？这确实是紧急情况下的处理方式吗？

支持堕胎权利的组织发布了一系列声明和统计数据，声称每年仅发生几百次半生产堕胎，其中大多数发生在妊娠晚期，而且是在胎儿严重畸形或出于保护母亲的生命或健康的条件下才实施的。反对堕胎的人用自己的统计数据来提出反对意见，声称每年有数千次，通常在妊娠中期，发生在健康的胎儿和健康的母亲身上。

在主流媒体中，支持堕胎合法化的统计数据轻而易举地占了上风。美国广播公司（ABC）新闻部的彼得·詹宁斯（Peter Jennings）将其描述为"非常罕见的手术"，《华盛顿邮报》和其他主流新闻机构也对此做出相同的呼应。《洛杉矶时报》援引匿名研究小组的数据，声称在美国每年20孕周以后的半生产堕胎发生大约 500 次，意思是数量很少。在《新闻 60 分》（ 60 Minutes ）节目中，五名妇女讲述了她们在决定堕胎之后的痛苦和悲伤，这五位女士接受堕胎都是因为遇到了严重的医疗悲剧，而堕胎也都发生在妊娠晚期。其中一个女士描述说她在怀孕晚期才得知自己宝宝的大脑长在了体外。反对半生产堕胎的观点在媒体上鲜有报道。大多数主流媒体的报道传达的内容是半生产堕胎虽然令人痛心，但是紧急情况下不得已的处置。最后，克林顿总统否决了这一法案。

围绕半生产堕胎的新闻报道其实就是一组统计数据和声明与另一组的比较，这种佯装平衡的对比败坏了客观性的名声。这种"他这样说 / 她那样说"的报道不是客观的，而是懒惰的表现。在实际报道中，支持堕胎一方的统计数据一般被认为更可信，这使报道变得不仅单一，而且都有失偏颇。

在禁止半生产堕胎法案出现后 14 个月，新泽西卑尔根县（Bergen County）的一位记者露丝·帕多瓦（Ruth Padawer）被安排去调查这个问题。她分别联系了支持堕胎的组织和反对堕胎的组织，并让他们把材料寄给了她。她发现双方给出的数据截然不同。然后她给两名新泽西州的堕胎医生和堕胎诊所管理员打了电话，并成功得到了答复。他们告诉她仅在新泽西州，每年至少有 1500 次半生产堕胎，大多是在妊娠中期，而且发生在健康的胎儿和健康的母亲身上。当她写下题为《半生产堕胎的真相》的报道时，尽管半生产堕胎成为新闻已经一年多了，但这是首次在主流新闻报纸上独立报道这种主题的文章。

大卫·布朗（David Brown），一位医生兼《华盛顿邮报》记者，也进行了自己的独立调查，发现全国范围内的结果基本相同。令人震惊也令人失望的是，其他的主流新闻机构却普遍忽视了他们两人发现的内容。

在我看来，这件事已经触及到了客观性问题的核心。布朗和帕多瓦的报道并不依赖于自己的政治观点，体现了真正的客观性的精髓。就个人立场而言，布朗和帕多瓦两人都是支持堕胎的，他们很清楚自己的报道将会损害自己一方的利益。但是，他们根据自己发现的事实客观地履行了记者的责任。

美国很多一流的新闻机构未能采用相同的客观性标准进行报道，我担心如果真正的客观性随着新闻铁芯的逐渐减小而被遗弃，那么有失偏颇的新闻就会成为标准。如果只是因为新闻报道不符合客观性标准就应遭到吐槽，那么保持这一标准是非常重要的。如果新闻的标准变成主观看法和个人声音，那么忽视另一方的论点也是有道理的。在我看来同样糟糕的是，利用一个象征性地代表另一方观点的段落来伪装这种主观性看法，这种做法目前非常频繁。正是这种虚伪的平衡和虚假的客观性破坏了客观性的概念，因为它们明显不是客观报道。正是这种狡猾的自圆其说的存在让我选择坚守基于诚信和事实的真正的客观性，而不是什么假冒的"他这样说／她那样说"之类的垃圾报道。在真正的客观性面前，媒体即使损害己方的利益也会如实进行报道。

我之所以知晓半生产堕胎的媒体报道，是因为我当时是美国公共广播公司（PBS）的一档媒体评论节目《媒体很重要》（*Media Matters*）的执行编辑。当我和其他人还在讨论我们是否应该做一期节目将此事件作为失败新闻的案例时，我清楚地记得我当时就清醒地意识到我们正在制造一些可能被反对堕胎者们用来作为抗击对手的武器的东西。事实上，我们后来得知我们制作的 20 分钟的视频片段被反对堕胎者们反复播放，用来证明新闻界的偏见，并诋毁支持堕胎者的主张。我们当时的目的是提供一个研究案例，鼓励人们更加坚持真正的客观性，从而提高新闻界的信誉。这个目的被颠覆了，它反而被用来破坏新闻界的信誉。当然，我对此不存幻想。像我一样，《媒体很重要》的制片人也是支持堕胎的。我们想在电视上播放的视频可能将会被与我们观念相左的人利用，但是我们认为这是一个重要的新闻报道，无论它如何被使用，它都应该被播出。在这段视频中，我们引用了美国医学新闻处（American Medical News）的黛安·吉内利（Diane Gianelli）的话，她说："你不应支持堕胎也不应反对堕胎，而应选择真相。你必须两方面都去调查，而且是一手信息，然后再坐下来，如实进行报道。"

　　我在这里讲述了自己在这个争议中扮演的角色，并不是说这就是坚持客观性的模范，而是强调我们争论的重点不仅包括如何进行新闻报道，而且还包括它是否应该被报道。客观性是一种心态，首先是记者相信新闻工作者的任务就是如实报道，而且最关键的那个客观的决定通常是要不要去报道。客观的精神在工作中被嵌入新闻编辑室的每一个决定之中，无论何种情况下，每一个层面上的原则都该是新闻被直接报道出来。

　　在坚守新闻客观性的标准方面，有不少逻辑矛盾的情形。按照客观性的标准衡量新闻业绩，为我们对新闻工作者的问责提供了一个很好的途径。但是，大多数对失败的客观性报道的批评远远谈不上客观中肯，而且这种持续抨击的累积效应是破坏媒体的信誉。网络新闻的好处是博主们会无情地审查报道的内容。左派和右派都会群起而攻之，任何在做严肃报道的记者现在都知道自己的报道会在网上恶评如潮。即使如此，如果记者们意识到自己的工作将被放在显微镜下审视，这反倒会成为一种激励，让他们更用心地检验事实，更加努力地写出准确报道。新闻界长期受到记者因粗心大意而犯错的困扰，这种激励会是解决这一问题的好办法。

　　同样具有讽刺意义的是客观新闻的说服力，与那些基于主观见解的新闻相比，客观新闻可能更容易改变人们的看法。在这个高度两极分化的时代里，宣传性新闻可能是更有说服力的新闻，但撰写宣传性新闻的鼓吹者能吸引的是那些已经认可他们的观点的人。就人性而言，排斥与我们的现有观念相矛盾的信息是非常自然的。不管是右派还是左派，在将这种对不受欢迎的事实的本能抗拒转化为偏见观念这一点上都是非常成功的。这强化了一种趋势，即在选择新闻来源时只选择那些支持的而不是挑战的观点。放弃客观性标准难道可以改善这种纯粹出于本能冲动而开展批评的环境吗？从某种意义上说，对于明白无误的自由主义或保守主义的新闻报道，我们不能批评其对另一方的观点不公平。客观性已不是它们的标准。对那些成天被各方指责不够"客观"的记者们来说，从撰写客观报道的严格要求和可能被问责的压力中解放出来，未尝不是一种令人欣喜的解脱。而因为难以企及所以放弃客观性标准也是一个诱人的想法，原因很简单，由于政党分歧难以弥合，让记者在报道中满足各方都同意的一个客观性标准根本无法做到。

就政治观点而论，美国人有极右派也有极左派，但是大多数的人都集中在中间地带。正是对这个可以被说服的中间群体，客观性才有意义。当然，即使处于中间地带，美国人的观点也可能或右倾，或"左"倾，但他们的观点倒并非一成不变。就是这些人让克林顿两次当选总统，乔治·W.布什也是这样，因为这些人被说服了，改变了主意，现在他们又选出了奥巴马当总统。

客观性的力量在于，对于这个群体来说，现实的变化可以带来观念的改变。对那些强烈支持和反对伊拉克战争的人们来说，他们的意见从未改变。但是许多美国人起初支持这场战争，后来开始怀疑这场战争，这不是由于什么人的宣传，而是他们认为现实改变了。尽管他们对新闻报道充满了怀疑，但他们相信，国家新闻媒体对现实的描述比战争倡导者所提供的更接近事实。他们被说服，改变了想法，这并不是通过争论，而是通过他们选择相信的那些帮助他们洞悉现实的新闻报道和事实，而这些报道出自以客观性为标准的新闻机构。来自右派的评论家谴责新闻界没有将伊拉克发生的好的和积极的事情报道出来；左派人士也尖锐地攻击媒体，认为报道不够强硬。最终，围绕战争的公共舆论发生了转向，而这要归功于新闻报道。关于战争的报道不仅危险而且耗费巨大，记者们采集事实，撰写报道，虽然他们报道的内容可能不是完美的真相，但那是事实性的客观的真相。

蓬勃发展的公关产业就是基于这种利用新闻来进行劝说的力量。那些贬低客观性的人谴责它具有强大的说服力，但是他们的谴责是有误导性的。懒惰和腐败的记者会受到公关人员的操纵，这样的恶性案例很多。但是，如果记者们认真做他们的工作，公关可以作为一个有用的工具，而不是成为出卖他们的"第五纵队"。在《纽约时报》当记者时，我经常和公关专业人士交往，对我来说这种经历通常是非常有意义的。记者总是看不起公关人员，嘲笑他们为"传销员"，但这是不厚道的。善良的和令人敬重的公关人员有助于进行报道，而最棒的公关人员知道客户的最大利益在于坚持实事求是的报道。但我们绝对不能忘记公关人员是为客户服务的。他们的工作是促进这些客户的利益和目标的实现。像律师一样，他们是代言人。记者与他们不同，记者的任务是挖掘出最多的真相。

但是，公关行业确实要为已经成为该行业标准的一种可耻做法承担责任。这里指的是视频新闻报道，它们可谓是缺失新闻诚信的隐形炸弹。并不是所有的视频新闻报道中的消息都不是真的，只是它们呈现的不是全部的真相。而且他们通常是花费了很大的代价制作，目的就是让它们看起来像客观新闻。这些是地方电视新闻节目中最常见的视频片段，通常会有一个真诚但身份不明的"医生"，脖子上挂着听诊器，介绍着某种新药。

每年三月份，随着春季泳装季的到来，这种"医生"会宣传一种新的药丸、乳霜或治疗方法，说什么可以消除皮下脂肪。我最近看到的一个宣传是由一个熟悉的主持人引出的，他说了一些诸如"春季泳装季即将到来，医生说有一种新方法可以去除脂肪，又快又好！"之类的话后，就切入了视频新闻报道，好像这个辛苦的新闻团队一直在做脂肪研究，正在向大家客观地报告研究结果。

2004 年，一个由小布什政府制作的为了推广新的医疗保健处方药法案的视频新闻报道播出后，一时成为丑闻。这个视频新闻报道被制作得好像在进行客观报道，快结束时说："卡伦·瑞恩（Karen Ryan）在华盛顿为您带来报道。"简直惟妙惟肖。问题是卡伦·瑞恩是公关代表，她在视频中阅读的是美国卫生及公共服务部（Department of Health and Human Services）提供的一份事先拟好的材料。该视频还包括布什总统在签署法律那天，在场的人全都站起来鼓掌的片段，但却没有提到围绕这一议题的大量争议，也没有播报批评的声音。视频新闻报道不断在地方电视台上播放，在当前预算紧张的环境里，地方台难以抗拒。它们看起来像新闻，但它们没有任何成本。地方上的新闻专业人士为其辩护说，与报纸上的报道相比，它们也不会将公众误导到哪里去。他们说得也没错。

无论何种产品的新闻发布会，就向媒体通报产业界的最新进展而言当属合情合理，但它们的目的是用来催化后续的报道，而不是来替代新闻报道。我认识的公关专业人士告诉我，看到他们的产品发布稿——既有印刷版也有视频版——以如此高的频率在新闻中出现，而且几乎没有改动，他们也异常吃惊。这是对客观新闻的颠覆，但应对的办法不是要抛弃客观性。相反，解决方案是要坚守真正的客观性。

当然，虽然共和党人和民主党人，黑人和白人，男人和女人，同性恋者和异性恋者，以及基督徒和无神论者都说他们想要客观的新闻报道，但是他们对客观性新闻的看法是不同的。在一个党派分明的国家，这并不奇怪，"媒体偏见"是每个群体都津津乐道的话题。客观的事实是，媒体有各种各样的偏见。但我认为媒体偏见就像身体里的细菌一样，它们总是在那里，如果它们数量泛滥就可能导致生命危险。不过，因此而陷入细菌恐惧症可能会对身体造成更大的打击——无法改变的细菌存在的现实可以击碎一个人对安全和健康的基本认识。疑病症（hypochondria）和对身体健康的合理监测是存在区别的。我相信美国人集体患上了媒体偏见的疑病症，并且有变成霍华德·休斯（Howard Hughes）的危险。休斯是一位聪明的成功人士，但他患上了细菌恐惧症，拒绝与人握手。在生命的最后几年，为避免细菌污染，他与外界完全隔离。

传统媒体的信誉近年来一直在下降，部分原因在于它们自身的失败，但在我看来，更多是由于媒体偏见已成为对任何不受欢迎的新闻报道的默认回应。"自由媒体"这个词经常被提起，以至于"自由"和"媒体"这两个词的意思已经几乎融合了。政治上站在自由派那边的人也已经学会了类似毫不退让的态度，在博客里诋毁记者，只因为他们看不惯这些记者所写的新闻报道。现在的记者们面对的现实是，任何一个陈述客观真相的报道只要被认为是偏袒一方损害另一方，就会引起谩骂与愤怒。我从自己的经验中得知，我只要出现在《奥雷利脱口秀》(*The O'Reilly Factor*)节目上，总会引起一些观众的愤怒。我曾经在这个节目上说，新闻机构应该报道恐怖分子的想法，以便使我们更好地了解那些试图杀死我们的人。我立即收到一封自称为"幽灵鬼怪"（spookyoooi）的人发来的电子邮件，开头写道："你只是一只一文不值的史前生物（primordial ooze），在理性之光的照耀下慢慢腐烂吧"，接下来是满满一页的愤怒言辞，高潮部分则是天马行空般的威胁和诅咒。当我让我的一个大学同事看了这封邮件后，他问我是否已经联络过警察。我对他的反应感到震惊，因为对我们记者来说这是家常便饭。

如果说有一样东西能对客观新闻标准形成最后的致命一击，而记者们却又对此无能为力的话，那最可能是带激情的报道，因为带激情的内容更畅销。偏执的新闻报道总会吸引很多读者。

当卢·道布斯（Lou Dobbs）开始在他的新闻播报中大肆宣扬个人观点，说什么反对特赦"非法外星人"之类的话后，他在有线电视新闻平台上便时来运转，人气飙升。道布斯的新闻报道混合了表面上客观的报道和强烈的个人观点，对于这两者他认为观众很容易就可以区分。引起 CNN 注意的是节目在收视率上的攀升。在商业新闻的世界里，吸引最多读者的新闻形式几乎肯定能取胜。个人观点很叫座儿，而且相对而言，个人观点比新闻报道成本低。夸夸其谈的电视节目娱乐性强。敬请期待更多这样的节目吧。

年轻的新闻消费者们似乎非常喜欢除了客观性新闻以外的所有其他新闻。事实上，他们似乎认为客观性新闻不仅是沉闷的，而且比那些显然在谈论自己想法的人更不可信。至于这样的高谈阔论是否是哗众取宠之言或是粗陋的观点，似乎并不重要。网络的出现为人们表达个人的声音提供了舞台，而最好的方式被认为是每个人的声音组成一曲交响乐，杰夫·贾维斯认为这是"在帮助公众决定什么是真实的"。我不这样认为，因为我知道将个人观点写入报道成本很低，而新闻报道的成本是昂贵的。我一直认为，在很大程度上，你付出怎样的代价就会得到什么样的内容。

那么，怎么才算好的新闻呢？宣传自有它存在的空间。这很重要。但是，我认为宣传和新闻是不同的，而且从专业性要求来看，他们也应该分开。我希望我的报道能交付给诚实的新闻工作者，他们的目标是报道最好的真相。我承认这并不是完美的，有时我可能也会看到偏见的存在。如果有两位共同追求客观性标准的记者，尽管他们是基于同样的数据和类似的观察，却可能以不同的方式报道同一个故事，那我也会欢欣地接受这样的现象。他们所观察到的可能存在差异，但报道的内容应该是可以被验证的。我希望新闻——尤其是铁芯新闻——按客观性的标准进行报道，并以最准确的方式呈现。

我感觉，大多数美国人追求同样的东西——他们的新闻应该是基于可以被验证的事实，并且忠实地体现现实生活中原本存在的模棱两可的事物。让全国公众参与讨论是我们解释和分析客观的铁芯新闻的一个手段，这种讨论本质上是主观的，也是带有偏见的。但是，如果对新闻铁芯的信心消失，如果把新闻铁芯仅仅视为由带着政治动机的人拼装起来的事实组合，那么我们民主制的一个最重要的支撑将会被削弱，这个全民参与的讨论也可能会变成另一个巴别塔（Tower of Babel），吵吵嚷嚷，却于事无补。

第 五 章

媒体伦理学——痛苦的平衡

新闻编辑室的大幅裁员与多媒体新闻的迅猛节奏引发了这样一个问题：当整个世界滑向地狱的时候，媒体人该怎样坚守道德？

——威斯康星大学麦迪逊分校新闻伦理学詹姆斯·E. 伯吉斯（James E. Burgess）教授斯蒂芬·沃德（Stephen Ward）

2003 年春,《纽约时报》现代史上最惊人的伦理丑闻几乎使美国新闻业陷入瘫痪。 如果说有哪个新闻机构可以被当作行业标准的话,那就是《纽约时报》了。 对于我们这些热爱这份报纸的人来说,该事件从几个方面来看都是一场可怕的失败。 杰森·布莱尔(Jayson Blair),一个急于求成的 27 岁记者,成功找到了报纸编辑监管的漏洞,并且就像蜥蜴藏在墙缝里一样躲在其中,不为人所知。 在《纽约时报》工作的四年中,他不断被迫发布修正,这本已应该引起警觉。 草率马虎只是他的众多罪名之一。 当年四月,他被发现抄袭《圣安东尼奥新闻快报》(*San Antonio Express-News*)上的一篇文章,这最终引发了对他工作的彻底调查。 调查结果显示他是一个彻头彻尾的骗子记者,分配任务后,他不是出去完成采访任务,而是躲在布鲁克林的公寓,捏造故事,编造引语,当作事实发表。 这次丑闻是对《纽约时报》名声的一记重创,自然也引起了足够的重视。 对于《纽约时报》这样有权威的机构来说,不时地公开表示谦卑或许是件好事,丑闻引发的后续改革也让这种情况不太可能再次发生。《纽约时报》做了正确的选择,它对布莱尔的工作进行了详尽的检查,为了尽可能地澄清真相,它进行了 150 多次采访,而后毫无保留地公布了记录,来说明整个事件是如何得以发生的。尽管《纽约时报》揭露的编辑监督漏洞令人难以置信，但它的透明处理为自己重建了信誉。

对我来说，《纽约时报》的这次报道事件所揭露的东西远比杰森·布莱尔背信弃义的丑行更令人震惊。尽管记者队伍的顶层不会出现太多像杰森·布莱尔这样冒充内行的骗子，但这种人会一直存在。更令我震惊的是一件深藏在布莱尔罪行故事背后的小事，他讲述了在对杰西卡·林奇（Jessica Lynch）——在伊拉克战争中被捕又获救，后来变成了一位并非心甘情愿的女英雄——家族的报道中，如何通过编造精彩细节使文章增色。在一篇以西弗吉尼亚州巴勒斯坦市（Palestine, West Virginia）为新闻电头（新闻电头意味着报道者正身处此地）的文章中，布莱尔写道：当二等兵林奇的父亲"站在走廊里俯视烟田和牧场时，他哽咽了"。而事实上那里既没有烟田也没有牧场。他还写道林奇家族有着悠久的服役历史，这也是编造。他声称林奇家住在山顶，而实际上应该是在山谷。类似明显的谎言还有许多，布莱尔本人当然没有去过巴勒斯坦市，他只是在不停地编造故事。

对我来说，跟这些编造一样糟糕，甚至更糟糕的是林奇家人的声明，他们说当看到这篇文章时，他们并没有真生气，只是拿这些明显的错误开开玩笑，他们甚至没有专门给《纽约时报》打电话投诉或者询问记者怎么能如此乱写。之后，当问到为什么没有做出反应时，他们回答说他们以为现在的新闻业就是这样，即使《纽约时报》也会这样做。可能很多人都是这么想的。

有讽刺意味的是，新闻业是一门活生生的应用伦理学。每一个新闻决定的背后实际上，或者说应该是，都有道德原则。没有一种职业像不断遭到打击的传统记者，尤其是报业记者那样，会积极公开地承认自己的道德

114

缺失。传统新闻在过去几十年里一直坚守着一个严格的准则，那就是错误应该公开更正，读者和观众理应得知事情的原委与始末。正是这种道德立场为记者们赢得了一些人的信任，但同时也让他们在公众尊重与信任方面付出了巨大代价，强化了报刊业错误百出这一公众形象。更讽刺的是，由于报纸报道的话题比电视的报道要复杂深刻，报纸的更正也相应较多，因此人们可能认为报纸更不可靠。而当被发现出错时，报纸最容易公开自己过错的记录，即使这会让自己颜面扫地。

随着新闻机构迅速向弹性更大的小报与非写实新闻报道标准靠拢，这种严格的新闻伦理的处境正变得岌岌可危。

那种认为在网络时代，数百万的读者不断进行自我更正的观点，在我看来只是一个非常不确定的说法，因为互联网上的大多数内容只能框定为意见。即使事实性错误通过互联网的自我更正机制修改过来了，但这些错误还是会和正确的信息一起持续存在。任何怀疑这种破坏性错误能否持久存在的人，只要他有过试图更改网上错误记录的经历就能理解这句话。"存在客观事实"这一观念似乎正与问责新闻本身一样失去吸引力。

互联网展示出的收集新闻的速度，将新闻面对的伦理挑战进一步复杂化了。20世纪80年代，我在《纽约时报》工作的时候，要在下午两点为第二天的报道提交一份摘要，但直到晚上十点报纸的第一版开始印刷之前，什么都不会出版。通常，下午的"摘要"在事件内容与起因上还不够准确，它此时还只是报纸版面的一个占位文本，还不符合《纽约时报》的报道标准。真正达到标准还得经过长达几个小时的反复校对、修改与讨论。在今天的环境下，人们期待《纽约时报》记者能一天发送多篇文章来更新时报官网（www.nytimes.com）。于是一些不该发生的事会发生，即使在最

115

好的新闻机构中也是如此。这并不违反新闻伦理，只是属于未经证实的报道，然而结果却是一样的，新闻伦理一直想要防止的缺少准确性与事实性的报道，还是出现了。如果想要理解新闻的流逝给新闻伦理带来的影响，那就有必要大致了解记者们如何认识新闻伦理，以及他们如何处理由伦理准则带来的诸多困境。现在的记者们仍要继续处理这些问题，但是记者们的新闻伦理观和传统新闻一样，处境正变得岌岌可危。

在电影《窈窕淑女》中，亨利·希金斯（Henry Higgins）、皮克林上校（Colonel Pickering）与伦敦清洁工阿菲·杜利特尔（Alfie Doolittle）之间的对话里，就有关于伦理的苦涩智慧。作为语言学家的希金斯教授，把杜利特尔的女儿带到自己家里教她正规英语，而杜利特尔却想借此从希金斯教授那里哄骗一些钱，当时在场的还有希金斯的朋友及同行皮克林上校。杜利特尔认为，如果希金斯和皮克林对伊莉莎感兴趣的话，那么自己也理应从中捞到几英镑好处。杜利特尔这种不知羞耻的想法令他们难以理解。

"你没有道德感吗？"皮克林问。

杜利特尔自怜地摇了摇头，回复说："承受不起啊，长官。要是您跟我一样穷的话，您也承受不起。"

这段令人难受的启示在新闻伦理中可以理解为，经济繁荣与商业力量是新闻机构能够承受严格伦理标准的保障。作为一个新闻机构，如果它有很多广告商，那么它更容易禁得住诱惑，发布可能会冒犯某个广告商的报道。如果你目睹过自己的广告出现断崖式下跌，那你的伦理考虑可能就不一样了。与那些因一场高昂的诽谤诉讼或一次抵制活动就会破产的小新闻机构相比，盈利丰厚的机构能承受住更大胆的报道。在竞争激烈的环境下，道德操守的细节往往会受到漠视，不论是政治活动还是媒体环境均是如此。与此类似，一个害怕自己找不到其他工作的记者，与那些有原则地辞职但确信自己仍能被别处录用的记者相比，前者在拒绝伦理上有问题的工作时处于更弱势的地位。

从某种意义上说，我们正在回到美国新闻业设立伦理规范以前的日子。正如杜利特尔所言，商业成功后才能支撑起伦理规范。在 19 世纪至 20 世纪早期，记者们通常接受金钱贿赂撰写倾向性报道，此时利益冲突的概念还荒唐可笑。记者的报酬通常很低，受教育程度也不高，经常被瞧不起，还会被看作是不择手段的兄弟会成员。记者的工作环境竞争异常激烈，通过贿赂新闻来源来获得耸人听闻的独家新闻也是游戏的一部分。

但随着报纸业的繁荣，报纸逐渐受到人们的尊敬，记者们也开始渴望得到专业上的敬重。为了成为长久产业，报纸在报道客观新闻时需做到准确可信。大学开始开设新闻方面的课程，在学术理想主义的指导下，新闻专业也开始受到重视。1909 年，印第安纳州格林卡斯尔（Greencastle, Indiana）的迪堡大学（DePauw University）设立了职业新闻工作者协会（Sigma Delta Chi），这是一个针对学生和专业工作者的新闻学联谊会，此后该协会逐渐遍布美国所有大学，并于 1973 年更名为新闻专业记者协会（Society of Professional Journalists），成为全国最大、范围最广的新闻组织。坚守伦理是该协会的主要使命，而且它的伦理准则被认为是新闻业的主流标准。连一些一心想要被认可为记者的博主们也公开拥护这套准则。该协会的伦理准则上次修改还是在 1996 年，从此它开始简洁、精彩地定义新闻使命："探寻真相，报道真相。"该准则进而描述了一系列有道德的记者应该与不应该做的事：他们应该"检验信息的真实性"；"在可能的情况下辨别信息来源"；"区分宣传与新闻报道"。在该协会的网站 (www.spj.org) 上，可以看到这些准则十多种语言的版本，该网站还能通过链接查访到其他新闻伦理标准。

《新闻要义》(*The Elements of Journalism*) 一书提炼出了另一种构建新闻伦理标准的方式。该书的合著者在采访许多受人尊敬的记者后，找到了一些被广泛认同的原则。我认为之所以能将这些原则与一整套伦理准则区分开，是由于这些原则具有普遍性，它不单单限于某个国家的传统或仅适用于某种媒体。这些原则，尽管还无法完全应用于实践中，但它们都是那些令我尊敬的记者们倡导的。有些记者在限制新闻自由的国家工作，因此在某些文化和社会中，这些标准可能无法达到。但在我看来，那些不期望达到这些标准的新闻算不上真正的新闻，它们只是为某些强大力量服务或者是为其宣传的工具。正因为如此，可以说，这些原则可能代表了伦理的核心。

正如两位作者科瓦奇（Kovach）与罗森斯蒂尔（Rosenstiel）提出的，这些原则的前提是"新闻的目的在于为人们的自由与自治提供所需的信息"。为实现这个任务，他们列出了记者们认同的十条理念。这里我仅列出前三条。

1. 新闻工作的第一职责是求真。

2. 新闻工作首先要忠于公众。

3. 新闻工作的本质是信息核实。

此外还有其他理念，诸如记者应独立于他们报道的事情，但不包括诸如"公平""平衡"等属于诸多伦理准则的概念。那些准则反映的是新闻机构及新闻机构所在国的价值观及不同标准，但是科瓦奇与罗森斯蒂尔试图展示的是更深层的东西，它适用于所有将自己视作新闻工作者的人。

新闻的第一职责是求真。寻找事实是新闻共同的责任，它不是一个目标，而是一种责任。

记者首先要忠于公众。这意味着记者首要的不是忠于上司、报纸老板或政府，而是忠于作为新闻消费者的公众。

新闻的精髓就是信息核实的过程。要想让自己的工作被视作新闻，首先要经得起核实。

当整个国家的新闻行业面临动荡变化时，公众第一和信息核实这两个条理念就会成为最岌岌可危的两个理念，这一点也不夸张。网络上完全开放的思维模式使得其新闻文化更像超市小报而非《纽约时报》。疯狂、竞争激烈的环境使得公众第一这个理念在我们面前慢慢受到侵蚀，公众第一变成了首先忠于那些可以带来读者、观众或网站点击量的东西。

科瓦奇与罗森斯蒂尔提出的理念激励了全世界的记者。推行这些理念，不仅需要坚持道德，更需要真正的勇气，这点在发展中国家尤其如此。在这些危险的地方，最好的记者会甘愿为这些理念冒生命危险，而另一方面，美国新闻业正渐渐承受不起这些原则了。我认为这些理念是美国对新闻业的最大贡献，失去它们将是我们的巨大损失。

报道水门事件的鲍勃·伍德沃德（Bob Woodward）和卡尔·伯恩斯坦（Carl Bernstein）隐瞒了"深喉"（Deep Throat）的身份长达 30 多年。在一次纪念尼克松总统因水门事件辞职的周年活动里，我跟他们分在同一个讨论小组里，我试着问他们是否会放弃对匿名信息来源保密的承诺，他们说绝不会。如果法院命令他们放弃，他们宁愿选择坐牢。记者们认为这种违反法律的行为是高尚行为，我也持同样的看法。

我又问道，但如果你们知道会有无辜的人因为自己不愿背弃保密性而坐牢呢？甚至被处决呢？他们回答说会尽其所能去说服提供信息的人公开这些信息。伍德沃德说："我会跪下来求他。"——这确实是一个让人印象深刻的想法。我继续追问，如果求也没用，他们最后会违背承诺吗？他们没有回答这个问题。为这种两难处境寻找正确答案，正是新闻业产生伦理与道德困惑的原因。

事实上，没有一个新闻决定不包含伦理考虑。从使用哪条引言到是否为保护信息来源而蹲监狱，每个选择在本质上都是以伦理判断为基础。真正的客观性的实现首先需要有真相在何处的基本判断，但更取决于如何按照道德的方式使用这一判断，也正是由于伦理原则的存在，才能拒绝诱惑，不至于对那些令人难堪的事实或者不同意见装作视而不见。当人们在选择如何开始一个故事、强调什么、首先引用什么时，这些都是道德抉择。新闻的报道方式要求故事的安排应吸引并留住人们的注意力，而是否保留一段绘声绘色的八卦新闻来凸显前卫，则就属于道德抉择了。

或者比如说，有一个狂热的法官因为你拒绝透漏信息来源，判你蔑视法庭罪并处以巨额罚款，而此时你或你的新闻组织正面临破产，这时你会怎么做？会因此发生改变吗？你会坚持伦理的——也是正确的——选择给你的新闻组织带来毁灭性的经济打击，还是会选择违背诺言、服从法庭的命令？鉴于当前检察官们热衷于传唤记者，并迫使记者在监狱与背弃诺言之间二选一，这正成为一个越来越常见的难题。

除了荣誉，还有很多东西也正面临危险。人们同记者进行秘密交谈的意愿取决于对记者保密的信任。很多重要且最有争议性的舆论监督就是依靠这些匿名来源做到的。如果没有"深喉"，还会有《华盛顿邮报》的水门报道吗？尽管他不是信息来源本身，但他对信息的确认让报纸明白自己推出的报道基本属实。与此类似，五角大楼文件也来自一位要求保密的信息源。虽然匿名来源可能会被滥用，但在某些情景下它们是绝对必要的，而未能履行保护信息来源的承诺则是一种背叛。对这些承诺的普遍背弃会令信息提供者不再信任记者，这将会给新闻报道带来极为严重的后果。

很长时间以来，对于那些承诺对信息来源保密但最终仍然泄密的事件背后的奇怪的道德立场，我向来深感不安。新闻的另一个信条是不能因为工作违反法律。记者不能闯入一间办公室，偷走装有涉案文件的文件柜，尽管从伦理上来说，记者可以接受别人闯入办公室拿到的文件。这在伦理上看起来可能不大令人信服，但重要的是记者不能违反法律，如果别人违反了法律，那是别人的道德问题。

但对于那些宁肯违抗法官命令，也不肯泄露信息来源并因此违反法律的人，记者们却视其为英雄。律师拥有与客户秘密交流的特权，但当法官命令他们透露这些秘密信息时，他们从不宣称自己的个人荣誉不允许这种背叛。就记者的本质立场而言，如果背叛了匿名信息源，那不仅是个人层面的背叛，也违反了记者的荣誉感。当人们嘲笑记者没有道德时，我会摇头，我想到的是所有那些为了原则而宁愿坐牢的记者们。

当然，也有特殊情况，比如我跟伍德沃德与伯恩斯坦提到的那种情景，如果违背保密的承诺相比较而言是更好的选择的话，也可以被接受。

这种在荣誉问题上的矛盾困境是新闻业面临的最大的伦理问题之一。一般来说，如果新闻业出现了问题，并不是因为道德路径不清晰，而是由于人们禁不住自私自利、懒惰、偏见或腐败的诱惑。在杰森·布莱尔事件中，违背伦理既明显又尖锐；这是很简单的案例。同理，如果某个新闻机构的记者一方面声称自己公正客观，另一方面却故意写出带倾向性的故事，那这种记者应该被解雇。

但也有更困难的情况，那就是存在两个互相对立的价值体系，而每个体系又都有成为伦理选择的正当理由。我任《格林维尔太阳报》（*Greeneville Sun*）编辑时，就遇到了这样的情况，当时我的道德原则无法就什么才是恰当的行为为我提供明确的指导。那是我人生中最糟糕的一段经历。

格林维尔有个联邦法院，一天，我们的法庭记者告诉我，他从一处机密信息来源得知，大陪审团正在考虑起诉一个本地有名望的副检察官（assistant district attorney）从事可卡因交易。这是一个爆炸性新闻，但我却因此陷入了困境。大陪审团的诉讼理应秘密进行，因为他们会调查很多可能的罪行，但很多情况下并不起诉。如果有人在报纸上被曝光是大陪审团的调查对象，那么不管他最终是否会受到起诉，他的名声都将永远受到玷污。这也正是电影《没有恶意》（*Absence of Malice*）的主要情节。在这部电影中，一位不择手段的政府官员泄露了一位其父是帮派成员的酒水批发商的姓名，并说他可能涉嫌政府正在调查的敲诈案。莎莉·菲尔德（Sally Field）在影片中饰演了一位受人摆布的记者，她基于匿名消息大张旗鼓地写了一篇报道，而保罗·纽曼（Paul Newman）饰演的酒水批发商在这篇报道中自然就受到了不公正的羞辱。这部电影将政府官员刻画成反面人物，其塑造的记者野心勃勃，对报道可能会造成的危害漠不关心，她的编辑也冷酷无情，只在意这篇报道可能引起的反响，因而故意推动这篇报道的发表。保罗·纽曼本是个好人，却成了新闻的受害者。电影传达的道德思考是，报纸应该等事情有了官方说法后再报道，这样的延迟可以让无辜的人幸免于难，不受无谓的伤害，虽然这样会少一些新闻上的轰动效应。如果调查继续进行下去，当然还有机会报道这件事——虽然不再是独家新闻了。值得一提的是，这部电影的剧本是由一位经验丰富的记者编写的，他深谙新闻领域的险恶。

当时我觉得自己就遇到了同样的处境。我知道记者的消息来源不会错，也知道这些信息是准确的。但我会赶在大陪审团行动之前写一篇报道让这个人名声扫地吗？我没有理由认为大陪审团会贪污腐败或者不做好自己的工作。我相信，早晚有一天，如果这个人被起诉，那将是头版新闻；当然也可能不被起诉，那也就不会有任何新闻故事了。所以我决定在大陪审团采取行动之前，不报道从匿名来源得到的这些信息。

附近一个城市报纸的记者也得到了这些消息，但他们做出了不一样的选择。它用耸人听闻的标题大肆宣扬大陪审团的调查，这把球又踢给了我们。竞争对手已经做了报道，我们现在要做出不一样的决定吗？我之前做出决定的原则不再适用了吗？最终我决定仍要坚守原则，在大陪审团采取行动前不发相关报道。

竞争对手见我们没采取任何行动，便抓住了这个难得的机会质疑我们，并借此大量发行报纸。它每天都会报道大陪审团的举动。但我们仍没有背弃原则。此后，竞争报纸竟开始派报童来我们镇的大街小巷沿街叫卖，这种场景已经多年未见了。我写了一个头版社论，解释我们为什么在得知大陪审团的调查后却没有进行报道，并告诉读者我们正在等待成熟的时机。但是大陪审团的进展一拖再拖，我所在小镇的居民开始沉不住气了。

《格林维尔太阳报》在许多方面来说，主要是怀旧幻想系列的家乡报纸。我父亲作为报纸的出版商，名字就印在当地电话黄页里，我的家族自20世纪初以来就掌管着这份报纸。我们一直对自家报纸超高的"渗透率"

引以为荣 —— 当地城镇居民订购我们的报纸的比例高于田纳西州任何其他地方。我们的居民通过订阅报纸来展示对我们的认可与需要，我们能感受到城镇居民与报纸之间的那份信任。

当时的情况是，跟我们竞争的报纸正大肆宣扬耸人听闻的毒品犯罪新闻，而我们作为当地报纸却一直对此事件缄默不语，那份信任就此开始断裂。随着事件的进展，大陪审团在调查什么已显得不重要，人们转而关注《格林维尔太阳报》为什么不告诉大家到底发生了什么？"掩盖事实真相"这个词越传越热，不断有本报员工过来跟我说自己被朋友询问或指责掩盖事实。疯狂情绪在整个城市悄悄酝酿，竞争报纸买下了电台广告，大肆渲染《格林维尔太阳报》玩忽职守、不报道新闻，最终这种疯狂几乎变成了歇斯底里。

我们小镇的居民陷入了疯狂的猜疑和偏执，我必须做出决定是否现在告诉大家我们对这个事件的了解情况。由于我们的记者跟竞争报纸得到了同样的秘密信息，所以它报道的消息我们都知道。又一次，我还是决定不发这篇报道，尽管整个城镇已经沸腾了，但考虑到我们已经在原来的原则上越走越远，这也是我们支持自己的唯一力量，如果抛弃这个原则，我们就什么都没有了。

事情变得越来越糟。竞争报纸曾一度寄给我方编辑一封信，内容是它的一位读者声称《格林维尔太阳报》的沉默是由于我父亲是我们镇贩运可卡因背后的大佬，还限定我们在二十四小时内做出回应。从某种意义上来说，很遗憾这封信没有发表，因为它一旦发表出来，我们可以发起诽谤诉讼，这样的话那家报纸很可能就归我们所有了。没有发表的原因是，信件作者的姐姐求情说她弟弟刚从精神病院出来。

当所有这一切发生的时候，我们并没有无动于衷。我们报道了自己对本地贩运可卡因的公开调查情况，并且挖掘出了一些有趣的材料。我们采访了警长，并委托一位哥伦比亚当地女性作为我们的记者，让她从可卡因来源地的角度介绍了当地的可卡因交易情况。她还直接在我的办公室给哥伦比亚那边打电话，用西班牙语转达我的问题。但直到此时，我们仍没有公开那位正在接受调查的当地副检察官的姓名，尽管现在每个人都知道他是谁。

谢天谢地，最终大陪审团采取行动起诉了那个人。这个消息是上午十点左右放出来的。我们是一家晚报，通常下午一点之前必须印刷。但那天，为了成为第一家用多个页面详细报道此事件的报纸，我们推迟到下午四点才印刷。我们的竞争对手是家晨报，他们这次被我们抢了先。这起事件像龙卷风一样，刚触地不久就又消失了，我们的报纸似乎又恢复了之前的地位。竞争报纸也没有继续入侵我们的读者群。这一切好像噩梦一般，一场特别恐怖的噩梦。

有几位读者给我们写信致敬，赞扬我们能在这场旋涡中保持头脑清醒，并表示他们对我们这种有原则的立场感到骄傲。但看到小镇由这件事引起的前前后后的反应，我已不敢确定自己是否做出了正确的选择。我想或许我应该意识到当竞争报纸把那个人的名字写在头条新闻中后，我就已经不能真正保护他的名声了。我不想当第一个泄露信息的人，但若是已经有人报道了这件事，我或许也应该将我们了解到的信息报道出来。

这不是完美的解决方法，因为它把另一个坚持不同原则的新闻机构摆在了决定性的位置，由它决定我们将出版什么。随着互联网的发展，魔鬼已经被放出了瓶子，原先的约束已不再奏效，坚守原则不报道某些消息的做法现在已变成了徒劳无功。在这次经历中最令我不安的，是看到当出现新闻真空时发生的事：信任快速消失，取而代之的是愤怒、害怕与怀疑。对于那些在别处已经看到新闻的读者来说，我们给出的不发表的理由太过抽象，甚至没有意义。

在微博、有线新闻与各种小报新闻并存的环境下，当竞争对手率先报道某条消息后，竞争压力与公众期待使不报道变得格外困难。这也正是马特·德拉吉（Matt Drudge）的力量所在。他在《新闻周刊》（*Newsweek*）的记者决定报道莫妮卡·莱温斯基（Monica Lewinsky）丑闻事件前，率先报道了此事。在德拉吉行动后，《新闻周刊》也迫不及待了。不管故事的得体性与重要性受到了多少指责，但全世界的新闻机构都没完没了地抢着报道这件事。

那么记者应如何面对伦理问题呢？在开始的时候，我们已经意识到，几乎所有的新闻决定都包含伦理成分。如果你真心愿意认清他们，就会发现即使看起来最老套的文章也是充满伦理选择的雷区。当我还是一名年轻记者时，我出席了很多次作为本地治理机构的县议会的会议。议会充满了政治与个人斗争。一群来自"河对岸"的议员全是男性，所谓"河对岸"是指他们代表了本县两大社区中较小的社区，而这两大社区是死对头。在某些情况下，个别议员只是天生爱吵架，爱对别人指手画脚。他们的决定主要是如何花钱，而这常常会引来争议。特别富有争议性的问题就是一个战场，争议内容包括选哪条道路、优先做什么，战场上经常有愤怒的代表团指责议会搞地域歧视，不是歧视这方就是歧视另一方。

在那片小世界里，我的那些报道会议的文章很重要。我有偏爱的议员，对事情的好坏，也有自己的观点。我常常觉得自己对事情的了解要比县议会的发布会上公开的信息多得多。我想努力达成的目标是公正、直截了当地对读者展示，所以我想出了一个报道这些会议的新方法，尽管我的编辑不喜欢它，但我觉得这个方法可以实现我的目标，这比简单地挑出会议上的某个重要议题作为标题，并把其他的新闻深藏在新闻专栏下，效果要好得多。

我的做法是挑四五件已经发生的重要事件，在文章顶部总结概述，并通过粗体和着重号来突出显示。我觉得自己是在告诉读者，如果你关心其中哪个，那么只需要往下看。然后我按照自己认为的重要性，依次介绍它们。我从没忘记自己选择的引用、特别描述或强调都是我个人的一种判断。我的伦理立场是我在做这些选择时不是为了推动某项议程，而是为了尽可能地告诉读者事实。这是一个客观的记者所能做到的——尽量去除偏见，基于诚实的判断做出决定。

一些选择，尤其是伦理选择，不可避免地也是新闻决定。你是会强调一个轰动性事件，比如某个议员公开侮辱他的同僚，还是会强调一个不那么抓人眼球但更重要的新闻？如果你将侮辱事件作为头条，那么它很有可能吸引更多读者，他们之后可能会在更重要的新闻那逗留。如果你将重要新闻作为头条，对侮辱事件报道很少，你就是一个有责任的记者吗？还是说你在隐瞒或许同样重要的议会内部矛盾？不管做上述哪个决定，都有充足的理由为之辩护，受人尊敬的记者们也会做出各自不同的决定。但在如今这个党派之争甚嚣尘上的时代里，记者做出的决定往往自动被人们理解为充满政治偏见，而不是真正的新闻判断，尽管人们可能认同也可能不认同这些判断。

我在《纽约时报》工作了九年，一些人视《纽约时报》为邪恶机构，我受到过很多来自这些人的抨击。一位共和党朋友曾在小布什总统出访中

国的新闻发布会后，打电话给我，强烈指责《纽约时报》把总统开错门的
照片放在报纸头版。总统大步走向一扇明显不是真的门，拉了几次门把手
仍打不开后，他做了一个鬼脸，然后从另一个门出去了。我的朋友宣称：
"这是纯粹的偏见，把那张照片放在头版，证明——如果还需要证明的
话——《纽约时报》在对总统的报道中存有偏见。"

毫无疑问，《纽约时报》在它的社论版面上常常批评布什总统，并发表
了一些令布什政府感到愤怒和尴尬的文章。但这就是《纽约时报》带有偏
见的例证吗？它可能是。它可能是编辑在嘲笑总统的倒霉时刻，认为这是
令总统形象受损的机会，我的那位朋友正是这样理解的。但我认为这个决
定不是基于偏见做出的，至少不是基于政治偏见。首先，总统的中国之行
都是事先周密计划好的，哪分哪秒做什么都有安排，完全没有自发性。这
是唯一一个计划之外的小插曲，它带来的那一丝真实感是两国元首庄严地
站在讲台上所不能传达的。

但更有说服力的理由是这并不是一个反布什的偏见。如果总统是克林
顿的话，报纸会刊登这张照片吗？如果是戈尔呢？奥巴马呢？毋庸置疑肯
定会！我一点都不怀疑，如果这算是偏见的话，那这个偏见并不是针对共
和党人，而是针对那种情景下的任何总统。一个幽默、有人情味，又有些
尴尬的时刻是特别的时刻，不亚于篮球场上的一次"大灌篮"，这不是基
于党派之别而是因为总统之位。这或许是件坏事，但它对两党都适用，因
此至少说它是公平的。这不是偏见，算是有问题的新闻选择吗？可能吧，
但肯定不是政治偏见。

记者优先考虑的是尽可能地公开他们知道的事实，告诉人们他们了解
到的情形。因此，在新闻职业的伦理指导下，受人尊敬的决定通常是将所

知之事公之于众，不管它是什么事，只要它具有新闻价值就值得公开。

但记者同时也是公民，公民身份的背后是遵守法律和忠于国家的义务。在记者的第三种角色里，记者是人，他们作为人的伦理立场又不同于记者这一职业或其作为公民的立场。因此记者必须处理好这三种角色之间的关系：职业、公民与人，虽然职业角色在许多情况下更占上风。对于律师与士兵来说也是如此，在很多方面对任何人来说都是如此。每个行业都有其职业规范，正是在这些职业规范包含的道德原则范围内才能做出合适的选择。当然，情况也并不总是这样。当这三个角色相互冲突，每个角色都有自己不同的道德要求时，新闻领域最难的伦理决择就出现了。选择的关键在于决定这三者中哪个更优先，有时候这很简单，有时候又非常艰难。

比如，一个报道火灾的记者突然遇到了一个衣服着火的人，他会观察并记录下他被救的过程吗？记者的职业要求记者应公正、冷静地报道新闻，而不是亲身参与其中。但在这种情况下，对同胞身陷危难之中的同情心明显占了上风。有谁会质疑记者放下平板电脑，抓起一条毯子帮他扑灭火焰的行为呢？这种情况下的决定明显属于记者作为人这一角色，职业规范得靠边站。

作为美国新闻业最常见的一个惯例，大多数新闻机构不会暴露那些强奸案中的受害者身份。就我的理解，可能是由于这一侵害行为对受害者来说太残忍了，如果再公布受害者的姓名，这将是对无辜受害者的再次伤害。在大多数国家里，没有法律反对公布受害者的姓名。姓名也是警察对外公开记录内容的一部分。但出于人道主义考虑，这些姓名很少被公开。于是，就有了这样一种反驳，声称这违反了公平对待每个人的原则。在很多错误指控的案例中，由于被告人的姓名会被例行公布，他的名声也同时受到损害。

我对记者职业伦理与人类同情心之间的紧张关系的认识，缘起于一个学生的苦恼。这位学生的名字叫哈德利·波拉克 (Hadley Pawlak)，是我最得意的学生之一。当她十分苦恼地给我打电话时，已在一家中型报纸工作了一段时间。编辑安排她去做一篇特别报道，报道一个十几岁的女孩通过拳击将自己从迷茫的青春期拯救出来的故事。这是奥斯卡得奖电影《百万宝贝》(*Million Dollar Baby*) 在生活中的真实版本。哈德利只比这个年轻的拳击手年长几岁，而这个小姑娘还没有跟媒体打过交道，她对记者像对一位知心大姐那般推心置腹。她不仅讲述了自己如何通过练拳击逃离那个破碎的家庭，还讲了自己的一些至今仍不为人知的犯罪行为与故意破坏行为。她讲述时没有任何的掩饰。这个年轻的姑娘知道自己正在接受一篇新闻故事的采访，在哈德利做笔记时，她就对着磁带录音机说话。当她说话的时候，她的弱点与对新闻的无知完全显露出来了。

哈德利给我打电话讨论自己应该怎么做。她很清楚自己轻易获得的这些令人瞠目的信息会让整个故事更有冲击力，她觉得尽管自己还没告诉编辑，但编辑很可能会让自己公开这些信息，因为采访时并没有欺骗那位姑娘或给她设局。如果说新闻标准是"探寻真相，报道真相"，那就应该公开这些信息。但哈德利强烈感觉到另一条标准也在发挥作用，那就是人性的标准，而且在这个案例中，后者理应占上风。是否违反法律不是理解这个女孩的关键点，她之前因为其他类似的行为被捕的事已经被写进了报道，但公开披露这些新的信息几乎毫无疑问会让她惹上新的麻烦，而这就算不会毁了她，也会引来警察对她的关注，还会打击拳击事业刚刚为她赢来的脆弱的自尊。在这个例子中，哈德利的决定是人性标准战胜了职业标准。

她舍弃了这些信息，也没有告诉编辑。我为她感到自豪。哈德利后来为美联社（Associated Press）写了一些极为大胆的报道，无论何时我都信任她的伦理判断。

记者的最大才能之一是对信息提供者连哄带骗，让他们吐露更多的心声。在卡罗尔·布兰德利（Carol Bradley）刚刚从田纳西州大学（University of Tennessee）新闻系毕业时我就认识她了。她既漂亮又优雅，看起来比实际年龄年轻，是我认识的最优秀的记者之一。部分原因是她采访的州议员和其他有影响力的人都认为她只是长相漂亮，甜美可人。但实际上她既不屈不挠又冷酷无情，能从那些官员口中挖掘出令人震惊的信息，而他们事后也都不敢相信这个长相甜美的年轻姑娘会如此无情，竟然报道他们说过的话、做过的事。她后来做了哈佛大学的尼曼学者（Nieman Fellow）。让人们开口的能力是一位优秀记者的最大技巧，如果能充满责任感地运用它，就能打开事实的大门。发现事实正是新闻应当做的事，而伦理则可以防止它变成卑劣的手段。

或许，珍妮特·马尔科姆（Janet Malcolm）是对"具有道德感的记者"这个概念批判最有力的人，她来自《纽约客》（New Yorker），是美国最受人尊敬的记者之一。1989 年 3 月，我正坐在《纽约时报》新闻编辑室的书桌旁，有人问我有没有看过本周《纽约客》上马尔科姆写的一篇关于乔·迈金尼斯（Joe McGinniss）和杰弗里·麦克唐纳（Jeffrey MacDonald）的文章。那篇文章题为《记者和杀人犯》（The Journalist and the Murderer），它详细讲述了一个颇有名望的记者迈金尼斯与被指控的杀人犯麦克唐纳之间的关系，麦克唐纳同意迈金尼斯在审判期间私下与自己及其辩护团队接触。迈金尼斯在审判过程差不多进行到一半左右时就已认定麦克唐纳有罪，但并没让对方知道。迈金尼斯为了能持续接触到麦克唐纳，选择误导麦克唐纳，对此马尔科姆在文章中从道德角度大加挞伐。从过去到现在我一直都在读马尔科姆的文章，她是我一直关注的记者之一，她的文章充满灵性，文风优雅，不偏不倚。

她这篇文章的第一段可谓一枚重磅炸弹，我想在这里全段引用，唯有如此才能体现其全部的冲击力：

> 每一个不太傻也不太自我、能意识到发生了什么事的记者都知道，自己的行为在道德上是站不住脚的。记者是骗子，利用人们的虚荣、无知和孤独，获取他们的信任，又无情地把他们出卖。正如一位轻信他人的寡妇某天醒来发现迷人的年轻男伴与自己的积蓄一起消失不见一样，写实报道中同意被报道的对象在文章或书发表时也吸取了惨痛的教训。记者们会用各种方式为自己的背叛辩护，性格不同，辩护的方式也不同。有用言论自由或"公众知情权"做挡箭牌的高谈阔论，也有用职业技巧做掩护的愚笨说辞，而圆滑者则嘟嘟囔囔，说什么是生计所迫。

我感觉自己在道德上吃了一记闷棍，脸色铁青，我还记得自己怒吼了出来："简直目中无人！傲慢自大！一派胡言！"我大发雷霆，踢翻了新闻编辑室的垃圾桶。但在我愤怒和咆哮之际，令人不快的想法不可避免地涌现了出来：我的抗议是不是太虚张声势了？我自己也是个伪君子！冷静下来后，我清醒地意识到马尔科姆的话也不是没有道理，尽管它令人不舒服。

我曾坐在老巴里·宾汉姆位于路易斯维尔市的办公室里，鼓励他对我敞开胸怀，这样我便可以在《纽约时报》上向读者写出他家族的故事。当他谈到家族里沉默与回避的文化时，我意识到这是一个揭开高度保密信息的机会。我也一直将这种机会视为记者职业上的最宝贵的机会，一个直接带你进入被采访者心扉的罕见、有启示意义的机会。我为自己能让别人"开口"的能力感到自豪。记者不会公开他们对信息的意图，也不会打断采访并告知被采访者，他刚刚说了一些难以置信的涉及犯罪的或揭露真相的话。尽管记者脸上挂着笑容，但他采访的技巧就像一个收集证据的精明律师。不可否认，在可敬与不知羞耻的新闻中间存在道德灰色地带。

回想1989年的那天，我觉得珍妮特·马尔科姆抢走了我内心连自己都没意识到的那种不假思索的道德确定感。我意识到自己将合理报道的新闻与人们的知情权等同起来了，而马尔科姆却专门嘲讽了这种态度。多亏了她，我开始理解好的新闻实际上远比想象的复杂。新闻对我们的民主来说至关重要，但也会造成巨大危害。它既能鼓舞人心，也会让人堕落，更常常把人变得肤浅。我逐渐意识到世界上的新闻各有其特色，而报道这些新闻的记者无一例外都是人。新闻在道德上并不是站不住脚，但它在道德上一直是脆弱的，这就是为什么标准至关重要的原因。

我发现在所有伦理困境中，最难做出选择的是在新闻道德与公民诉求发生冲突的时候。当涉及公开后可能会带来巨大危害的真正秘密和其他敏感信息时，没有什么比这更棘手了。与一些人的想法相反，媒体通常不会报道这种信息的原因是，尽管按照记者规范应公开这些信息，但公民的义务此时更为重要。传统的新闻机构长久以来都在维持这种平衡，而且富有责任感，在出版之前会咨询相关部门。在所有严重的案例中，未事先通知政府就报道一些潜在的敏感信息，对政府来说是无法想象的，当然如果政府得知后，常会要求推迟发表或禁止报道。在这种情况下，此类问题就成了伦理学意义上的难题。

如果信息是具有破坏性的秘密，那么政府要求不报道这类信息也合情合理。但如果让公众得知这些信息也很重要，那就有了充足的理由来公布这些信息。哪个更重要呢？《纽约时报》关于报道国内窃听事件的决定就是一个很好的例子。政府强烈抗议《纽约时报》刊发此类文章，并将出版商和总编辑传唤到白宫，由总统自己当面劝说。但《纽约时报》的决定是鉴于政府在没有法院授权的情况下就窃听国内电话，所以可以 —— 但应在不泄露重要秘密的情况下 —— 将这件事报道出来。在这一事件中，《纽约时报》取了一个折中方案，这也是经常发生的情况。为了履行公民义务，《纽约时报》不能报道某些机密信息，但政府窃听计划的存在被确认为极其重要的新闻，并享受了头版报道的待遇。

那位认为《纽约时报》对小布什有很大偏见的朋友会同意《纽约时报》报道窃听计划的决定吗？如果他不认为《纽约时报》是对的，那他会把《纽约时报》的决定看成一次错误的新闻判断还是一次处心积虑抹黑小布什的行为呢？几乎可以确定会是后者。证据表明，《纽约时报》是在伊拉克大选之时发布了这个消息，据共和党的博客推测，《纽约时报》这么做是为了冲淡小布什政府的胜利。

伦理已经成为媒体偏见战争的一部分，当某些似乎对对手有利的报道出现时，指责媒体有偏见的声音就会立刻出现。有时这些抱怨者是对的，比如当新闻故事或者标题不公平或有瑕疵的时候，有时由于故事的叙事方式不同也会导致明显的差异。但如今的许多人都自动假定凡是他们不喜欢或不认同的，全是由偏见造成的。人为错误或者简单的判断错误等已不再被看成是合理解释。与此相反，任何事情都被认为是有意为之，因此它们都成了偏见的体现。在许多人的眼中，不完美但诚实的新闻工作者已经消失了，取而代之的是一种根深蒂固的想法，即任何不受欢迎的媒体决定都深深根植于偏见。

报道政治活动时，关于媒体有偏见的指责就像子弹一样满天乱飞。《洛杉矶时报》对阿诺德·施瓦辛格（Arnold Schwarzenegger）的报道就是痛苦的一例。在阿诺德·施瓦辛格当选为加州州长的五天前，《洛杉矶时报》爆出他骚扰女性。自然地，报纸被指责带有偏见，而编辑约翰·卡罗尔（John Carroll）坚称这个故事很重要，并进行了全面报道。比尔·奥雷利（Bill O'Reilly）谴责报纸是自由主义的工具，一遍又一遍地对卡罗尔展开人身攻击，指责他是个激进的左派。而事实上，卡罗尔作为编辑曾给自己的员工发备忘录，提醒他们在报道堕胎问题上要公平公正。

最后，记者在做伦理决定以及所有的报道决定时，需要具备良好的判断力与正直品格。这两个要素在合理的决策中缺一不可。一味地坚持原则却没有良好的判断力，会导致像我之前的决定：在其他报纸揭露本地副检察官的身份后，仍不公开他的身份。尽管这个决定基于正直的原则，但它展示出的判断力却是有问题的。实际上，在缺少良好判断力的情况下坚持自以为是的正直品格，甚至会导致记者做出完全堕落和违法之事。类似的案例之一就是米歇尔·加拉格尔（Michael Gallagher），他本是《辛辛那提问询报》（*Cincinnati Enquirer*）一位受人尊敬的调查记者。他和同事一起用了一年的时间调查奇基塔国际公司（Chiquita Brands International）的商业行为，挖掘出该公司许多虐待员工及其他令人生厌的黑历史。在调查期间，他得到了能够进入该公司语音邮箱系统的密码。他没能忍住窥探的诱惑，打开了那扇诱人的大门。果不其然，他发现了各种各样的罪行，但同时他的做法也是在违反法律。他用正在跟踪一个坏蛋的理由说服了自己，数十次侵入语音邮箱。

当这一系列的调查报道发表时，最基本的部分由耗时耗力的报道组成，但最轰动最刺激的信息是来自对公司高层一字不差的引用，而这种引用只可能从语音信箱中获得。很快，一切都水落石出，《辛辛那提问询报》的持有者甘尼特公司（Gannett Company），在奇基塔公司的施压下，宣布撤回整个报道系列，并把它从报纸的网站上移除。除此之外，他们还支付了数百万美元的和解费，并负荆请罪，发布一篇道歉声明。而该记者则被指控有罪，职业生涯就此终结。在某种意义上，他是个诚实正直的人，他曾告诉自己，自己这么做是为了揭露自己认为虐待员工的公司，但他的判断力却有严重问题，最终他不仅毁了自己，还毁了自己与别人一起为之努力的合法工作。

与此类似，如果只有极度精明、自私自利的判断力，却缺少正直品格的话，越来越多的小报新闻会进入我们的视野。如果只考虑获利、晋升或吸引大众，《辛辛那提问询报》记者那样的错误会重演。如果新闻机构以利润为导向，传统新闻价值观将会走向堕落，其结果会像侵入语音邮箱的公然犯罪行为一样具有破坏性。传统的新闻机构正从"问责"新闻悄悄向明显的小报式新闻转移，当然，他们也借鉴了小报新闻报道的优先顺序与标准。

未来决定新闻伦理的关键将是那些国家新闻机构的拥有者和控制者。他们不畏强权的伦理标准与最勇敢的战地记者不相上下。一个坚持原则的出版商能带来的正能量的故事是我最喜爱的故事之一。这个故事是已故的大卫·霍伯斯坦（David Halberstam）讲给我听的，他是这个国家最受敬仰的记者之一，也是第一批开始报道越南真实情况的记者。他们的报道曾令当时的肯尼迪总统愤怒不已。

1963年，亚瑟·奥克斯·庞奇·苏兹贝格被肯尼迪总统召到白宫，那时他刚成为《纽约时报》出版商。庞奇紧张地等待着，再加上没经验，他不知道等待自己的会是什么，因此当肯尼迪对他施压，要求他立刻解除霍伯斯坦在越南的职位时，他选择了防守的姿态。庞奇的本能反应是不但让霍伯斯坦继续坚守岗位，而且取消了霍伯斯坦已经安排好的假期，以免总统认为自己是屈服于压力。那段时间，报道越南战争变得异常艰难。"那场战争没什么用，"霍伯斯坦说，"证据就在我们身边。但最艰难的并不是我们这些记者，而是我们这些记者背后的出版商。"庞奇对记者的支持鼓舞了其他的出版商，激励他们做出同样的选择。

1963年的事件过去大约30年后，《纽约客》杂志召集了一批早年一直在西贡（Saigon）从事越战报道的记者，庆祝他们的报道勇气。他们中的五人去埃利奥餐馆（Elio's）吃晚饭，该餐馆是记者们最喜爱的一家意大利餐馆，它位于曼哈顿的上东区。与霍伯斯坦一起的是来自《纽约时报》的尼尔·希恩（Neil Sheehan）以及美联社记者马尔·布朗（Mal Browne）、彼特·阿纳特（Peter Arnett）和霍斯特·法埃斯（Horst Faas）。他们都凭借越南战争的报道荣获普利策奖。他们入座后正准备讲战争故事时，有人注意到庞奇跟一群人正坐在房间对面。"如果没有他，我们不可能做出那些报道。我们当时就做了一件记者们一直想为出版商做的事，"霍伯斯坦回忆说，"我们给他在的那桌送了一瓶唐·佩里侬香槟酒（Dom Perignon）。"

第 六 章

新闻的奇特历史

几个世纪以来，对重大的政治事件进行自由、开放的公共传播的观念对于那些有权有势的人来说并没有多大的吸引力。弗朗西斯·培根（*Francis Bacon*）的名言"知识就是力量"或许不仅可以理解为是对知识的认可，也可以理解为是知识可能带来危险的一种警示。

——保罗·斯塔尔（Paul Starr）著《媒介的产生》（*The Creation of the Media*）

传奇人物的无所不能让新闻的历史充满了奇迹。 在有关新闻的传奇故事中，1898 年 10 月 11 日绝对是一个令人不可思议的日子，手头拮据的出版商阿道夫·奥克斯（Adolph Ochs）在那天从竞争对手那里接办了经营状况每况愈下的《纽约时报》，挽救了这份报刊的命运，同时也改变了美国新闻业的发展进程。 由于奥克斯本人的自负和疯狂的野心，让他惹上了一件麻烦事，同时也因为他的突发奇想和狡诈的孤注一掷让他得以摆脱。 奥克斯就是庞奇·苏兹贝格的外祖父，后者后来成为新闻业职业道德的代表人物和所有出版商的典范。 但在 1898 年 10 月，奥克斯却一度陷入了绝境。

两年前，奥克斯从田纳西州的查塔努加市（Chattanooga）来到纽约，凭借非常出色的推销技巧成功地说服了当时还叫作《新约克时报》（*New-York Times*）的老板将这份报纸卖给他，但实际上相当于白送。 他当时是《查塔努加时报》（*Chattanooga Times*）的出版商，但到纽约时已经破产，于是他便让查塔努加一家银行把钱存进一个虚假账户里，这样就隐藏了他不具有偿还能力的事实。《新约克时报》当时也濒临破产，奥克斯向约翰·皮尔尤特·摩根等投资商们允诺该报将会重现辉煌，最终成功地得到了报纸的控股权益。

奥克斯主要的竞争对手是纽约市其他的"高级报刊"，这是指那些在内容上比赫斯特（Hearst）、普利策（Pulitzer）等人创办的便士报更为严肃高雅的报纸。这些"严肃报刊"的售价比便士报会高出几美分，其中最有新闻主导力的是《纽约先驱报》（*New York Herald*），紧随其后的是《纽约论坛报》（*New York Tribune*）和《纽约太阳报》（*New York Sun*）。《纽约时报》被远远甩在后面，只能算得上是二线报刊。然而，奥克斯的接管就像是带来了一场旋风，立即改进了新闻的报道方式，并且亲自提出了推销报纸的崭新口号："报道所有值得印刷的新闻。"商业广告是这份报刊的主要广告收入来源，同时也有一些百货商店的广告作为补充，这些商店的店主们愿意支持他们的这个犹太同胞。《纽约时报》的时运开始好转，但竞争还是很激烈，所以仍旧没能赢利。1898 年 4 月，美国向西班牙宣战，华尔街遭到冻结，随之来自金融业的广告几乎终止。

失去了来自华尔街的广告，唯一让《纽约时报》保持运作的便是刊登百货商店广告所带来的收益。为了赢得这些广告，《纽约时报》与其他"严肃报刊"开始了一场发行之战。奥克斯贸然地向诸如沃纳梅克（Wanamaker's）和布鲁明戴尔（Bloomingdale's）这样的百货公司宣称《纽约时报》的发行量高达 25000 份。但事实却是，尽管报刊的印刷量达到了那个数字，可是它在曼哈顿的发行量还不足 10000 份，不过这是一个不能公开的秘密。为了精减开支，奥克斯解雇了报社发行部门的记账员伍尔诺夫（W. L. Woolnough），他知道发行的真相而且精心谋划，打算毁掉奥克斯。出于被解雇的怨恨再加上歧视犹太人，伍尔诺夫给百货商店和干货商们寄了一封指控诈骗的检举信。在给一个大广告商的信中他这样写道："你们很长时间以来都受到了《纽约时报》的敲诈。"

奥克斯非常抓狂。他雇了平克顿公司（Pinkerton）的私家侦探们去设法恐吓伍尔诺夫，眼看这并不奏效，奥克斯又邀请伍尔诺夫见面，试图说服他。伍尔诺夫却以反犹主义的谩骂予以回应。之后，他给奥克斯写信说道："你已经被我们玩弄于股掌之间，你现在没有发行量，以后也绝不会有。"当奥克斯扬言要控告他时，伍尔诺夫却取笑他没胆量这样做。1898年10月，伍尔诺夫几乎快毁掉了《纽约时报》。

就在奥克斯走投无路之际，他做出了一个在新闻业历史中最冒险也是最精明的商业决定。他宣布《纽约时报》的售价从3美分降到1美分，他本应就此决定和董事会商议，可他却并没有这么做。他用一种冠冕堂皇的借口来美化这一孤注一掷的决定，他说他之所以这样做是为了让工薪阶层除了看得起赫斯特和普利策的追求低级趣味和耸人听闻的"黄色报刊"以外，也买得起一份严肃高雅的报刊。这一大胆的举动因被视为有理想主义的崇高目的而在《纽约时报》的官方历史中得以流传。无论如何，这个决定获得了巨大的成功。没有什么证据表明赫斯特和普利策的读者转而购买《纽约时报》，但是其他严肃报刊中成千上万的读者的确选择了这份更为便宜的报纸。《纽约时报》销量的激增和随之而来的大量广告，最终给报刊带来了盈利，同时奥克斯过去所谎称的发行量与之相比不值一提。更为重要的是，《纽约先驱报》《纽约论坛报》和《纽约太阳报》并没有效仿奥克斯把价格降至1美分。作为一种低价的选择，《纽约时报》拥有了它的发行优势，并一直保持着这种优势，在其他报刊最终走向衰落之际，这种优势也为它的成功提供了经济上的支持。奥克斯将他所获的利润进行再投资，使得《纽约时报》成为美国最受人尊敬的新闻机构。从那以后，他再也不以任何的方式来宣称报刊的发行量。

在新闻业的奇特历史中不乏这样让人匪夷所思的命运反转时刻，正如今天互联网带来的剧变一样，让人琢磨不透。要想明白现在的新闻业在发生着什么，我们需要了解一下新闻演变的历史背景。新闻历史的发展可以划分为三个重大纪元，每一个纪元对应着一种重大技术，这种技术不仅重要，而且还具有革命性的意义。我们现在刚刚迈入新闻发展的第四个纪元。目前的新闻界有一场争论正在进行，就是技术发展本身是新闻业变革的手段，还是技术的应用只是为了政治、商业和像奥克斯这样的个人影响力所服务。无论结果如何，从石器时代模仿野兽的声音以示警告发展到今天通过卫星发送的即时新闻，新闻业的历史之旅可谓坎坷不平。

有些学者估计新闻的第一纪元始于 50000 年前，而其他的学者估计这个时间更为久远。语言——赋予声音以系统的含义——的发明开启了这一纪元，这是人类历史上最伟大的发明。从此以后，惊恐的喊叫不能传达的信息可以从一个人传递给另一个人。几万年之后才有了另一重要的技术发展——书面语言，人们一般认为书面语言的历史距今只有 5000 年左右。书面语言能够让知识完整地保存下来并且可以传递到不同地方的人们或者传递给子孙后代。知识代表着强大的权力，因此它为包括皇室贵族、上层阶级和牧师在内的有权势的人所专有。会读会写容易引起麻烦，所以就不准普通民众掌握。从这种意义上说，当时的知识就是新闻，所以权贵们费尽心思让那些无知的人继续保持无知。

纸的发明让知识更加便捷地存储于装满手写卷轴的图书馆里。在罗马帝国灭亡之后的欧洲中世纪，西方文化通过修道士得以保存下来，他们终身致力于辛劳乏味的手工抄写工作。但是那些知识仅限于专门人士和权贵之人所享有。

大约在 1450 年，另一项变革性的技术发展将世界推进了新闻的第二纪元——大众传播的时代。正是在那个时候，活字印刷术和现代第一台印刷机在欧洲出现，整个世界为之震惊。约翰内斯·古登堡（Johannes Gutenberg）既没有发明印刷机也没有发明活字印刷，这是一种在中国已经使用了几个世纪的印刷方法。古登堡伟大的变革就在于他对一种相对原始的印刷方法进行了非常巨大的改良。

在古登堡之前，印刷术主要是通过手工在木板里刻上凸起的文字，在文字上面涂上一层墨，然后在墨水上面铺上一层纸，最后印压这张纸以形成印记。木制的文字只能经受住有限次数的印压，而且这个过程既耗时又低效。

古登堡出身于一个富有的德国家庭，喜欢从事有关金属的工作。他的专长是制造金属印章，这些印章蘸入熔蜡后用来给信件盖上印戳。他对印刷术很感兴趣，并且意识到用手在木板上雕刻字母不仅耗时，而且雕刻出来的字母也缺乏统一性，此外这些字母在印压的压力下很快就会出现缺口和破损。但是如果是在金属上浇铸这些字母，就像印章一样，那么每一个字母都能够利用同一块模具反复地制造，这使得印刷变得更加的迅速并且印制的字母更加一致。而且，金属字母更耐用，并可以对同一文献进行反复的复制。古登堡的伟大之处在于他发现了一种能够保持形态不变的合金。在试用了白镴之后，他发现对金属印刷来说最理想的金属配方是一种锡、锑和铅的混合物。

天主教垄断着当时的印刷制品，所以古登堡的行为一开始被谴责为亵渎神明。但是作为商人的古登堡明白他可以不印首字母或者不印每一页的前几行，这样一来就给修道士们提供了工作，也能够获得教会的同意，因为那时的修道士们还用双手辛苦地为教会的文件制作精心的文字装饰。凭借这个小伎俩，古登堡赢得了印刷赎罪券的合约。赎罪券是一种打印的凭证，通过支付一定费用购得，可以提前获得上帝的宽恕，这成了教会巨大的收入来源。正是赎罪券的兜售促使马丁·路德（Martin Luther）开始了之后被称为宗教改革的运动。这场运动的传播在一定程度上得益于印刷文字的广泛使用。古登堡最为人所熟知的是《古登堡圣经》。该圣经每页有42行，分别需要几千个浇铸的字母。虽然古登堡花了三年的时间却只印刷了不到200部圣经，但这已经成为那个时代的奇迹，也成了开启传播新纪元的伊始。

著名的新闻史学家迈克尔·苏德森认为付钱让人们去真实地记录所发生的事件然后再定期出版，这样的职业——也就是新闻业——大约出现在250年前。美国的新闻业概念的产生与英属北美殖民地叛乱的兴起差不多是同一时期，这场叛乱最终以代议民主制替代王权，这一革命性的观念在那时传遍了整个世界。而随着印刷技术的传播，记录议会里所发生事件的印刷品和关于民情的大众刊物使得"新闻"概念的出现比北美独立革命的发生早了150年。

在美国新闻界中，最经久不衰的一个神话就是独立战争时期人们对于出版自由这样一个富于生机的观念所抱有的幻想。它鼓舞着人们去捍卫宪法第一修正案中关于言论自由和出版自由的规定。但真相却没有这么冠冕堂皇。大多数在北美殖民地发行的报刊都是印刷所自己开办的副业，当时的印刷所主要靠售卖信纸、印刷册子和时不时地经营当地的邮局挣钱。报刊一般共4页，刊载的内容有宣传印刷所、零星的地方杂谈和简短的广告。报纸的大多数版面都留给了直接摘抄自伦敦报刊的大量欧洲新闻。这些新闻通过商船到达殖民地时已经距离它们在伦敦的出版时间过去了几周甚至几个月。

如此详细报道——即使是过期的——欧洲事件的主要原因是基于一种很现实的考虑，那就是印刷者不会因为这些新闻而惹祸上身。报刊上几乎没有本地或者其他殖民地的政治新闻，这是因为触犯"煽动性诽谤"法——指一切攻击总督和殖民地立法机构的言论，都会受到严苛的法律制裁。欧洲的新闻要更保险一点而且也不太可能惹怒任何人，否则对生意不利。殖民地的报刊并不激进，相反他们都很满足于现状，而且因为担心冒犯政府而不问政治。出于同样的原因，当今这种模式在很大程度上都还在被地方的电视新闻所效仿。

写政论博客的人喜欢把自己比作独立战争期间那些闻名遐迩的檄文册子的作者，后者发表了一些谴责英国的猛烈抨击，而且在煽动革命热情方面发挥了重要的作用。这其中最重要的一位非托马斯·潘恩（Thomas Paine）莫属，他写的具有煽动性的小册子《常识》是1776年最畅销的一本书，从相对比例上讲，这本书吸引到的读者数量几乎与今天收看美国橄榄球超级杯大赛的观众不相上下。潘恩出生于英国，在尝试了几种工作但均无起色之后，在本杰明·富兰克林（Benjamin Franklin）的帮助下于1774年来到费城并找到了他真正的使命——政治宣传者。在潘恩之类的宣传者出现之前，宣传册子的作者们只给政治领袖这样的精英群体发表演说，语言常常点缀着引自古希腊或罗马文学经典中的词句。而潘恩则用朴实的语言向广泛的大众发表演说，并且他引用的话都来自大家所熟悉的《圣经》。他在《美国危机》中的一句名言就是"这是考验人的灵魂的时代"。

随着战争的开始，报刊变得更具有政治性，然而从公开辩论的角度来说，这种政治性与言论自由的概念并不是一回事。任何一家亲英报刊都会遭到抨击，有时还是真正的袭击。随着革命热情的高涨，虽然只有反英国的新闻才允许在 13 个殖民地出版，但这却被认为是一种言论自由，因为这种新闻公然向禁止对王室进行煽动诽谤的法律发起攻击。在各殖民地独立成州以后，许多新的州立法机构首要任务就是通过新的关于煽动叛乱的法律，规定如果报刊批评州政府则属于违法行为。苏德森指出在美国新的联邦政府成立以后，过去一直支持反英言论自由的一些人突然改变了他们对于新闻自由的看法。按照他们新的观点，在民众没有权势的社会中，新闻不应该受到限制，因为这是他们获得权力的一种工具。但是，就像当时一位反对新闻自由的人所说的那样："让人们误以为他们拥有无限的权力，这肯定会带来危害，或许会带来最严重的危害。"正是这样的想法促使约翰·亚当斯总统通过了禁止批评政府的 1798 年《惩治煽动叛乱法案》。

19 世纪初期的新闻，可以说发挥着更多的政治功能而不是商业功能。随着时间的推移，从约翰·亚当斯与托马斯·杰弗逊之间激烈的政治斗争开始，到后面逐渐演变为在报刊上发起的不留情面的论战。这场论战极具党派倾向性，内容毫无真实性可言，还带有恶毒的人身攻击。

但是这场政治论战两派的政治家们同时发现，报刊在采集和报道新闻方面的价值还不如用来嘲讽对方和支持自己的政治立场方面的价值重要。于是，这些政治家们设法通过了让报刊获得优惠邮政税率的 1792 年《邮政法案》，以此来提高报刊的发行量。事实上，为了让民众感到他们之间的相互关联和培养公民意识，这个新兴共和国第一个伟大的公共工程项目就是创建了遍及每一个小村庄的邮政事业。报刊印刷在很大程度上依赖政党、教会和其他赞助团体的财政支持。广告收入并不高，到 1830 年，美国发行量最大的报纸也只有 4500 份，这已经是普通都市报销量的两倍。

但是从那以后情况开始发生了变化。在城市发行的报刊开始花钱雇人去采访并报道他们的见闻。在那之前，所谓的在报纸上发表文章的"记者"实际上是把他们看到的事情写成信函的那些人，并不是专业的记者。1833 年，《纽约太阳报》(*New York Sun*) 宣称自己是一份新型的报刊。它报道地方新闻，而且通过派遣记者去等候越洋而来的船只，努力成为最先报道欧洲新闻的报刊。《纽约太阳报》是第一家把自己定位于商业报刊而非政党喉舌的报纸，它致力于通过吸引大众来获利，这就把它和其他单价很高而且只服务于有着共同利益的特定群体的报纸区别开来。

第一批便士报是在城市中出现的，他们雇用专门的记者去搜集吸引大众的信息。从一开始，除了大受欢迎的犯罪新闻之外，窥探上流社会的新闻也受到便士报读者的欢迎，因为对他们来说这是不曾了解的"禁区"。便士报都是由报童在街上兜售，而不是由党派的忠实追随者订购，而且吸引读者的卖点是看谁报道了最新近发生、最劲爆的新闻。然而问题是印刷技术自古登堡时代以来没有多大的改善。印刷速度慢，排版枯燥耗时，每个字母和每个空格要一点一点地组装。因为纸张很贵而且印刷速度慢，所以若按照今天的标准，每一页的文字都十分拥挤而且印刷字体都非常小。当时叫凸版印刷工的排字工人不得不在弥漫着油墨气味的昏暗地下室里从事着耗费眼力的工作。字母在排版时都要反向放置，这样印刷完成时位置才准确，这更增加了这项工作的难度。因此，排版工在印刷这个行当里被认为是技术最高超的，但同时也最易成为酒鬼，对这一点人们并不感到惊讶。

除了刚刚出现的便士报以外，美国和欧洲的其他报刊都更关注新闻表达的思想而非新闻事实。这些报刊的发行量少，读者仅为精英人士，而且几乎没有什么新闻，全是大量的观点。虽然美国报刊的内容更为激烈，但基本模式都相仿。虽然便士报的出现证明了最新的报道内容可以提高报刊的发行量，但是需要一系列让人惊叹的技术才最终把新闻推至第三纪元，从而让美国采取了沿用至今的经济模式和新闻模式。在这些技术中最具变革性的就是电报的出现。

尽管塞缪尔·莫尔斯（Samuel F.B. Morse）并没有发明电报这一技术，但是他与之前的古登堡一样，也是一位革新者。在他之前已经有许多科学家发明了通过电线远距离传送脉冲电流的方法，而且效果日益显著。莫尔斯是纽约大学教授，他最伟大的贡献在于他认为那些电脉冲可以通过一套点、线的编码方式转化成文字——摩斯密码。

1843年，国会勉强同意出资30000美元给莫尔斯开展实验，搭建一条从巴尔的摩到华盛顿距离为40英里的电报线缆。1844年5月1日，辉格党在巴尔的摩的全国代表大会上提名了亨利·克莱参选总统。这则新闻必须由人工送到安纳波利斯路口，也就是莫尔斯电线的一端，然后到国会大厦余下的路程则通过电报传播，以当时的标准来看，几乎实现了即时传播。几周后，随着从巴尔的摩到华盛顿电缆修建的完成，这条线缆正式开通，并首发了一条选自《圣经》的消息"上帝所造之奇迹"，这对后来具有预言性。

作为一种颠覆性的技术，电报的巨大影响很难用语言表达。有史以来，时空的障碍第一次被突破，变成了无关紧要的东西。对于之前成长于没有电报的时代的人而言，这种想法无异于魔法一般。对大多数人来说，电流在铜线中传播是科学家所下的巫术，但实际上，它成了生活中很重要的一个部分，它能够让我们在无须别人专程来告知的情况下就知道在遥远的地方发生的事情。于是新闻就有了一个核心的要素：时效性，这个要素在曾经只靠马车和铁路运输的时代里并没有那么重要。这个时候，铁路线路开始遍及全国，而铁路的通行权完善了电报光缆的铺设路径。到1869年象征着第一条横贯大陆铁路竣工的"金色道钉"被钉入枕木之时，美国西部联盟电报公司经营的横贯大陆的电报业务已有八年之久了。

电报本身并没有让新闻成为一种真正的产业，但重要的是它让更多的人想知道其他地方发生的事情。蒸汽印刷机改进了印刷的技术，与旧式的手动方法相比，它极大提高了报刊的印刷速度。在19世纪中期，随着轮转印刷机的引进，印刷速度进一步得到提高，这种印刷机一开始是手动然后改进为蒸汽动力，可以快速地印刷几千份报刊，报刊的大量发行成了现实。原先，报刊的纸张是用棉纤维做的，价格昂贵。后来，可以把木浆做成新闻用纸的新机器让纸张变得廉价而充裕。19世纪后期，另一项技术的发展实现了由机器来整行排版，从而替代了手工，这极大地提高了印刷的速度。整行铸排机从此成为全美国报刊行业的标准设备，直到20世纪60年代它才开始被计算机技术所取代。

但是技术也有自身的局限性，从大城市向外传播技术的速度很慢。通过电报发送新闻也需要一个字母一个字母地敲击，再优秀的电报员每分钟也只能传送40个字，而高速的印刷机对于那些大都会的日报来说简直是一种奢侈。在小城镇里，新闻买卖通常都是家庭经营，这只能让经营者勉强维持生计，而技术通常都很落后。大多数小城镇都经营着各式各样的周报，种类繁多，这是因为每一种政见和观点都必须要有它自己的报刊来传达。

报刊的主要任务是采访新闻，这一观点在内战前就已开始萌芽。1846年，只有两家报刊拥有自己的记者去报道国会的新闻，但是 19 世纪 50 年代，地方冲突的加剧引发了人们对于政治的极大兴趣，之后不久许多报刊都要求报道美国政府的新闻。这些新闻通常都来自同样的记者，他们常常为不同的报刊工作。在 19 世纪的大部分时间里，大多数报刊还是一如既往地保持它的党派性并受到政党的支持。便士报开创了一种不同的、更为独立的模式，但是即便如此，它们也有自己认同的党派，影响力最大的报刊成了一个政党或另一个政党的发声筒。

直到 19 世纪末人们才清醒地认识到报刊是有利可图的。像纽约这样的城市拥有十几家报刊，吸引读者的竞争也很激烈。以普利策的《纽约世界报》和赫斯特的《纽约日报》为代表的便士报用较多的新闻图片、大号的标题和简单的语言来吸引那些苦于学英语的移民们。"严肃性报刊"则谋求有更大购买力的读者群。

19 世纪末，美国报业的经济模式就已牢牢地建立起来。美国是一种商业文化，这种文化的形成可以追溯到"追求幸福的权力"内化为我们国家使命的那个时候。在旧世界里，欧洲僵化的阶级结构死死地限制了人们的晋升空间。然而，新世界给人们提供了无限的机会，主要是商业机会。宪法第一修正案规定政府不能干涉出版自由，这意味着媒体行业在组织方面并不会受到法规上的限制。

从某个重要的方面来说，出现的这个模式是一种全新的模式。原来报刊的收益都来自订购、发行及政党或其他利益群体的直接资助。广告只是极小部分的一笔额外收入。在新模式下，广告成为收入的主要来源，而且随着美国经济的发展，广告越来越有可能会带来巨大的收益。经营的理念就是报纸自身的廉价多销，以此来吸引最多的读者，再以此吸引广告商。发行量越大，广告的费率就越高，同时读者对于广告商就越有价值。

与美国的其他商业企业相比，美国报刊企业的独特之处就在于它是一种实实在在的和美国大众建立了社会约定的企业。如果读者对报刊的新闻报道感兴趣，广告又对更多的读者感兴趣，那么报刊就会成功。采集新闻和报道新闻被认为是一种管理工作，是一种让报刊企业感觉与众不同的职责，因为在某些方面它受到宪法第一修正案的保护。报刊的优先考虑包括盈利，但又不仅仅是盈利。在报刊的经营和报道之间经常需要平衡和协调。最优秀的报刊在注重盈利的同时，总是对新闻报道方面取得的成就引以为傲。一份报刊的声望通常反映了它在新闻运作方面的名声。通过成功经营这些报刊，让拥有这些报刊的家族们既获得了社会地位又拥有了真正的权力。

随着报刊盈利的增多，编辑上的独立开始取代其对党派的依附，客观性新闻也开始取代之前极具党派特点的新闻报道。但正如之前提到过的那样，党派性报刊的衰落与19世纪末进步主义时期的改革运动也有关联。这场改革运动起始于共和党领导，旨在削弱大城市中民主党机器的影响力，然后演变为大众对党派政治的觉醒，他们开始质疑忠诚于党派的价值所在。人们谈论更多的是候选人本身而不是其依附的党派，在这种情况下，报刊在政治上转向独立，或者至少标榜自己是独立的。大多数报刊的社论版要么偏向共和党要么偏向民主党，但新闻的内容应该是不偏不倚的。记者们开始把自己看作专业人士，于是他们成立并加入了俱乐部和专业的协会。客观性报道让记者们免遭因"政治正统"所带来的批评，但引起的结果却是煽情主义的泛滥，这通常被伪装成在为普通人呐喊。记者们的形象既卑鄙无耻又胆大鲁莽。报刊把自己塑造成一个蔑视权威的看门狗的形象，同时他们也深深致力于维持现状。从体制上来说，报刊对它的读者而言，扮演着父亲般的角色。他们摆出代表先进知识的姿态，并指引着人们的思考方式。他们褒贬时政，象征着一种新的力量，同时树立自身坚韧、睿智和正派的形象。它们拥有尊严，还有财富。

采访的出现也提高了新闻的地位，从而成为美国新闻事业的支柱，不过采访在内战结束前几乎无人知晓。在那之前，所谓的"记者"只是撰写事件概述或者基于观察写一些文章的速记员或评论员。到1900年，采访成为之后被称作"记者"的那些人所必备的基本技能，它带来了基于事实和新闻本位的报道内容，因为在此之前，报道的内容主要是政治评论和华丽的文学创作。美国日报的数量在1910年到达顶峰，约2200份。许多城镇，无论大小，都有2家或者更多的相互竞争的报刊，几乎所有的报刊都是盈利的。纽约市曾一度拥有20家日报，其他大城市也充斥着各种报刊。小城镇里更多的是各种不同的周报，而且每一份都是家族企业。向其他的家族生意一样，报刊易手是很正常的事情，买家通常是另一个家族。以田纳西州我家住的那个小镇为例，莱昂家族控制着那里的报刊行业几十年，后来才被我的家族所取代。

1916年秋，我的外祖母伊迪丝·苏桑（Edith O'Keefe Susong）通过接管我们乡镇那三家周报中最不景气的一家，把我们家带进了新闻这个行业。我的外祖母以前当过老师，但她不再教书，因为她嫁给了当地一个很有前途的律师，而且生下了我舅舅和我母亲两个孩子。人们认为已婚妇女不适合再当老师，因为她们有可能会再次怀孕，而且她们也应该留在家里照顾家庭。我的外祖母在许多方面都是典型的维多利亚时期的人，所以她毫无条件地遵守了这些习俗。

但在 1916 年 10 月的一个早晨，命运把她带到了一个别无选择的境地，她只能接管《格林维尔民主党人》(*Greeneville Democrat*) 这份周报，当时它在与另外两家经营很好的周报的竞争中濒于破产。虽然我在还是孩子的时候就已经听了无数遍这个故事，但我的外祖母随时都打算再讲一遍。在那个 10 月的早晨，就像她所讲的那样，她戴上帽子，去了那家报刊，但当时她对新闻和报刊一无所知。

这个小镇中销量最高的报纸是由一位男士经营的，他瞧不起女人，认为我的外祖母是一个不知天高地厚的新手。"一个女人竟然成了《格林维尔民主党人》的老板，"他带着明显嘲讽的语气在他那周的报刊上写道，"待玫瑰花开之时，这份报刊将走到尽头。"

现在来讲这个故事，我外祖母一定会极为满意地说："四年以后，另外两家报刊也到了我的手上。你知道为什么吗？"我总是装作从来没有听她说过这件事。她带着看透世事的表情盯着我说："因为众人皆醉我独醒。"

事实基本如此，当然，这也并非故事的全部。寻求事件背后的原因是新闻工作的主要使命，它需要不辞辛劳地解开一个个缠在一起的谜团。正如我所说到的那样，我的家族现在还拥有并经营着格林维尔那份报刊。那是我们整个家族都很珍惜的遗产。我们会问自己，为什么我们能够保有一份家族的报刊，并且坚持一种在传承给下一代的过程中非常重要的使命感。随着家族报刊数量的减少，我们会疑惑：为什么我们能牢牢地拥有这份外祖母拼死奋斗才得以保存下来的报纸？这是一个让人费解的谜，对我来说它的答案可以追溯到我的外祖母是怎样成为一名女性报刊从业者的。在她

80 岁大寿那天，我请她和我一起坐下来，这样我就可以记录下她曾经一次又一次地讲过的那些精彩的故事。让我惊讶的是，在她开始冒险从事报刊生意差不多 60 年之后，她才决定原原本本地告诉我发生了什么。

她 21 岁时嫁给我外祖父戴夫·苏桑（Dave Susong），他来自格林县一个历史悠久的家族，深受宠爱。外祖母告诉我戴夫之所以吸引她，是因为他骑马的姿势很优雅。他的父亲想让他成为一名律师，所以他去了弗吉尼亚大学的法学院读书。根据家族流传的说法，他在那里开始学会了喝酒。他当时还是棒球队的明星投手并试图成为一名职业运动员，但他的父亲并没有同意。他回到了格林维尔，娶了我的外祖母，极不情愿地当上了律师。最后，他开始酗酒。

我的外祖母只读过一年的大学，结婚的时候深深地爱着对方，但却很天真。她的父亲会偶尔喝点托地酒（toddy）来治感冒，但她从没有喝过酒也不知道喝了酒会发生什么。所以当她发现戴夫在只喝了一杯葡萄酒之后性格就会由原来的和蔼可亲变得异常粗鲁的时候，她百思不得其解。她发觉自己再也不能忍受一个醉醺醺的丈夫，在 1915 年他们的第二个孩子——也就是我的母亲——出生的时候，戴夫的律师工作和婚姻状况都混乱不堪，而且债台高筑。

就是在那个时候，《格林维尔民主党人》的经营者"趁着戴夫醉醺醺的时候，就把经营这份小报的负担转嫁给了他"，外祖母告诉我。戴夫当时几乎身无分文，所以这份合同必须要他的姐姐艾玛和他共同签署。外祖母说，"我坚决反对，极力地让他的姐姐不要签这份合同。我当时并没有意识到我是在和天意作对，差点儿让自己失去一个谋生的手段。"戴夫的姐姐希望他弟弟的生活有所好转，于是签下了这份合同。

这份报刊似乎注定了不会成功。这是一份民主党报刊，却在一个共和党人占多数的小镇里经营，而且还要和两家设备精良的共和党报刊竞争，一家是《格林维尔勘探报》(Greeneville Searchlight)，另一家是这三份报刊中最大的一份《格林维尔太阳报》(Greeneville Sun)。据我外祖母回忆，当时，《格林维尔民主党人》的印刷设备极其陈旧古老，只有几盒磨损的活字，两台年代久远的压板印刷机和一个原始的、两面打印的手动坎贝尔(Campbell)打印机。为了每周能印 600 份报纸，要用手把每个单词的每个字母排在一起，那个时候，只能先把一个页面放进印刷机，把这面印刷出来，再放另一面进去印刷。这一大页纸会被折成四页的报刊，用手在外面写上姓名和地址，然后再送到邮局去邮寄。有两个伙计，肯农先生(Kennon)和纳尔逊先生(Nelson)竭尽全力地让整个工作得以持续下去。我外祖母提到他们俩的时候总是充满了敬意。

正如外祖母所担忧的那样，戴夫对报刊一点兴趣都没有，但是外祖母为了帮助他摆脱困境，也会写点短篇文章和社会新闻。肯农先生看到这份报刊已经奄奄一息，就去恳求外祖母来接管，不过她却拒绝了，因为她对报刊完全是一无所知。但是随着收入的每况愈下，她开始明白《格林维尔民主党人》是她唯一的希望。合同上规定要付的那些钱，戴夫一分也没有支付，所以外祖母找到他的姐姐艾玛，对她说如果这个合同转给她，她将承担所有的本金和未支付的利息。

在外祖母完全接管这份报刊的第 50 个年头，她写道："1916 年的 10 月 1 日，我如脚底生风一般飞快地走过两个街区来到我的报社。我手上有 4000 美元的抵押贷款，不过我也有谋生的手段来抚养我的两个孩子，我已经下定决心，做好了工作的准备。倘若我当时知道我所要从事的这份工作根本是不可能实现的，那我肯定会在门口掉头，溜之大吉。但是，既然我对我所要做的这件事一无所知，我兴冲冲地走进报社，冲着两个伙计打了声招呼，开始接管这份报刊。"

外祖母很快就明白了她的竞争者对她嘲讽的预言——待玫瑰花开之时，这份报刊也就走到了尽头。这实际上暗示了性别带给她的长期困扰。《格林维尔民主党人》一年的订阅费是 1 美元，消费者要到深秋的烟草集市期间才支付这笔订阅费。很多次，农民走进办公室付订阅费的时候都会对她说："姑娘，你爸爸呢？"他们不会把他们的钱交付给一个女人，如果男伙计不在场收这些钱，那些农民通常就回去了。她也发现那些贪心的供应商和其他人也会因为她的性别而试图占她的便宜。因为她的名字伊迪丝·苏桑（Edith O'Keefe Susong）很明显是一个女人的名字，所以她决定改名为 E.O. 苏桑（E. O. Susong），让人们以为出版商是个男的，她希望借此能得到同行们的一视同仁。

外祖母自己报道新闻，写新闻，记账，设计和销售广告，自己把每周的报刊折好然后写上姓名和地址，送去邮局。为了扩大销量，她带着年龄尚小的两个孩子，和她一起奔波于这个小镇，挨家挨户地去找生意。让她心怀感恩的是，无论是民主党还是共和党都会订阅她的报刊或者给她投广告，因为他们觉得外祖母真的很不容易。她说："他们知道整件事的来龙去脉，所以他们想帮帮忙。"像这样一直努力地坚持了四年之后，她设法还清了债务并继续维持着经营，虽然规模并不大。在那段时间里，外祖母还和戴夫生活在一起，希望他有所改变，但是婚姻关系进一步恶化，于是她带着孩子搬到了她父母住的那个白色木屋，这也是她从小长大的地方。

肯农先生是外祖母最能干也最器重的一个伙计，1920 年的一天，他走到外祖母面前对她说："苏桑女士，虽然很难启齿，但我和纳尔逊已经决定了要买下《格林维尔勘探报》。"当时外祖母伤心欲绝。这两人是她的左臂右膀，几乎是其他人所无法取代的，然而他们还要进入这个行业和她竞争，"我两三天都彻夜难眠，一直在想我该怎么办？"她这样说道。外祖母讲到了这个熟悉的故事中不为人知的一面，我意识到这是我之前没有听过的，我不假思索地就问她："那您是怎么办的？"她很恼怒地看着我说："狗急了会跳墙，兔子急了会爬树。"她的做法和之前的阿道夫·奥克斯一样，是一种出于绝望的冷漠和狡诈。"我让他们明白了他们干不了，这也算给他们做了一件好事。我说：'谁给你们写广告？谁给你们写新闻？谁来管理你们的账目？你们俩就准备好你们投资的每一分钱都石沉大海吧。'"

她让他们必须告诉报刊的老板他们改变了主意，然后他们照做了。"他们刚刚告诉了那个老板，"外祖母说，"我就把这份报纸买下了。"就算他们有什么不快，他们也没有表露出来。之后几十年，肯农先生一直担任生产主管，直至去世。

外祖母用同样的策略买下了莱昂（W. R. Lyon）手上的《格林维尔太阳报》。莱昂是一个激进的共和党人同时也是一个酒鬼，在1916年曾预言过我外祖母不会成功。随着他资产的缩水，他开始向伊迪丝女士——镇里的大多数人都这样称呼外祖母——借出版报刊所需的纸张。1920年10月，莱昂的报刊停刊，我外祖母很清楚莱昂无论如何都不会把报刊卖给她，于是她安排她的一个律师朋友以镇外的一些企业家的名义出价去买他的报刊。购买《格林维尔勘探报》就已经花光了她的现金并使她贷款，于是外祖母去找她的父母求助，他们答应合伙并拿出了16500美元来购买《格林维尔太阳报》。外祖母的父亲不太看得上报纸和从事报刊工作的人，所以犹豫再三才同意担任业务经理这个职位。而外祖母的母亲昆西 (Quincy)，热情洋溢、聪颖睿智而且立场坚定，所以她接手了社论版，出任"编辑"。伊迪丝女士把这些报刊合并为一份日报，叫作《格林维尔民主—太阳报》，在她父母木屋旁边那条狭长的路面上修了一间砖房，然后真正地开始大展拳脚了。

我出生于 1946 年，距离我外祖母第一次去接手《格林维尔民主党人》的那个 10 月的早晨已过去了 30 年，在我还是小孩的时候，我就察觉到我的家庭有点与众不同。我那个时候还不知道是什么原因让我的父亲一吃晚饭的时候就要不停地去接电话，通常对方都是怒气冲冲的，不是因为报刊上刊登了某则新闻，就是因为报纸没有及时交付。我的世界里有两个很重要的港湾：一个是我和父母以及四个兄弟姐妹共同生活的家，一个就是"报房"，也就是《格林维尔太阳报》撰稿的地方，它还包括报房旁边那条狭窄的小路对面的那所房子，伊迪丝女士和外曾祖母昆西当时还住在那里。那所房子里活动的中心就是厨房和厨房后面的一个小书房，在那个书房里，我的外祖母在创作她的个人专栏和写文章，以及撰写她称为"个人启事"的板块，内容是一些无伤大雅的花边新闻，比如谁家来了什么客人，谁又去旅行了之类的。这个板块在报刊上非常受欢迎，当然最受欢迎的是她的每周专栏"乐聊"（Cheerful Chatter）。

外祖母虽然买下了另外两份报刊，但也没有因此而天下太平。《格林维尔太阳报》的前老板莱昂先生等了三年，我外祖母才还清了债务，就在还清的第二天，他马上就和我外祖母争抢生意，一直持续了几年。但是我外祖母对于经营这种小镇刊物很有天赋。她一开始在党派上就保持中立，尽管她的报刊名字有民主党字样，但她从来不把自己的报刊看作是党派的喉舌。她希望给大家提供一份能够让所有格林维尔镇上的人都喜爱的报纸，所以几年之后，她把《格林维尔民主—太阳报》改名为《格林维尔太阳报》。作为一个团队，伊迪丝和昆西分别扮演着一个优秀的地方报刊应该有的红脸和白脸的角色。我外祖母认为报刊是一个城镇的心脏，它的作用就是让这个地方变得更好。她是一个热心支持者，但同时在许多方面她又是一位革新人士。昆西则是一位直言不讳的批评者，她经常写辛辣讽刺的社论文章，这也激怒了当地两党的政客，而我的外祖母就不得不去安抚这些政客。她们的肖像和阿道夫·奥克斯的肖像一起都挂在田纳西州的报刊名人纪念堂里。

据我了解，20世纪50年代的新闻界有很多报纸都是像我家一样的家族企业，这在田纳西州报业协会的夏季会议上一目了然。但情况却在变化。在人们越来越清楚地认识到报刊可以带来丰厚利润的时候，家族之间的买卖就几乎停止了。除了最小的一些报刊以外，报纸的买卖大都被报业连锁公司垄断，这些连锁公司看重的是潜在的商业机会。家族购买报刊的原因各种各样，其中包括想在地方上拥有权势。在一些情况下，报业连锁公司的形成是为了建立政治上的影响力，这似乎就是威廉·伦道夫·赫斯特（William Randolph Hearst）创办报刊集团的主要动机。但大多情况下，报业连锁公司被整合主要是为了盈利赚钱，而且事实证明这是非常棒的投资。随着资金的大量涌入，新闻和经营两方面的平衡意味着新闻的采集也获得了繁荣和发展。

麦克尔·苏德森估计，截至20世纪30年代早期，六家最大的报业集团在日报发行量中已经占据了相当高的比例，但是很多大城市还存在着相互竞争的报刊。然后，随之而来的商业广播和电视改变了整个商业景观。古列尔莫·马可尼（Guglielmo Marconi）于1894年在意大利发明了无线电接收机，但是直到第一次世界大战之后才出现了商业广播，不过大多数人认为这并不合法。争论的焦点就在于谁来管控这个使用公共电波的新媒介，以及它应该严格用于教育和公共目的还是可以用于商业目的。在美国，和往常一样，商业用途获得了胜利。1919 年，在美国海军的督促下，通用电气公司（General Electric）收购了马可尼公司在美国的运营，明显是为了防止无线电所有权落入外国人之手。之后，该公司与美国电话电报公司（AT&T）、联合果品公司（United Fruit）和西屋公司（Westinghouse）联营，共同垄断了美国所有的无线电专利并成立了美国无线电公司（RCA）。表面上，这次联营明显地违反了反托拉斯法，但它确保了无线电将会属于商业运作而不是属于公共服务。

1920 年，底特律的一家广播电台报道了一场总统初选的新闻。当年年底，匹兹堡的 KDKA 电台报道了在沃伦·哈定（Warren G. Harding）和詹姆斯·考克斯（James M. Cox）之间进行的总统竞选情况，这两个人都没有接受商业赞助。1922 年，纽约市皇后区的一家房地产经纪公司花了 50 美元让 WEAF 电台做了 5 次 10 分钟的广告，来宣传推销一栋新公寓大楼，"商业广告"由此诞生。对于电台来说，新闻节目的数量很快就位于娱乐节目之后，但重要性却没有减少。然而，一种新的经济模式建立了起来：广告为新闻采访提供了资金。

随着全国的民众显然越来越沉迷于广播，报刊突然就成了明日黄花。关于报刊末日来临的预言浪潮也横扫整个新闻行业。广播既迅速即时，又生动有趣。广播在新闻印刷出来之前就可以进行报道，这让报刊变得毫无时效性。尽管末日预言没有实现，但它在对广告收入争夺方面的确对报刊产生了影响。城镇中规模较小的报刊受到的冲击最大，并出现了衰退的迹象。一些城市过去曾经有几家相互竞争的报纸，现在减少到只有一家，但却拥有好几家广播电台。第二次世界大战前夕，在美国的大城市中，有25家城市只有一份日报，而且这个幸存者很有可能是由连锁集团经营的。正是在二战的时候，由于爱德华·默罗（Edward R. Murrow）在德军闪电战期间发自伦敦的报道，广播彰显了它在新闻报道方面的力量。尽管报纸新闻还是占据主导地位，但不可否认的是广播有它自己的魅力和特质。事实证明，广播里的声音虽然看不见是谁说的，但它起到的传播效果却是报刊上的文字所不能企及的，这也是广播到了今天仍旧是很有影响力的媒介的原因之一。

随着二战的结束，电视在全国范围内的普及带来了更大的经济冲击。在整个20世纪50年代，电视对新闻报道并不是很重视。在1948年，全国广播公司（NBC）雇用了一位梦想成为演员的人，叫约翰·斯韦兹（John Cameron Swayze），让他给"骆驼新闻短片剧场"（Camel Newsreel Theater）做解说工作，这是早期电视新闻的尝试。这是一个电视新闻短片，由骆驼牌香烟厂商赞助。一年以后，他被派去主持NBC的第一个电视新闻节目"骆驼新闻大篷车"，这是一个时长为15分钟的节目，在播报新闻通讯稿和对新闻人物采访的间隔时间里，斯韦兹通常会给骆驼牌香烟打广告。斯韦兹会告诉他的观众："让我们到全世界去寻找新闻吧。"就职于哥伦比亚广播公司（CBS）的道格拉斯·爱德华（Douglas Edwards）的风格更为严肃冷静，所以他的节目收视率排名第一，这让NBC在1956年决定用切·亨特利（Chet Huntley）和大卫·布林克利（David Brinkley）代替斯韦兹。他们共同主持的节目"亨特利—布林克利报道"重获收视率第一。作为回应，哥伦比亚广播公司在1962年委派沃尔特·克朗凯特（Walter Cronkite）负责晚间新闻。但当时的新闻节目时长仍然只有15分钟，因为这两家广播电视网认为这些节目主要是为了满足美国联邦通信委员会（FCC）的要求，即广播公司应该提供公共服务来获取他们的营业执照。这就难怪在 1961 年，联邦通信委员会的主席牛顿·麦诺（Newton N. Minow）把电视说成是"一片巨大的新闻荒原"。

但不管是不是新闻荒原，电视都是一种文化浪潮。每个人都会看电视，特别是"婴儿潮"那一代人。1963 年，NBC 和 CBS 都把它们晚间新闻的时长延长到 30 分钟，ABC 也紧随其后。就在那一年，大多数美国人第一次承认他们把电视作为自己主要的新闻来源而不是报刊。更为重要的是，全国广播电视网和地方电视台都发现他们可以通过新闻来盈利。《新闻 60 分》（60 Minutes）节目在 1968 年首播之后，它就成了评价最高的电视节目。

报刊遭到了电视这一不可抗拒的文化力量所带来的冲击，并在 20 世纪 70 年代开始改变报道内容来加以应对。作为问责新闻最重要的壁垒，《纽约时报》的经营也快要出现亏损，这可能会让《纽约时报》走向灭亡。《纽约时报》采取的解决办法是创办了一系列诸如娱乐、美食与合家欢这样的专版。批评家们把它的"生活"版面讽刺为"享受"版面，因为它宣扬了一种物质富足的生活。但是这些版面的成功可以给代表了《纽约时报》的新闻版面提供资金支持。问题在于电视本身就具有娱乐性，所以如果报刊要想和这三家广播电视网竞争美国民众的关注和忠实的话，它就必须变得更具娱乐性，并且，报刊发现这些生活版面可以吸引广告商从而带来可观的收益。

现在人们一直在争论，过去一向都很严肃的新闻是否在那个时候被加入一些无关紧要的琐碎，以及是否在那个时候早该实现的对新闻定义的扩大包括了之前被忽略的东西。事实上，当时这两件事情都发生了。当时，对健康问题和国家正在变化的文化和习惯的报道让人耳目一新。但不可否认的是内容上也开始出现了对流言八卦、轰动性新闻以及名人逸事的青睐。比如说,《时代周刊》的"人物"版面如此受欢迎,以至于1974年它脱离《时代周刊》而独立运作,成为世界范围内最赚钱也是最受别人效仿的杂志之一。

到20世纪80年代,电视和报刊都面临着一个新的挑战:有线电视。1970年,全国只有差不多10%的家庭拥有有线电视,这可以让网络信号不好的乡村地区接收到好的信号。那个时代的有线电视就是在最高的地方插根大的天线,让电缆把天线和用户连接起来。这实际上就是用户屋顶天线和室内天线的升级版。有线电视业务基本上规模都很小,几乎赚不到钱,前景也不太被看好。

但是同轴电缆的出现和技术的进步可以让一个家庭收看到几十个频道,从而告别了原来只有三个电视网、公共电视和一些地方超高频站台的局限。泰德·特纳的伟大之处就在于他发现了被他称为"超级电视台"的潜力,这个电视台位于亚特兰大,之后成为TBS电视台,正是它打破了全国广播电视网对观众的垄断。到20世纪80年代末,超过一半的美国家庭因为连接电缆可以收看到各种不同的频道,所以有线电视也就变得司空见惯了。

与此同时,新闻业务正在改变着新闻关注的对象,而记者与新闻来源的关系也在发生着变化。二战期间,美国记者自愿接受审查制度而且他们还穿军装。他们认为自己是这场全民战斗中的一分子,就算自己不在政府的军队,至少也是一个合作者。作为对政府行政、立法和司法部门补充的第四等级,新闻媒介的工作应该是有礼有节的。比如说,摄影记者不会拍富兰克林·罗斯福(Franklin Roosevelt)总统坐在轮椅上的照片,因为他认为这会有损他作为一个强势领导的形象。同样不足为奇的是记者们明明知道约翰·肯尼迪（John F. Kennedy）总统有出轨行为，但他们也不会去报道。

这些情况在民权运动期间发生了变化。人们不再认为可以像在经济大萧条和二战时期那样依赖政府去解决问题。现在政府的官员和政客常常都不是好人。对于民权运动的报道把一些受过高等教育和具有理想主义的记者吸引到了新闻这个行业，当时这个行业更像电影《满城风雨》（*The Front Page*），而不是《总统班底》（*All the President's Men*）中的情节①。比如说，大卫·哈伯斯塔姆（David Halberstam）1955 年毕业于哈佛大学，然后成为密西西比西点市（West Point, Mississippi）《每日时报领袖》（*Daily Times Leader*）的记者，然后又到了纳什维尔的《田纳西人报》当记者，在那里他报道了民权运动的开端。然后他又被《时代周刊》派去越南。

如果说争取民权斗争让媒体和政府之间友好的伙伴关系出现了裂缝，那越战就彻底粉碎了这种关系。1971 年刊发的五角大楼文件和不久之后爆出的水门事件传递出了一个新的信息，那就是美国最具官方性的两份报刊《纽约时报》和《华盛顿邮报》有意愿公然违抗总统和政府。美国其他优秀的新闻同行们也紧随其后，至少新闻编辑室里的人员是这样的。

但是新闻也开始变成了更大的买卖，而且这种市场交易随处可见。各种不同的有线电视频道让人们有了更多的选择。广播电视网的晚间新闻以前是一枝独秀，但它的制片人开始注意到人们宁愿观看"玛丽·泰勒·摩尔秀"（Mary Tyler Moore Show）的重播也不看晚间新闻。总统演说曾经

---

① 在电影《满城风雨》中，记者们不择手段挖掘轰动性新闻，而在电影《总统班底》中，记者们致力于严肃的问责新闻的调查。——译者注

是广播电视网必播的节目，但现在它也要和大量的娱乐节目竞争。过去对总统候选人提名大会进行追踪报道的新闻先是开始缩短，之后更是遭到大幅度的削减。

技术也对新闻产生了影响。随着录像机（VCR）的出现，人们可以把他们想看的电视节目录下来，之后随时想看就看。遥控器让人们养成了随时更换频道的习惯，新闻节目可以通过分时段的播出来拥有它的受众。新闻业的老板们发现对政策问题的报道已经失去了对公众的吸引力。战争新闻在早期还很受欢迎，但如果不是好消息，或者人们产生倦怠，那战争新闻也会立刻失去它的受众。便携式卫星天线和精良的新闻直播车能够让在世界上的每一个角落进行现场直播成为现实，这个非常吸引受众，但对于新闻质量却没有什么好处。特德·科佩尔（Ted Koppel）曾说："毫无疑问，人们可以随着事件的进展进行现场直播，这是技术的杰作，但这只会阻碍而不是促进好新闻的产生。"来不及去证实和收集相关的背景信息，这种"新闻"可能提供信息但也可能误导受众。

因为华尔街希望媒体公司交纳季度性收益，广播电视网也承受着它们公司老板追求最高利润而带来的压力。随着冷战的结束，民众对于国外新闻的兴趣由原来的忽冷忽热，转变成了现在的日渐衰退。因此，广播电视网减少了海外办事处和国外报道；虽然世界变得越来越一体化，但这个做法却减少了人们对世界的关注。据监管电视新闻报道内容的《廷德尔报告》（Tyndall Report）的表述，海外办事处 2000 年内所提供的新闻在 ABC、CBS 和 NBC 晚间新闻报道中所占时长只有 1989 年顶峰时期的三分之一。

在 20 世纪 90 年代末，报刊和电视都集中在更大规模的企业中，这些企业的宗旨就是获得丰厚的利润和收益。对于电视来说，这就意味着要调整电视节目的内容来适应观众的喜好。当地的电视几乎不报道有关政治和政策方面的新闻，而且坐拥差不多 60% 或更高的利润率。广播电视网中的电视新闻削减了海外办事处，而且通过用年轻、薪酬低和缺乏经验的记者代替经验丰富、薪酬高的记者这样的方式进一步节约了资金。电视新闻中，硬新闻可以和有关医学上取得重大突破或是人情趣味的专题节目自由组合。作为新闻工作者没有履行其职责的不光彩的展示，广播电视网的新闻节目几乎忘记了人们关于《1996 年美国电信法》(*Telecommunications Act of 1996*) 的争论，这个法案对于他们的总公司来说在商业方面具有重大的意义。

实际上，电视已经不再进行有关公共政策和问责新闻的报道。由于自己所处的竞争环境，报刊也发生了变化，但是其所报道的核心内容仍旧履行了报刊应该有的责任，而且每年还能够获取 20% 多的利润，这样的利润虽然远低于地方电视台，但每年都在稳定地增长。公开交易的报社股价在上涨，追踪这些股票的华尔街专家们对于未来普遍充满了信心。

接下来便是互联网的出现，它的到来开启了新闻历史的第四个纪元。

第 七 章

濒临灭绝的报纸

我们能促使报纸改进，我们也与报纸竞争，但是我们不能取代它们。

——美国明尼阿波里斯市一家在线新闻机构 MinnPost.com 的编辑乔尔·克拉默（Joel Kramer）

乔治·艾利什（George Irish）是全国主要报业连锁集团之一赫斯特报业集团（Hearst Newspapers）的总裁。我曾问他在这动荡的时代对报刊业的看法，他却反问道："你打高尔夫球吗？"我回答称我过去常常和我的父亲一起打高尔夫球。他点了点头，带着一丝伤感的声音继续说道，"在过去，报刊业就好比打高尔夫球，你站在三号球场的发球区，精确地知道距离球洞的距离。而如今，你就像站在五号球场的发球区，周围烟雾环绕。你甚至无法看到果岭，一夜之间他们已经移动了所有的沙坑和沙坑障碍物"。

他沮丧而忧虑地说着，痛苦之情溢于言表。前一天，赫斯特报业旗下的一家报纸《旧金山纪事报》（*San Francisco Chronicle*）宣布，要裁减四分之一的新闻工作者。几年前，该报纸合并了《旧金山观察家报》（*San Francisco Examiner*），结果导致了超大额的员工数量，但当时赫斯特集团承诺保留他们的工作。然而，在损失数千万美元之后，该报还是做出了裁员的决定。这一消息震惊了整个旧金山，使其再一次笼罩在似乎永无止境的裁员阴霾之下：报纸工作人员的数量在不断减少，报刊业也正处于严重的经济困境时期。到 2009 年年初，赫斯特威胁工会做出重大让步，否则将要关闭或出售这家报纸，然而出售似乎又不太可能，因为几乎无人愿意购买。

有关描写报刊业衰落的文章激怒了许多报刊高管人员。"每一篇文章都在讲述着世界末日。"罗伯特·德赫德（Robert Decherd）在 2007 年 6 月对道琼斯通讯社（Dow Jones）的记者说道。罗伯特·德赫德是贝罗公司（Belo）的首席执行官，也是《达拉斯晨报》（*Dallas Morning News*）及其他媒体资产的所有人。他刚刚向一群持怀疑态度的华尔街分析师们做了陈述，这群人聚在一起听取报纸上市公司高管们的业务预测。自 2001 年 12 月最差的月收入表现以来，针对现场的各种商业预测，贝尔斯登公司（Bear Stearns）的分析师仍将其总体形势评估为"严峻"。在 20 世纪 80 年代和 90 年代，许多人将这类展示讲述会看作是一种机会，吹嘘利润增长和设想光明未来。如今，他们处于一种流通量下滑和广告收入萎缩的趋势当中，报刊业受到了严重破坏，华尔街认为报纸新闻公司的未来面临着严峻的考验。许多以跟踪报业公司为事业的华尔街分析师"弃船逃跑"，另谋出路了，这真是重重的一记耳光，不仅具有象征意义，也极为残酷和现实。报纸分析师主管约翰·莫顿（John Morton）停止了维系 30 年的报纸行业时事通讯。他感叹道，大市场的许多报纸"已经过了它们的发展时机"。随着报纸公司股价跌入低谷，投资者寥寥无几，分析师对报纸公司股价的计算也已经无人关注。正如高盛投资公司（Goldman Sachs）的分析师皮特·阿伯特（Peter Appert）对彭博新闻（Bloomberg News）记者所言，"报纸分析师现在就像美泰格公司（Maytag）的修理工，没有多大用处了"。

对于报纸行业来说，不幸的是 2008 年事情变得更糟，因为经济崩溃进一步摧毁了报纸公司股价。当罗伯特·德赫德（Robert Decherd）抱怨令人悲观的新闻报道时，他的股票每股售价超过 18 美元。然而，一年之后，其降幅已经接近 90%，每股仅售 2.50 美元。所有的报纸股票价格全都以同样惊人的速度下滑，甚至是最知名的报纸也无法幸免。到 2008 年 12 月，《华盛顿邮报》公司的股价下跌了大约 63%，《纽约时报》公司的股价下跌了 58%，全国最大的报纸连锁企业甘内特公司的股票价格下跌了多达 80%，虽然之后略有上扬。这些上市公司抱怨称，他们的股价遭到了不成比例的重创，因为其下降速度已经超过实际利润的减少幅度。事实确实如此，但是毋庸置疑，报刊业正在经历一场生存之战；2009 年的经济衰退只会让形势变得更加糟糕。

尽管弥漫着一种悲观的趋势，我相信全国的报纸公司——不论是否上市——将生存下去，并且最终会再次蓬勃发展。我从不担心报刊业将会失败。这个行业对于迎接挑战有一个缓慢的反应过程，例如面对有线电视。但是一旦觉醒以后，报刊业就会变得"足智多谋"，因为它背后有着决心让这个行业保持活力和健康的一群"谋士"。在报刊的盈利方面，可能不会再有像 20 世纪 80 年代那样的繁荣时期，但是以多年我在报刊业的工作经验来说，我相信报刊业一定能找到以某种形式生存下去的方法。

不幸的是，对于存活下来的报纸来说，是否将以新闻作为核心使命，或是否以服务公众作为标准，我对此远无信心。这个国家的报纸面临的重大问题不是它们能否自救，而是在不失去重要的服务公众使命的同时它们是否还能自救。一直以来，它们的工作围绕着报道和提供社区整体想要和需要的新闻展开。现在，我担心报纸的业务会彻底地转向人们想要的新闻，放弃任何不赢利或不吸引眼球的东西。但是，未来报纸的走向仍处于发展变化之中，其结果尚未确定，这解释了为什么说理解报刊业面临的困境和必须做出的选择是重要的。

20世纪50年代，我在《格林维尔太阳报》度过了不少童年时光，那时报刊在业务方面，还与世纪之交的时候差不多。大多数零售业务都是本地所有，人们在市中心购物。几乎所有的广告都被称为ROP，即在报纸上随意插排的广告，它出现在报纸的页面上，而不是预先印刷的报纸插页上；同时广告费率增长的速度不快。大型报纸的运营模式基本也是一样的，以大型百货商店为主要零售广告客户。那时我还是小孩，也做过送报员，订阅者每周向我支付30美分，我将《格林维尔太阳报》送上门。送报途中，几乎每家都会拿走一份报纸，虽然我偶尔会因为30美分被骗。

我的外祖母有两个孩子：亚历克斯（Alex）——我的名字便来源于此，和我的母亲玛莎·阿诺德·苏桑（Martha Arnold Susong）。我舅舅亚历克斯等到条件允许后，就赶紧离开了格林维尔，到纽约生活，成了一名银行家。我父亲是约翰·琼斯（John M. Jones），他来自田纳西州斯威特沃特（Sweetwater），这是格林维尔西南部大约100英里外的一个小镇。他的家族从事纺织经营，作为家中长子，我的父亲一直被期望能为家族企业服务。然而，他却选择到一个叔叔的油漆公司上班，与我母亲结婚，并生下我的哥哥小约翰（John Jr.）。之后二战爆发，他自愿入伍，加入了后来被称为梅里尔袭击队（Merrill's Marauders）的部队，也就是美国陆军游骑兵（U.S. Army Rangers）的前身。当时，其任务是绕道缅甸战场的日军背后，向其发起攻击。让人惊喜的是，1945年他从战场上活着回来了，一心打算重操油漆生意。

那时外祖母已经成功地经受了与莱昂和其他竞争对手的较量，还有经济大萧条和战争，但是所有这些斗争最终影响到了她的健康。她变得疲惫不堪，身体每况愈下。她让我父亲来格林维尔帮她，说好只要一年，我父亲也可以借此了解一下是否对报纸生意感兴趣。

当时，像我外祖母在1916年那样，父亲对报纸几乎一无所知，但是他很好奇。仅仅几个月之后，他完全爱上了做一名办报人，并同意永远留在这里，但不是以一名雇员的形式。他买下了曾经属于我外曾祖父母的股份，那份股份原本是我外祖母与外曾祖父母之间所做的交换，用以感谢几十年前她购买《格林维尔太阳报》时外曾祖父母向她所提供的资金帮助。之后，约翰（我父亲现在的名字）和外祖母伊迪丝开始了一段维系近30年的和谐的合作关系。

在20世纪五六十年代，《格林维尔太阳报》算是反映了时代特点的一家报纸，虽然既有优点也有缺点。缺点在于，它接受了种族歧视仅仅因为这是当时生活的原本样子。相比于南方许多其他地方，格林维尔几乎没有黑人。因为一个世纪以前，奴隶制并不适用于这里的小规模农业经济。即便如此，种族是那个时代的问题，并且我的家人也很保守，也就是说他们认为"隔离但平等"是最好的制度安排。在这一点上我和家人的看法不同，种族隔离问题成了那时给我带来严峻考验的政治问题。虽然我希望《格林维尔太阳报》在那个时代是一家勇敢的南方报纸，维护美国黑人平等的权利，但是当民权运动爆发时，为了保护格林维尔不像南方其他地区那样遭受暴力和侮辱，我的父亲和外祖母做出了重要的努力，我对此感到十分自豪。

格林维尔曾是一个宁静的小村镇，从我八岁开始，我几乎拥有完全的自由，可以随意游荡，还自以为小镇里的每个人都在关注着我。一到星期六，市中心会挤满了人，有些人仍驾马车出行；妇女们戴着太阳帽。在法院的草坪上站着一排农民，他们中许多人牙齿残缺不全。街上几乎总是会有一个传道士歇斯底里的诅咒着，咆哮着，但是似乎没有人理睬他。星期日，我们会去教堂，然后在布伦丽酒店（Brumley Hotel）餐厅用午餐，那里供应热面包卷、炸玉米糊和炸鸡。

但是也有一丝对潜在暴力的恐惧，虽然看不见，但总是感觉离得很近。有一次，一名男子走进我父亲的办公室，随意地拿出一把枪，警告他不要刊登在当地的一场争端中损毁车辆的罢工者们的照片，这之后我的父亲就买了一把口径为 38 毫米的手枪，一直放在家里的文件柜中。事实上，当时摄影师十分紧张，以至于忘记把相机的镜头盖拿了下来。

1966 年，外祖母庆祝报纸成立五十周年，她对这些年来一直支持她的人们表示感谢。"格林县的人们就像我的家人一样"，她写道，"在这个充满恐怖、混乱和挑战的世界里，我们肩并肩地面对过去、现在和未来。感谢有了你们，我患难与共的同伴们，才有了我辉煌的昔日和对灿烂明日的信仰。"1974 年夏天，在写完最后一期的"乐聊"之后，她按照约定动身去看医生，在那儿她倒下了。外祖母去世了，享年 84 岁，这是我一生中见过父亲唯一哭泣的一次。

我之所以讲述了这个漫长的家庭故事，是因为我认为过去的故事在当今的生活中仍然在发生，而且我的新闻职业生涯 —— 包括我的偏见和价值观 —— 都源于这个故事。

如今，我仍然是家族企业五分之一资产的所有人，兄弟姐妹们持有剩下的股份。我们掌管的《格林维尔太阳报》和其他小报，仍然以家庭经营为主要管理模式。作为一家人，我们不希望跟随潮流，出售报纸。我认为其中有许多原因。最重要的是，对于我们来说，《格林维尔太阳报》就像一个有生命的家庭成员，我们可以感受到它的存在，它就像是我们另外一个兄弟姐妹。多年来，我目睹了许多家庭卖掉自家报纸企业，给我印象最深的是，他们放弃的不仅仅是一项生意，而是一种生活方式。"公共服务"的使命一直伴随着报纸出版，正是这种使命将报纸与其他生意区别开来，仅仅为了钱而放弃这种使命从未让我觉得是一次合理的交易 —— 相反，这就像是只知道一个东西的外在价格，却并不了解它的内在价值。

如果报纸失去了为社区服务的责任和管理意识，那么报纸是否生存下去就不重要了，因为报纸将只是成为又一种生意而已。报道重要新闻，即使你热爱的社区存在令人不悦的事实真相也要坚持报道 —— 这一直是展现报纸与读者所立契约的主要形式。违反这种契约将是一种背叛，无论是《格林维尔太阳报》或《纽约时报》，抑或是任何地方的任何报纸。我们祖辈的世界已经远去，但是他们为报纸工作忙碌一生留下的服务原则仍然在许多报纸上得以存续。然而，我害怕这一原则将很有可能会消失。

20 世纪 60 年代，甚至在许多小镇上，报纸行业都获利颇丰，这其实源于广播和电视的竞争。因为广播和电视的竞争，使得在一个小镇甚至多数城市的多家报刊很难同时赢利，两家相互竞争的报纸中较弱的一方因为经营不善大多被并入较强的另一方。这样幸存下来的报纸的确可以大有作为，因为它们虽然不能垄断广告业务，但是却可以垄断报纸广告业务，而当地商人认为报纸广告是必不可少的。即便当地的广播和电视对广告业务有很强的竞争力，作为城镇上唯一的一家报纸总是新闻的主要提供者。

正是这个有效的垄断机会吸引了沃伦·巴菲特（Warren Buffet）的注意。这位传奇式的投资人总是寻求这样轻松赚钱的机会。他的伯克希尔·哈撒韦公司（Berkshire Hathaway）在 1977 年购买了《布法罗新闻报》

（*Buffalo News*）之后很快就赚了一大笔。但如今已是一个完全不同的时代。在给伯克希尔·哈撒韦公司股东的信中，巴菲特以常用的直率口吻对报纸所处的困境做出评价。他说当他买下《布法罗新闻报》时，"无论报纸质量多么糟糕，或经营管理多么不善，在只有一家报社的城市，报纸盈利都是必然的"。

实际情况却比这更为复杂。20 世纪六七十年代，报纸行业发生了重大转变，由原来一般管理技能就能运作的相对简单的经营变得更具挑战性。

莱诺整行铸排机（Linotype）正在被计算机取代，而实质上属于 19 世纪技术的古老的热金属旋转印刷机（hot-metal rotary press）也正迅速地被胶印机（offset press）取代，以便打印出来的复制品色彩更好。同时，本地广告业务也在减少，因为本地零售商被较大的区域性或全国性的零售集团收购，或是因面临凯马特（Kmart）或沃尔玛（Wal-Mart）等大型超市的挤压而破产。突然之间，其他城市的人开始决定是否要向当地报纸购买广告。由于企业纷纷搬到了远离村镇的地方，20 世纪 50 年代充满活力的闹市区到了 60 年代末变成了"鬼城"。更为重要的是，看电视已成为全民娱乐，突然人们就不再像曾经那样看报了。

拥有报纸的家族企业，凝结着几代人的呕心沥血，正面临着一个具有挑战性的新世界。大多数情况下，他们的报纸能让一家人过上舒适的生活，但是却不能给他们带来巨额财富。随着时代的不断变化，他们需要进行技术升级，但是技术升级又需要大量的投资，往往意味着承担重大的债务负担。这是全国报纸行业所经历的一个变革阶段，如今仍很少有人理解。报纸从家族企业所有权到连锁企业所有权的转变通常被归咎于贪婪或家庭纠纷。事实上，我相信在突然面对巨额的资本负担和巨变的环境时，许多家庭根本手足无措。 对于新环境下的复杂要求，他们无所适从，彷徨不安。 他们中的一些人感到恐惧，几乎没有勇气做出决定。 然后，急切的买主就出现了。

报刊集团和像巴菲特这样的企业家意识到，这些家族正坐在一个潜力巨大的金矿上，然而，他们既没有开采的意志，也不具备开采的专门技能。 这就像是习惯了采摘低垂的果实。 在这几十年内，数以百计的家庭业主以他们看来的"惊人价格"卖掉了自家报纸，这些价格仅仅是他们年收入的三四倍，这并没有带来多少明显的收益，因为年收入中要除去家庭成员的工资，并且他们不愿意提高邻里乡亲的广告费率。 新业主对报纸进行技术更新，报纸设计也更加现代化，而且更重要的是，他们非常强势地提高了广告费和流通量，这是以前的业主所不敢做的。 现在，如果商家想要让社区大众看到他们的展示广告，他们别无选择。 因此，广告费率在持续不断地快速增长。 广播和电视对于发布招聘广告、二手车或房地产的广告都没有有效的方法，所以报纸的分类广告页面抓住机会，对广告费率要价更高。同时，资金的大量涌入也迅速增加了报纸的新闻预算。

这是报刊业盈利的黄金时期，而这一繁荣时期一直持续到近期。 即使存在周期性下降和竞争性斗争，但是人们认为报刊业不仅利润丰厚，而且收入逐年增长，稳定可靠。 例如，甘尼特公司（Gannett Company）以其季度报告引以为豪，该报告多年来披露了其收益不断增加，从未间断。 甘尼特公司和其他上市报纸公司的股票飙升，他们的利润标准已经远远超过 20%——远高于大多数上市公司。 当约翰·卡罗尔（John Carroll）成为当时是奈特里德报团旗下的一家肯塔基州报纸《莱克星顿先驱领袖报》（*Lexington Herald-Leader*）的编辑时，该报的利润率为 35%。 而且，奈特里德以在新闻上慷慨斥资闻名。汤姆森报系（Thomson Newspapers）总部设在加拿大，专门收购美国小镇报纸，然后对其大力压榨。该公司的负责人汤姆森爵士（Lord Thomson）告诉同事们，45%的利润并不算太多，但是如果超过这个数就成了"勒索"。这是一个属于报刊业的时代，有时候他们似乎不知道拿这么多钱干什么。当卡罗尔离开莱克星顿，成为时报—镜报公司（Times-Mirror）旗下《巴尔的摩太阳报》（*Baltimore Sun*）的编辑时，该报的垒球队才刚刚结束参观俄罗斯的旅程。出版商中最受欢迎的称赞莫过于"好的经营者"，这意味着你一边赚了很多钱，一边经营着一家声誉良好的报纸企业。

成为一个好的经营者是整个报刊业的标准。诸如赫斯特公司（the Hearst）和帕克通讯集团（Park Communications groups）这样的私人连锁企业旗下的许多家报纸，采用了国有连锁企业不断增长的收益期望值标准——甚至超过了它们。家族报纸也认为20%的盈利是能接受的底线，尽管与大企业经营相比，家庭经营更可能满足于较少的利润。

但是所有的报纸都期望实现两位数的利润，并且华尔街习惯了季度盈利的增长和巨大的利润空间。好的报纸经营者面临着挑战，即便是在最佳时期。零售商开始抛弃报纸页面上昂贵的广告，改用夹在报纸中间的插入广告作为代替，对报纸来说这样做利润更小。随着零售业的整合，剩下的商人意识到他们有权对广告收费卡上的官方价格索要折扣。像 Advo 这样的直邮广告公司开始分发杂货店的广告插页和优惠券，收费低于报纸的要价。一直下跌的报纸发行量，开始威胁到了人们的观念，即报纸上的广告要送到各家各户。虽然长期以来一直处于缓慢下降的状态，1990 年一个正常工作日全美国报纸的总发行量还有 6200 多万。但到了 2000 年，这一数字已经下降到不足 5600 万。报纸以创造所谓的"全市场覆盖服务"做出回应，这意味着每个家庭都得到插页广告，无论是夹在报纸里还是放到挂在门把手上的塑料袋中。他们开始通过电话用特价来兜售订阅报纸，以避免发行量进一步下降。

20 世纪 90 年代末，这种趋势令人不安，并且一种灰暗的感觉正在酝酿，即互联网即将成为一种新的威胁。但是长期以来一直势头甚好的报纸行业，自满而自信。与网络热潮相关的广告正在提高许多报纸的盈利底线，虽然似乎很少有人看到他们正在吹捧的技术是一种威胁。例如，分类广告仍然势头强劲，尽管开始出现了将分类广告吸引到网站的努力。

然后，清算的时刻终于到来。互联网的威力就像四级飓风一样横扫整个报纸行业，尽管起初互联网只被看作是个讨厌的热带风暴。突然之间，报纸行业发现自身已经处在第四纪元时期，因为数字技术破坏了长久以来一直运作良好的经济模式。面对艰巨的挑战和不确定的未来，整个国家的报纸所有者感觉就像 20 世纪 60 年代的那些家庭业主一样，不知所措。他们也很害怕。

对于报纸行业来说，在商业出版社受到猛烈抨击是一个巨大的讽刺。出版社的很多文章让人以为，全国的报纸面临很快关张的危险，因为它们无法逃离网络带来的灾难。的确，一些报纸 —— 特别是大城市的大报纸 —— 正在赔钱，或通过裁减员工和削减其他成本保证盈利。其实，其余的报纸仍在盈利，虽然趋势是严峻的，广泛经济衰退的周期性惩罚使一切事情变得糟糕得多。此时，对于已经上市交易的报纸公司来说，面临的问题不仅仅是能否盈利。问题在于盈利是否多到让华尔街感到满足，同时也能偿还他们购买多家报纸时带来的巨额债务。麦克莱齐公司

（McClatchy Company）和论坛报业公司（Tribune Company）都承担了巨额的债务负担，而且其他大部分公司也处在债务的重压之下。尽管一些报纸所有者也许希望回到利润丰厚的那个黄金时代，但比较现实的所有者知道生存才是重中之重。随着收入的总体下滑，20% 的利润率对公司来说是必要的，用来产生的收益可以用来偿还债务，同时投资新媒体和其他新业务。报纸公司希望通过新的投资来最终弥补亏损的收入。其结果就是新闻编辑室内疯狂地削减成本，以帮助保持高利润率。

随着收入的减少，提高利润的唯一途径就是削减开支，同时他们正在削减不能够明显增加盈利的任何东西。唉！这其中就包括问责新闻，因为它并不像体育和娱乐新闻那样依附于一批明确的广告商。对于许多报纸而言，这导致了在新闻编辑室和出版商办公室之间的一场拔河比赛，编辑们处在一个极其痛苦的境地，试图用较少的人和预算来完成一项可信度高的新闻工作。

报纸未来最令人沮丧的就是一个被称为"收割战略"的概念，这是一个商业委婉语，即剥去一个人尸体上所有的肉，然后抛弃这些骸骨。这个战略主要针对那些无法拯救的行业，令人厌恶。假设你拥有一家公司，依然有一些忠实的客户得以保持盈利，就像今天大多数报纸一样。但是，假如你看到了未来的趋势很糟糕，发展前景黯淡，你认为从长期来看，公司注定要走向衰败。商学院的逻辑就是，公司应该被"收割"。对于报纸来说，"收割"战略可能会以如下方式展开。最初几年，通过裁减新闻从业人员减少成本，特别是那些最有经验的员工，因为他们的薪资往往是最高的，这样 20% 利润率的行业标准可能会大大提高。之后，压缩新闻空间，去掉健康保险和其他额外待遇，减小字的大小以节约用纸。报道新闻时，可以通过禁止旅行来节约资金，要求剩下的记者完成多篇稿件来弥补被解雇员工的工作，用廉价的报业辛迪加和通讯社的报道来填满报纸，避免可能会激怒广告商或读者的报道，尽可能地从经营预算中压榨出每一分钱。报纸仍然可以生产。新闻专栏将以看起来像新闻的话语呈现。但是过去一直是活生生的企业，现在从本质上来看，将会变成一个"僵尸"，如同行尸走肉。

随着时间的流逝，读者将不再订阅，广告商也会另寻他处，但是相当长的一段时间内，一家知名的地方报纸因为单纯的惯性和善意会得以延续。然后，最后的势头会减慢，而不可避免的结局将会到来。这一切的理论依据就是，这样做有利于所有者盈利，而不会是通过投资来试图挽救报纸，因为那样做既代价高昂又没有结果，很不明智。

对于某类特定的所有者来说，这是将失败转化为机会的时刻。当你看到对报纸没有投资经历的融资人突然成为处于困境的报纸的买主时，怀疑油然而生，他可能正在策划一场"收割"策略。这样的一个案例发生在2006年，一家私人股本公司艾维斯塔资金公司（Avista Capital）收购了明尼阿波利斯市的《明星论坛》（Star Tribune），一家全国最受尊敬的报纸之一，但是过高的管理费用使其沦为中等规模报纸的行列，显得尤为脆弱。这次收购立即引起各界猜测：《明星论坛》将要被"收割"，虽然艾维斯塔否认了这一点。"购买这家报纸后然后迅速脱手，或是将要削减各方面成本的想法，我们绝对没有。"艾维斯塔的负责人之一权尚垠（OhSang Kwon）告诉《纽约时报》的记者，"我们是耐心且长期的投资者"。但是在艾维斯塔拥有该报纸所有权的前几个月，许多资深记者因为买断离开了报社，新闻编辑室里大约三分之一的员工被重新分配到其他岗位，同时新出版商警告将会有更多的裁员。2007 年 5 月，一百多名《明星论坛》的员工在街上上演了一场他们称之为哀悼的活动，他们佩戴着黑臂章，举着"如果您关心新闻，请按喇叭"的标牌敦促过路驾驶者。权先生对上述公司的行为进行解释称，从近期和中期来看，"该报纸的情况比我们预期的更加负面"。行业内一直有抱怨称，《明星论坛》的销量正在急剧下降，或许会走向终结。2009 年 1 月，《明星论坛》按照《美国破产法》第十一章申请破产，引发当地做出疯狂的努力，阻止该报最终的失败。3 月，白金资产管理公司（Platinum Equity）收购了《圣地亚哥联合论坛报》（*San Diego Union-Tribune*），这是一家没有办刊经验的股权公司，这一收购行为又掀起了明尼阿波利斯市的一场恐慌。

《明星论坛》这样的报纸遭到了第四纪元变化的强烈打击。但是整个报纸行业会走向终结吗？一些非常聪明的人已开始为其书写墓志铭。在 2007 年给股东的报告中，沃伦·巴菲特描绘了一个严峻的形势。他写道，"支撑一个行业的经济状况面临崩溃时，卓越的管理才能可能会减慢崩溃的速度，但是，被蚕食的经济基本面最终还是会压垮一切，即使有卓越的管理才能也无济于事"，他这样说道，即使他自己的报纸《布法罗新闻报》的市场渗透率很高，是布法罗领先的新闻在线网站。"考虑到许多可供选择的信息和娱乐来源完全免费，只要轻轻一点即可获得，现在报纸网站的经济潜力，至多只占过去没有竞争的报纸经济潜力的一小部分"，巴菲特补充说道，他喜欢报纸，并且"会继续把报纸做下去"，因为他认为自由而充满活力的新闻对于维持伟大的民主来说至关重要。但是如果新闻"面临不可逆转的现金流失"，那么世事就难料了。

就报刊业的集体思维而言，恐慌不算是一个太夸张的词。几年来，全国的报刊出版商一直在小心提防互联网，担心它可能会给这么长时间以来运营如此良好的报刊业带来什么后果。但是对于许多人而言，这就像在维苏威火山喷发之前向外冒出烟雾之时，人们站在庞贝城的街道上观看，精神恍惚，拒绝相信眼前的情景。行业中的智慧之士认为，不能做出快速反应的报纸可能会被埋葬在曾经稳如泰山的报纸垄断的灰烬之中。报纸正在尝试用三种基本策略来应付如何提高收入的问题：同时在网上和印刷纸上彻底改造报纸，以保留老读者和吸引新读者；创造全新的产品——大部分与新闻无关——以产生新的收入；尽最大可能地削减成本。这些策略没有一种适用于支持问责新闻。

全国每家报纸都在试验如何利用网络解决迄今为止棘手的问题——用在线收入弥补印刷版本带来的损失。在线广告的优势就是利润丰厚，因为不需要纸张、墨水或配送费用。劣势就是，在线广告，相比较于印刷报纸上的广告，购买价格要便宜得多，因此带来的总收入要少很多。虽然在线广告费率计算方式多种多样，但广告商可以根据浏览广告的人数或是甚至根据看到广告后购买的人数计算价钱。然而，报纸印刷广告费用却基于报纸的总读者数量，这对于广告商来说效率较低，但对于报纸来说却更加有利可图。从经济角度讲，印刷版报纸每位七天订阅者带来的广告收入是一个在线浏览报纸的读者所带来广告收入的很多倍，因为在网络上，只有实际的广告观看次数才能算进去。这就是为什么报纸试图疯狂地加强印刷产品的发行量。报纸所有者希望寻找到一种方式，可以增加在线收入，同时增加在线广告的要价。一旦印刷版本的收入能够稳定下来，在线收入能足以拉动总收入的增长，便将迎来报纸业的黄金时刻。过去有几年，报纸网站上在线广告收入的增长令人印象深刻，但是在近几年增速放缓，甚至有所下滑。另外，网站上的收入仍远远落后于能够用来替代印刷版中损失的收入水平。

如果说有一种办法可以让报业迷信消除灾难的话，这就是所谓"超级地方化"的概念。其理论基础是认为每个城镇的报纸都应具备提供本地新闻的独特能力。从《波士顿环球报》(*Boston Globe*) 到一些小镇日报，很多报纸接受了这一概念，但结果在某些方面是十分惨痛的。以《波士顿环球报》为例，它为一个错综复杂的城市提供服务，在报道外国新闻方面也有着卓越的历史，但该报却关闭了它所有的海外办事处，裁去了国际版编辑的职位，并赋予其头版强烈的地方色彩，而在这之前其头版常常报道的是国际和国家事务专题。自 2000 年以来，《波士顿环球报》已经赢得五次普利策奖，其中有两项是关于揭露了总统布什经常使用"签名的声明"迂回规避新法律的规定，另一项是关于干细胞研究。2003 年，《波士顿环球报》获得最受尊敬的普利策公共服务奖，获奖理由是该报"关于牧师性侵案的勇敢而翔实的报道揭开了一个重大秘密，引起了当地、全国乃至国际上强烈的反响，并且迫使罗马天主教堂做出改变"。其他两次获奖是因为其一流的评论水平。每一次获奖都反映了他们理解报纸使命时展现出的广阔视野。现在，有人抱怨，在未来的《波士顿环球报》，可能会很少再见到这样一种雄心勃勃的新闻精神。

对于小的报纸来说，超级地方主义运动由年轻的创新者及忠实的支持者领导，例如罗伯·克利 (Rob Curley)。作为一个报纸爱好者，克利钟情于向人们提供有趣的内容，更重要的是，要报道人们乐于阅读的新闻。例如，他认为就像一个大城市报纸将会倾注精力去报道大联盟球队那样，地方报纸应该投入资源激情四射地深度报道本地少年棒球队和其他的少年运动项目。超级地方报道的要旨在于，没有什么事情太小或是太不重要以至于不值得报道，报纸上添加越多的名字和图片，特别是报纸的网站上，效果就越好。这确实起作用。《格林维尔太阳报》发现，邀请人们拍摄关于当地圣诞游行的图片并放在报纸的网站上，会吸引大量眼球。

作为报纸的另一个关键策略，他们认识到新闻工作人员提供的内容可能不是读者最看重的。作为对报道地方化这一中心的补充，报纸同时通过邀请人们提供评论、图片、投票、问题、意见和建议来吸引他们浏览网站。"读者内容"的吸引力在于，它不仅可以让读者参与其中、享受乐趣，而且不需要报纸花费成本。基本上，报纸发现，通过提供不需要支付记者薪水的内容，就可以提高它们网站的流量。这个内容越来越多的是以视频剪辑的形式，而报纸则成了本地版的 YouTube，人们将自己或别人的短视频上传到网上，然后可以浏览已经上传的内容。视频内容可以是生日问候或愤怒抱怨、回忆或笑话，关于某一问题真诚的评论或对于当地某一教练的批判分析。似乎重要的是，在某种意义上，你上了电视，或至少你让公众知道了你的想法和表达。具体的形式多种多样，但是重点是对于报纸网站来说，超级本地化和读者参与已成为必不可少的创新策略。

尽管这两个策略本身没有任何问题，但是它们将会转移用于报道其他更重要新闻的资源。在大多数新闻编辑室里，员工人数不增反减，这通常意味着有些事情没有被报道。特别有可能被列入"可有可无名单"上的是许多读者可能觉得无趣的事情，例如水资源委员会和县委员会的报道，特别是关于国家及地区政府和政治事务的报道。创新策略的基础是，对于停止看报的人，报纸向他们提供能吸引他们"浪子回头"的内容。从某种意义上说，这只是报纸长期以来所采用的策略的一种变化，报纸一直致力于给读者们提供一个包罗万象的"大礼包"，每个人都可以从中找到自己想要的内容。但是，当涉及网络广告时，吸引人群的内容同样也是吸引广告的内容。在过去，为了解体育新闻而购买报纸的读者，不论他们是否愿意，都会为报纸上有关市政报道的内容埋单。现在，关于市政报道的内容多少越来越取决于其本身能在网络上吸引多少眼球。而且，如果少年棒球得到更多的点击量，新闻编辑室的资源几乎将会无法抗拒地转向少年棒球。

报纸行业自救策略的第二方面是创造全新的产品，目标是吸引那些不看印刷版本和在线报纸、似乎最不可能争取的人们。迪安·辛格尔顿（Dean Singleton）是报刊业最精明的"经营干将"之一，当他还是得克萨斯州的一个报童的时候，他就开始对报纸充满了热情。这种热情驱使他最终拥有了自己的报业集团，即"媒体新闻集团"（MediaNews Group），这是全美第四大报业公司，旗下拥有包括《丹佛邮报》（*Denver Post*）在内的57份日报。"华尔街深信报刊业已经寿终正寝，"辛格尔顿说道，"在报纸大会上我的同行们都吓得惶惶不可终日。"

如果报刊出版商中会有幸存者，那么很有可能就是辛格尔顿，他已经在其报纸和网站上采取了超级本地化处理。他也在积极地追求"新产品"的发明，例如开发针对年轻人或游客或任何其他特定群体可以赚钱的杂志。关键的受众群体是年轻人，但他们也是报纸最棘手的对象。多年以来报业公司已开展过多次试验，尝试在内容、推广和设计上赢得年轻读者，但强有力的证据表明，年青一代看报的意愿基本上是固定的。无论报纸怎么做，除了能够在一个较低水平上维持读者数量之外，报纸几乎肯定无法再赢得更多的年轻读者。这种清醒的悲观主义已经迫使报纸从不同的视角看待这个问题。他们不再专注于通过吸引年轻读者来挽救报纸，而是已经开始创造与新闻无关的产品，希望不愿阅读的读者会接受，并且通过本地化而获得经营上的改善。

虽然互联网仍是一个演变中的前沿领域，但它现在已经是一个巨大的商业市场，人们——特别是年轻人——在这里消耗了大量的时间。但是，早期互联网开拓者做出了一个错误的推测，他们认为地理位置将无关紧要。当谈到连接网络就可以到达任何你想要访问的网站时——不论它在世界的任何地方，网络确实使得地理位置无关紧要，并且在线购买使得距离不再是一个考虑因素，但这并不意味着地理在所有情况下都不重要。报纸本身具有地理属性，如果能够创造新的、针对其地理属性的网站，从而吸引独特的当地受众，确实会有很大的发展前途，但是这做起来并非那么容易。

以迪安·辛格尔顿的商业冒险传奇为例，该冒险之举旨在吸引丹佛21—34岁年龄段的人，这一群体曾抛弃了他的报纸《丹佛邮报》。当时，他的想法是创造出与家族报纸相关联的惯例完全不同的产品，结果2005年《偏见》杂志问世。这是一个调皮的名字，背上偏见之名，其实是为了嘲笑偏见。这一概念听起来似乎很自然。丹佛的年轻人专注于享受美好时光，因此新网站 Biasdotcom.com 宣布创建一个板块"蠢事计划"（shit to do）声援青年文化。娱乐广告商预计会蜂拥而至。同样地，《丹佛邮报》和库尔斯啤酒公司（Coors）建立了稳固的关系，库尔斯啤酒成为其主要的广告商之一。整个理念是，要建立这样的一个网站和一本杂志，两者都将针对一群新的、理解能力强的年轻受众设置广告，他们有着自己这一代独特的声音，还带点愤世嫉俗的生活态度。例如，《偏见》杂志发起了一项运动，将10月的第三个星期五宣布为逃学日——戏称为"圣胡克节"（St.

Hooky's Day），"纪念我们可以发现的超级懒汉"。

当迪安·辛格尔顿告诉我有关这次冒险尝试之时，他似乎有一点尴尬。《丹佛邮报》作为这个新杂志的母企业的事实被尽可能地保持低调。这既是出于保护《丹佛邮报》的形象，也许更重要的是，为了要突出《偏见》杂志真正另类的形象。当然，该杂志网站以粗俗作为主要特点，并尽一切可能让人大跌眼镜。例如，"蠢事计划"板块中的一个帖子承诺"宝贝，在我给你擦拭瑞典最精致的按摩油后，我将与你做一次甜蜜的爱。或是我会用些起酥油（crisco）——如果能找到的话"。换句话说，很多帖子都愚不可及，并且精通网络的年轻网友也会毫不犹豫地这么说。同样争取年轻受众的《丹佛维斯沃德报》（Denver Westword），作为竞争对手，谩骂《偏见》的版面是"由一个有着动作控制问题的四岁小孩设计的"，并将其内容蔑视地称作"带有强迫性讽刺的糟糕的混杂物"。的确，该计划的一部分是让网友提供内容。《丹佛维斯沃德报》补充道："要说网站上那些免费材料的语言风格，简直糟糕透顶，惨不忍睹，可以说是和专事揭发个人隐私的 YourHub.com 网站的风格一脉相承。"其含沙射影的当然是《丹佛邮报》努力吸引读者的传统。然而，年轻的受众并没有出现，最终《偏见》实验被放弃，网站域名被卖掉。如果你现在访问该网站，你会发现这是一个专门用于右派批评"媒体偏见"的网站。

像 Biasdotcom.com 这样网站的经济模式为所有者所青睐。如果该站点可以建立起来并能盈利，潜在的利润率可能是非凡的。这样的网站不需要纸、墨水或配发费用，而这些是印刷业务的主要费用。一旦投资创建了网站，其内容相对便宜，因为很多内容是受众生成的或来自观点丰富又喜欢发泄的青年投稿人。广告收入可能不是非常多，但是超高的利润率可以使其为盈利底线做出重要的贡献。辛格尔顿正在积极创建新的网站和基于特定群体的业务。他表示，虽然公司总收入中只有一小部分来自在线业务，但是获得超高的利润率意味着网络对于公司的总利润来说贡献是很大的。他的这一业务部门每年以 50% 的速度增长。尽管 Biasdotcom 的结果令人失望，但是他预计，到 2010 年，在线业务将会给媒体新闻集团带来非常可观的收益。

辛格尔顿是报业拥有这种超前思维的一员，而且业界也正在像复兴布道会议上的皈依者一样信奉这样的观念。各种规模的报纸突然之间希望通过建立针对特定群体的在线业务和发行在线出版物，从而赢得越来越多曾经摒弃或抛弃他们的受众，他们至少在一段时间内具有优势。报纸现有的基础设施可以建立和支持新的在线业务。他们已经和广告客户建立了关系，并希望为他们从传统媒体转向新媒体的广告开支提供新的选择。除了广告驱动的网上业务之外，报纸正在投资一系列其他的业务。在某种程度上，这些业务和他们已经做过的事情有关。例如，他们正在出售照片以及以收取一定费用的方式提供档案中旧文章的副本。他们正在寻找办法，通过精心配送报纸到家门口的方式增收，当然配送的内容也可是其他物品。我的家人已经拓展了一项新的业务，为东南部洲际公路上的汽车旅馆印刷折扣券手册。汽车旅馆的业主出钱让我们把他们的优惠券登记在册，然后我们会把数以万计的手册发放到各个欢迎中心。我们也在尝试说服当地商家和机构，让我们给他们的业务创建增强版网站，然后按月收费。

所有这些新业务与报纸现有的业务相比有两个明显的差异。第一，虽然他们不会成为本地的业务垄断者，但是他们将尝试在没有准入障碍的竞争激烈的环境中茁壮成长。任何人都可以开展一项新的网络业务，但是报纸公司相信他们仍然可以在市场上占主导地位，而且这将是他们的收入增长之路。随着报纸的转型，传统业务继续呈现下滑态势，几乎可以肯定会有一段艰难岁月。但是，尽管来自网络的报纸收入已经放缓，业界的乐观主义者却认为未来几年之后将会迎来黄金时刻。

第二个差异在于新业务与严肃的问责新闻几乎无关。由于附属业务取代了传统业务成为利润的生产者，报纸的"业务"很有可能会从以传达新闻为主的模式稳步转移。

在报刊业，仍然持有传统观点的办报人说，这些新利润将会帮助弥补正在失去的利润，从而实现新闻的使命。这也许会发生在一些具有公益精神的报纸公司。但是报刊经营者越来越把报道高质量新闻的公共服务义务看作是一种浪漫的想法。

更可能出现的情况是，在未来几年会大力压缩新闻预算的空间，更重要的是，过去曾用于严肃新闻的资源将被转移到完全不同的方面。所谓创造"内容"，意味着创造任何能够博得眼球的东西。

报刊业自救策略的第三步即削减成本。在困难时期，报纸一直都在削减预算，包括新闻预算。但是，由于第四纪元带来的变化，情况已经大为不同。创建一个新的网站，革新纸媒，及扩大配套业务，需要花费大量资金。报纸正在尝试所有这些措施，即使他们的基本业务受到了损害。这并不包括要偿还许多公司所承担的债务。而且，保持足够高的利润率来支付股东红利，以及阻止股价的进一步下滑，这些也是巨大的压力。每家报纸都有自己的方式来平衡这些事项，但趋势看起来很明显：对直接与广告收入和"独特的月度访问者"直接相关的"内容"的渴望，正在取代对严肃新闻的承诺，因为它们已成为经常用来检测一个网站成功与否的度量标准。

对严肃新闻的承诺受到腐蚀，其最明显的标志是来自全国各地有关新闻工作者遭到大量裁员的令人沮丧的报道。"卓越新闻项目"提供"新闻现状"（State of the News）的年度评论，根据它所做的认真统计，新闻工作者的总人数正在稳步减少。但是，如网站 Slate.com 的媒体评论者杰克·沙费（Jack Shafer）所指出的那样，高质量的新闻可以由数量较少的员工完成，并且在裁员之前，很多报纸的新闻员工的数量是在 20 世纪 80 年代和 90 年代繁荣时期所造就的。虽然这种观点符合事实，但我认为在看待报刊编辑部正在发生的事情方面，它忽视了一个更大的问题。

受到鼓动或被逼迫离开的人们中，不乏许多最优秀和最有经验的新闻工作者，他们对自己的未来感到失望和沮丧。这些人很有可能掌控别的工作，例如成为某个地方大学的新闻发言人，或者谋得与企业公共关系相关的薪水较高、比较稳定的工作。余下的新闻工作人员越来越多地需要倾注所有的精力，做好新的网站业务，建立报纸新的中心导向，包括超级本地化，维护广告驱动的新专栏，发行新的面向特定人群的出版物，以及开展其他辅助业务。换句话说，报纸正在尝试革新和大范围扩张，但与此同时员工人数却在减少。逐渐地，记者们需要给报纸的网络版提供新闻稿件，为音频观众制作播客，撰写手机新闻，携带数码相机为网站制作视频，以及通过博客与渴望直接接触的读者进行互动。同时，由于报纸寻求成为他们家乡新闻报道的百科全书，记者被要求报道本地的生活琐事。然而，当他们在报道故事的时候，却不能做任何的深度挖掘，这需要时间和关注，而这两者对于许多报纸来说都难以提供。许多编辑和出版商努力保留一种使命感，这是他们当初进入报刊业的原因。但是在这个不确定的时期，相互冲突的各种需求使得他们的内心处于不断的挣扎之中。

　　一些职业记者有一种感觉，觉得自己就像深陷困境的北极熊，眼看四周的冰雪不断融化，只能焦虑地来回踱步。现在，尖锐刻薄的幽默已成为报纸的主流。2007 年，在《洛杉矶时报》宣布再裁掉 57 个工作岗位之后，《伯克希尔鹰报》（*Berkshire Eagle*）的比尔·谢因（Bill Shein）写了一篇讽刺文章，题为《最后的报纸记者被炒了》（*Last Newspaper Reporter Fired*）。《伯克希尔鹰报》是全国最受尊敬的小报之一。"昨天美国最后一个新闻记者被解雇后，华尔街欢呼称，这是期待已久、大受欢迎的削减成本的措施，"谢因写道，"这为多年来新闻编辑室的裁员画上了句号，正式宣告了新闻采集作为一个新闻功能已经死亡。"他补充道，被称为"油墨指头"（Inky Fingers）的最后一位记者泰德·曼德索（Ted Mandersoll）已有三个月没领薪水了，但是"每次为约会服务广告或是抵押贷款再融资的广告写一个'合格的导语'他就赚得一美元，而那些广告紧挨着他新闻报道的网络版"。

　　谢因，明显很喜欢这一话题，然后描述了"在不需要向记者支付薪水的情况下，美国媒体组织可能会将更多的资源用于一些积极乐观、没有新闻以及广告商友好型的专题栏目上"，例如"色彩斑斓的'美国偶像'（*American Idol*）节目的每日专题，还附有衍生商品和竞赛"。智力游戏。很多很多的智力游戏。汽车贸易商广告栏目大幅度增加，其中一些广告可能多达每天 1000 页。一页一页的"社论式广告"推荐其子公司和营销伙伴的产品和服务。同时，"大量的满版广告宣传'减肥的最新科学突破……头发生长，硬币收藏……'"其余的就是一些"没有偏见，忽略事实，内容空虚，漫无边际的材料"。

　　谢因的讽刺话语反映了记者们中间不断增长的一种焦虑情绪，他们的职业正处于水深火热之中——至少从实际情况来看。全国各地的报纸都在艰难地挣扎，既要坚守自己的价值观，又得维持偿债能力，新闻编辑室正在与一种悄悄发展着的恐惧情绪做斗争。大卫·谢里曼（David Shribman）是《匹兹堡邮报》（*Pittsburgh Post-Gazette*）的执行编辑。许多人试图集结力量反对报纸即将被遗忘的悲观情绪，大卫也是其中之一。《匹兹堡邮报》正是遭到网络重击的中型报纸之一。该报纸的历史要追溯到1786年，曾是第一批参与印刷刚出炉的美国宪法的报纸之一，自1927年以来一直由布洛克家族掌管。它在自家网站上自豪宣示："本报将公共福祉置于任何特殊利益之上。"的确，它有过这样杰出的历史。如今在财务方面勉强得以维持的情况下，该报正在努力地坚持着这一传承。经过了几年残酷的岁月，谢里曼的观点里充满了饱经风霜的现实感。

他在一封邮件中写道，两年来，行业环境和经济情况极为艰难，该报实际上一直在亏损。报纸裁了员，还和工会重新谈判修订了协议。《匹兹堡邮报》正在积极地尝试改革印刷版和在线版本，例如引入带有当地特色的填字游戏和新的超大图表，并要求本地作家在截稿日期前完成中篇小说。但是，核心使命仍然是"推出一份质量甚好的，非常严肃的老式报纸"。作为强化《匹兹堡邮报》完整保留了最好的传统价值观的姿态，谢里曼"重新确立了尊称的运用，加大了对偏见的斗争，同时勇敢地反对使用分离不定式和悬垂分词①"。

然而，在结尾处，他辛酸地承认："我们已经遭受了可怕的人员流失，尽管很可能不会比别的报纸更糟。然而比人员流失更糟糕的是，我们对于

---

① 分离不定式（split infinitives）是指在英语不定式结构中的 to 和动词之间插入一个动词或短语；悬垂分词（dangling participles）指的是在分词做状语时，其逻辑主语和主句主语不一致的分词。此处意指不符合英语规范的表达方式。——译者注

事业的信心一直在削弱。

"它具有持久的价值，而且它会持久下去。它是高尚的，而且也会让人变得高尚。现在将人们的重点放在这些事情上十分艰难，特别是在人员流失，发行和收入数量正在下降的情况下。但事实上，我们进入这一行业时，就好像人们步入婚姻殿堂之时——大部分是年轻人，无畏结果的好坏，都怀揣着强烈的希望和理想主义。我们需要重申我们对于行业的誓言。我每天都会宣誓。"

但是，决定报纸未来的人很可能和迪恩·辛格尔顿的观点更趋向一致，他在2008年谈过对报纸未来的看法。他说，过去尽管有广播和电视的存在，报刊业务一直是繁荣的，现在每天美国超过一半的成年人仍然会坚持看纸版的报纸。通过报纸网站，读者群会进一步扩大，而这些网站的浏览者占互联网总用户的37%。

辛格尔顿说，虽然报纸平均仍然获得近20%的利润，但是他认为50家顶尖的大城市报纸中，有19家正在亏损，而且这一数字将继续增长。"有太多爱发牢骚的编辑、记者和报业公会，他们一直在对着黑暗吼叫，以为他们的叫声会让黑夜消失。他们天真地怀念过去，好像过去的时光会突然重现，新闻编辑室里的员工会突然开始再次增多。好吧，作为一名前记者，我也盼望昔日再现，但是它永远都不会回来了。分配给新闻的印刷空间和新闻编辑人员的数量将继续下降，因此现在是时候该重新开始，将印刷模式更加贴合实际，适应行业不断变化的现实。"

他说，他看到在无线技术方面拥有很好的商机，他已经确定了25种针对特定人群的和地方性的出版物，内容涵盖从家装设计到婚礼庆典。就新闻来说，我认为他的策略既现实又冷酷。报纸可以生存下去，"如果我们刊登读者而不是我们自己想要的内容，如果我们抛弃傲慢和过时的想法，如果我们让读者参与其中。"但是，"旧版的报纸模式如果没有重大革新，注定将要失败。配以革命性的新模式，我们就可以成功；否则我们就会失败。如果我们失败了，那么民主也就失败了"。

2008 年 6 月，辛格尔顿做出这样的预测。当经济数据在 10 月份暴跌时，报纸行业遭到了特别的冲击，并且新闻业务似乎受害最深。10 月下旬，消息传来，《基督教科学箴言报》（*Christian Science Monitor*）放弃报纸出版，成为这样做的第一份全国性报纸。该报一直是一家享有盛誉、受人尊敬的报纸。该报编辑约翰·耶马（John Yemma）说道，他正在"进行一个大动作，而这是未来五年大多数报纸都会被迫进行的"。就在不久之前，新泽西州的主要报纸《纽瓦克明星纪事报》（*Newark Star-Ledger*）宣布，将裁掉 40% 的新闻工作人员。全国最大的报社甘内特宣布，将裁掉 10% 的人员，人数多达 3000 人。同时，因为之前的裁员已经成为宣传典型的《洛杉矶时报》再次宣布裁员计划，将把新闻人员缩减到几年前数量的一半。

《纽约时报》的商业专栏作家大卫·卡尔（David Carr）写了一篇名为《悼念旧媒体衰落》（*Mourning Old Media's Decline*）的文章，表达强烈的抗议。他评论道："新泽西州是犯罪的滋生地，它将不得不设法应付《纽瓦克明星纪事报》裁员 40% 的现实，该报可是当地所剩不多的'巡逻警察'之一啊。"他认为，报纸并不是没有读者。相反，它拥有巨大的读者群。但是，这是一个日益增多的网络版报纸的读者群，其中广告收入仅仅占纸媒的一小部分。过去，纸媒中的广告一直用来支付记者的薪水，而现在纸媒中的广告和记者都在消失。

"在最近的美国杂志大会上，"卡尔总结道，"其中一位发言人担心，如果新闻业的伟大品牌 —— 读者所依靠的值得信赖的消息来源 —— 将要消失，那么网络本身将迅速成为一个无用信息汇集的'污秽之处'。"

卡尔补充说道："表达这种绝望情绪是新闻产业集会的一项主要内容。但是这一次不同，并不是一位年长的新闻写手对他的行业感到悲伤，说这话的是谷歌的首席执行官埃里克·施密特（Eric Schmidt）。"

第 八 章

新的新闻媒体

我认为以视频游戏形式出现的政治新闻将是未来的发展模式。

——互联网战略咨询公司 EchoDitto 创立者和董事长尼科·梅莱（Nicco Mele）

美国《新闻评论》（*Journalism Review*）封面上的大标题说明了一切："适应或灭亡"。在狂热的变革中，传统新闻媒体的每个部门都在尝试解决这一难题：如何在维持偿付能力的情况下，让新闻内容还保持其价值？新闻的发展已经历了很多次"新媒体"时刻，每次这样的时刻出现时都是因为新的科学技术推翻了原来普遍认同的办事方式。富兰克林·罗斯福总统借助广播以一种全新的形式与美国民众交谈。他著名的"炉边谈话"是革命性的，因为他能够以一种私人的，甚至非常亲切的方式与国民交谈。而在他之前的美国总统都惯于使用华丽的辞藻高谈阔论。而且，在电视媒体出现初期，新闻的播报非常严肃，就像参加葬礼一样。在切特·亨特利（Chet Huntley）和戴维·布林克利（David Brinkly）采用一种更个性化的方式播报新闻后，这种方式迅速蹿红。电视节目主持人受到欢迎，人们将他们看作是亲密的朋友。上述两个时刻都有反对的声音，反对者们认为这样的变化是灾难性的。他们说，总统的权威将要因罗斯福这种毫无威慑力、亲密的方式被削弱；而新闻的播报应该是非常严肃的事情，不能太随便。毋庸置疑，这些危言耸听者都被证明是错误的。

如何看待当今对于新的新闻媒体所引发的担忧？我们看到一些与以往

相似的观点。加利福尼亚大学圣地亚哥分校的政治学教授塞缪尔·波普金（Samuel Popkin）把传统媒体抵制用戏剧化和人情味的报道代替硬新闻的行为称作"文化保护主义"，并且，他认为面对公众对软新闻的偏爱，这一抵制将会是徒劳无益的，就像那些对亨特利和布林克利谈话式播报风格的抗议声一样。的确，传统媒体要么学会适应，要么就会走向灭亡。因为，正在诞生一种全新风格的新闻，其传递和消费的方式都与以往截然不同。当前无法确定的是，新闻的核心价值观是否能在这个新的世界得以延续。或许也无法确定这些价值观是否真的需要延续，以及失去传统新闻的我们还能否拥有知情民众所支撑的充满生机的民主。波普金教授说道："是什么使过去的卓越标准不证自明，以至于人们从来不考虑其他替代物？""相比于过去的硬新闻，有些人正在从软新闻中获得更多的东西。"他指的是那些多少忽略硬新闻的受众。虽然我同意人们从不同风格和样式的新闻中获取信息，但我相信破坏硬新闻的内核不是一件好事。从这个角度来看新媒体，我所看到的是作为其他所有新闻类别的基础的那种新闻，正在被刻画成为类似于被赶下历史舞台的苟延残喘的遗老遗少。一些人对此欢呼，认为记者们过去以自己的标准和传统自以为是地评判新闻，不考虑大众的喜好，最终受到不可避免的惩罚，他们甚至还认为这一惩罚早就该来了。在新媒体世界中，受众广泛，性情多变，又精通技术，神通广大，对媒体永不满足。这些新的受众将决定新闻的发展，没有人知道这将会引向何处。

网络版的高标准新闻当然是一件极为有益的事情。使用网络提供的所有工具，包括字符、声音、视频、链接、无限的数据、搜索、图形和互动性等，能够制造出令人陶醉的具有创造性思维的新闻佳酿。如果新闻从本质上来说就是讲故事，现在其潜力就相当于送给一个小孩"蜡笔豪华大礼包"，这将使得陈旧、色彩有限的蜡笔显得微不足道。好的"新媒体"能够将新闻带向一个崭新的高度，一个其他任何传统媒体都望尘莫及的高度。

例如，最近我在网上看到一篇报道，出自一群富有创造力的新闻专业的学生，这篇报道足以让网上任何新闻机构引以为豪。这篇报道的目的是探索企业和政府观察与监督大众的方式。随着我们进入一个所有交易都由数据记录的社会，这一问题无疑对公共政策意义重大。这些学生决定将焦点放在一个普通人身上，追踪拍摄一位在校教师的一天日常生活，尝试去记录她使用数据库或电子记录的每个瞬间。这本质上是一个电视报道，用相机拍摄她进入干洗店、商店购物或其他日常活动。目光敏锐的学生密切关注着无处不在的隐蔽摄像头，里面记录着她的活动轨迹，就好像她在拍一部间谍电影。每次她在购物、使用信用卡或完成一项交易时，学生们会对捕获到她行为的数据库进行确认。但是，因为是在网络上，他们的工作能够进行得更加深入，同时保持叙述引人入胜。只需一次点击，观众就能进入到数据库中，看到每一个数据是怎样被使用、销售和以别的方式被操作。这样新颖的专题节目需要做大量的硬报道和新闻挖掘工作，这种做法对于过去任何一个有毅力跟踪新闻故事的记者来说，都将会是一项荣誉。网上也有很多关于相关话题和与这篇报道所引发的一系列主题和问题相关的更多信息的链接。而且，人们还可以在线表达他们对故事做出回应，提出他们的思考或是提供更多的信息，以及表达他们的关切。这是利用互联网科技力量的一流的新闻报道。

但同时，以我的经验来看，这样的新闻在网络上不具代表性。毫无疑问，网络新闻机构确实做了一些出色的工作，但是网络文化越来越偏爱小段落的新闻——恰巧填满整个手机屏幕的新闻。按照这样的标准，上述新闻冗长而乏味；并且其报道方式基本上是客观的，然而网络却偏爱新闻中包含鲜明的立场和观点。上述报道是一个重要的主题，然而网络却偏爱具有新颖性和娱乐性的新闻，而不是读起来需要花费一番工夫消化的话题。网络新闻几乎全部基于浏览者的选择。你只能自己寻新闻，这意味着你可能会轻易地错过一些重要的新闻或避开让人困扰的事件。过去，纸媒内容包罗万象，但是你需要快速浏览包含硬新闻的各种信息。而且，除了换台外，电视和广播新闻也没有提供别的选择。现在你可以在网络上得到你想要的新闻。并且提及新闻，美国人似乎更钟情于大量关于布兰妮·斯皮尔斯（Britney Spears）之类的娱乐新闻，而不是像伊拉克战争这样的新闻。

2007 年一项关于美国年轻人和新闻的研究发现，大多数青年没有根深蒂固阅读新闻的习惯，也不会像老年人一样专注于将时间花费在新闻上。据此项研究的作者哈佛大学托马斯·帕特森（Thomas Patterson）教授的观点，“他们没有养成阅读新闻的习惯”。年轻人花费大量的时间在各种形式的媒体上。但是即使他们说关注新闻，该研究发现他们对新闻的了解知之甚少。例如，该研究显示，大多数年轻人不知道康多莉扎·赖斯（Condoleezza Rice）是美国的国务卿。然而早前的研究发现，年轻人和成年人的新闻习惯接近得多，部分原因是阅读报纸或者观看夜间电视新闻是全家都参与的事情，而且所有的家庭成员分享同一台电视。如今，年轻人不仅拥有自己的电视机，而且还拥有电脑、手机、音乐播放器、黑莓电子产品等其他电子设备，因此他们在新闻选择上变得完全独立。然而，新闻的处境并没有好转。年轻人对纸媒特别蔑视，对他们眼中过时的传播媒介几乎有种厌恶感。在对 18—30 岁年轻人的调查中，仅 16% 的人说他们每天读报，而阅读报纸的青少年数量更不乐观，仅 9%。对于 30 岁以上的成年人来说，阅读报纸的数量比例在 35% 左右。这样的数字已经驱使报纸一窝蜂涌入网络新闻领域，促使报纸急切地让年轻的新闻工作者投身于网络新闻的制作，以此来吸引他们这一代人。而这样做的结果是，如果报纸还想保存传统的新闻价值观，他们将面临一项复杂且艰巨的挑战。

网络媒体变幻无常，难以定义，其演变方向犹如飓风的路径，让人捉摸不定。有时，它就像一个战场，或者更准确地说，它像一场混战，事先无法得知谁会最终活着胜出。

但在对新闻领域正在发生的变化做一个整体概述之前，有必要把在线新闻放在整个万维网的背景下考察，因为新闻很难算是互联网内容的主要部分。传统新闻的经济模式已经崩塌，不仅仅是因为出现其他的新闻来源，而且是因为对于时间和注意力的竞争者也越来越多，其中大部分是在网络上或者通过数字有线电视。不是几个或是几十个选择，数字电视提供了数百个频道，每一个频道都意在抓住整体观众中的一小部分。在不用额外支付费用的前提下，有线服务提供很多在线电影点播，通过 HBO 电视网和其他支付频道，可以获取更多的在线电影。似乎很容易想象，几乎可以随时点播任何电影或电视节目的时代即将到来。对我而言，这是个会让我分心的非常诱人的"邀约"。这种无限制准入的电影不会仅局限于您家客厅的大型等离子电视里，还会出现在您的办公电脑和手机上，因此更多的时间可能会被浪费。事实上，虽然网络经常因知识共享和有效沟通得到称赞，我怀疑将来的某一天，我们会发现网络的净影响力将演变为大量的时间浪费。《纽约时报》首位公共编辑丹尼尔·奥克伦特（Dan Okrent）开玩笑地说，因为他在 1980 年发明了名为 Rotisserie 的职业棒球联盟游戏（Rotisserie League Baseball），致使人们在参与此项游戏上浪费的工作时间比历史上任何活动都要多，所以他可能要对此负责。奥克伦特当时是在一家名为 La Rotisserie Francaise 的纽约餐厅突发奇想，产生了创立基于真实棒球运动员的梦幻棒球联盟游戏的想法。游戏中，这些运动员由称为"雇主"的游戏玩家进行征募和交易，然后雇主们将根据运动员的实际表现来进行比赛。由于互联网的出现，玩家能够跟踪美国职业棒球大联盟每位选手的一举一动，而且花费了本来可以创造出数十亿美元的工作时间在"管理"他们的队伍上。这一游戏如今已应用到其他运动，并且对于那些已经深陷梦幻体育游戏的人来说，这种游戏的诱惑力非常难以抵制，因此一些企业安装了可以监测员工在工作时间是否打游戏的软件。你们自求多福吧！

但是梦幻体育游戏只是众多网络娱乐方式中的一种。例如，色情业曾是许多网络创新背后的商业驱动力。像 Pong 这样的初级视频游戏已变成生动的、复杂的、带暴力色彩的游戏，变成了一个大生意，需要借助像索尼游戏机这样的特殊设备，这种设备的零售价高达数百美元，孩子们对其非常痴迷。通过索尼 PS3，你可以启动像《使命召唤3》这样的游戏，游戏在诺曼底入侵场景放置了多达 24 个玩家，他们试图通过手搏、诱杀陷阱及尽可能多的模拟真实场面来对战。"如果你看过《拯救大兵瑞恩》，你就知道你的目标是什么。"曾在亚马逊网站给予该游戏最高评分的一位评论人写道，"你的周围全是震耳欲聋的噪音和死亡的气息。"在这样的情景中，"游戏"一词具有全新的意义。孩子们发现，进入并留在一个令人兴奋却没有真实流血的虚拟世界是极具诱惑力的，这很容易理解。

而对于成年人来说，在像"第二人生"（www.secondlife.com）这样的网站上可以创建一种完整的虚幻身份和生活。在这里，通过创建一个虚拟替身，你被邀请成为你选择想成为的人，一个可替代的"你"，可以购置地产，进行浪漫的冒险活动，过着一种完全不同的生活。虚拟现实的诱惑如此真实地吸引着人们，而技术的进步使得人们越来越难以辨别虚拟和现实。如今，新闻成为虚拟世界的一部分。美国西北大学（Northwestern University）的智能信息实验室（Intelligent Information Laboratory）已经揭开了网站"七点新闻"（www.newsatseven.com）的面纱，将其描述为"一个结合 3D 化身、图像、视频、意见及语音生成的自动化系统"。其理念就是，你可以指示网站收集你想要的新闻，包括从你朋友在社交网站上的更新，家乡新闻网站上公布的体育结果，以及关于阿富汗的最新消息。所有这些新闻将通过两个化身主持人播报，他们会相互争论、开玩笑、逗乐，感觉就像他们是真实存在的一样。网站谦虚地宣称："'七点新闻'不仅是未来，而且是未来的未来。"然而事实证明，至少在短期内，这是一种夸大其词。网站上"我的新闻"部分已告诉访问者"网站目前暂停使用"，虽然网站正在全力抢修。然而，其对于"未来的未来"的预测可能是准确的：新闻将成为一种视频游戏。

然后是 YouTube 视频网站，其本身就是一种令人痴迷的诱惑。当你沉迷于观看视频短片时，它会夺走你无数的时间，我最喜欢的是一只会弹钢琴的猫。网站上的视频短片，既包括一些青少年自己录制的技术粗糙的"装疯卖傻"的表演，也有手机拍摄的最新热门的关于名人赘肉的尴尬场面。但这些远没有说明该网站的真正特色。例如，在音乐方面，假设你是猫王的粉丝。如果你搜索关于猫王的视频，会出现 52000 多个短片，涵盖他的一切，既包括他的经典表演"监狱摇滚"（Jailhouse Rock），也有想象中最糟糕的猫王模仿者。你是更喜欢艾索尔·摩曼（Ethel Merman）还是更喜欢帕布罗·卡萨尔斯（Pablo Casals）？他们一个正在那儿演唱"轻歌曼舞好营生"（There's No Business Like Show Business），一个正在弹奏巴赫的音乐，当然，关于他们的短片还有几十个。急于看到更多布莱尼·斯皮尔斯（Britney Spears）的音乐视频？该网站上可以搜索到130,000个视频短片，其中有一些还是少儿不宜的。几乎每一个兴趣或概念在网站上都能找到类似的短片素材。贝拉克·奥巴马（Barack Obama）和约翰·麦凯恩（John McCain）利用YouTube视频网站宣传他们的商业广告和竞选游说。平均每分钟，该网站就会从各种来源上传13小时的视频。

也有一些类似"默契网"（Match.com）的交友网站和像"脸书"（Facebook）、"我的空间"（MySpace）这样的社交网站，可以提供无限信息的诸如谷歌这样的搜索引擎网站。还有一些像雅虎和美国在线（AOL）这样的门户网站，可以提供一系列服务，从购物、发展人际关系到投资组合的实时更新等。年轻人通信已经不再使用电子邮件，而是使用手机发送短信，而且依然能够在做作业、看电视的同时，通过即时通信与多个朋友同时交谈。我曾见过我的小侄女一边熟练地操作着手机，一边和我交谈。在网络上可以访问数以百万计的网络日志或博客，内容涵盖一切评论，从总统政治到芭比娃娃。事实上，每个企业和机构都需要一个网站，而且慢慢地每个人都将会拥有一个网站，就像每人都有一个电话号码和电子邮箱。换句话说，美国人已经走进了一个巨大的房间，里面宽敞明亮，摆放着各种各样的"媒体自助餐"供选择，从高档美食到猫王埃尔维斯最喜欢的花生—黄油—香蕉—培根油炸三明治。想象一下你面前的这些选择，你能合理饮食吗？尽管我们知道应该吃什么，然而基于我们国家曾向食品诱惑低头的历史，很容易想象媒体"慢性肥胖症"。我们似乎注定要成为一个吃得太多却营养不良的国家，在这种文化中，人们走起路来摇摇晃晃，媒体曝光无处不在，全社会集体患上"媒体糖尿病"。正是在这样的环境下，问责新闻必须找到一种生存的方式。

在过去，当新闻业发生戏剧性变化时，失败者和成功者显而易见。20世纪60年代初，电视网络积极开拓晚间新闻领域，给全国的午报带来毁灭性的灾难。尽管在电视采取这一举动的时候，午报几乎是晨报的三倍，但是20年来，许多午报都免不了关张的命运，而剩下的大多数也转向早晨出版。同样，全国广播电视网的夜间新闻节目在20世纪70年代末达到顶峰，但是有线电视的出现使得重播新闻节目成为可能，而不用在晚上6:30收看即时的新闻。之后又出现美国有线电视新闻网和其他有线新闻频道，他们在一天的任何时间连续提供新闻。从1980年至2000年，晚间新闻几乎失去了一半的观众。

如今，网络的出现带来了一种不同重量级的破坏，因为所有传统的新闻都遭受了经济学家约瑟夫·熊彼得（Joseph Schumpeter）称为"创造性破坏"的影响。如今，网络尚处于起步阶段，数字科技每天在创造着新的奇迹，尝试去探索网络对于媒体的影响可能是一种愚蠢的做法。但是在2007年，托马斯·帕特森（Thomas Patterson）以"窥视美国媒体的未来"为目的，研究最近在线新闻的趋势，他把该研究的评估描述为具有"猜测性"。然而，他的研究可以为似乎将要发生的情形提供一个初步印象。对于大多数传统媒体来说，这项研究展示的结果是非常可怕的。总的来说，与传统新闻组织相关的在线网站，其增长速度比几乎所有类别的非传统新闻网站都要慢，包括信息采集网、博客、搜索引擎和服务供应商。这仿佛是在说，提供很多新闻核心内容的机构，在竞争网络优势地位的比赛中落后了。这种情况对于纸媒，也就是美国的报纸来说尤其如此。虽然它们具有经久不衰的实力，但除了最大的名牌报纸，如《纽约时报》和《今日美国》，其他报纸都面临着艰巨的挑战。

全球大约有 5 亿个网站，而且这个领域处于扩张之中，对时间和关注的竞争越来越激烈。互联网创立初期是为大学研究人员和政府机构工作人员利用计算机共享信息的一种方式，但它逐渐发展成为万维网，向所有人开放，允许大众在网上交流。很快，网络成了一种大众媒介，虽然其本质之一是分散传统媒体的大众受众。具有讽刺意味的是，虽然网络通常因为其削弱传统媒体的力量而受到赞赏，但是实际上它却将这种力量集中到甚至更少的机构手中。如果在网络上，传统媒体尚有赢家，那一定是具有全国地位的品牌，他们现在已经成为大多数美国人寻求新闻的首要选择。美国有线电视新闻网络（www.cnn.com）是最大的新闻网站，纽约时报网（www.nytimes.com）是领先的报纸网站，其次是一些顶级的其他品牌网站。同时，谈到广告，谷歌和一些其他的巨头网站攫取了绝大部分业务，只给其他在线网站残留了一些零星碎屑去争夺。

很明显，网络代表着未来，印刷新闻机构只好勉强地进入了网络领域。这对它们来说相对容易，因为它们仅仅需要将印刷产品上的材料直接放在网站上即可，或者至少是部分纸质版的内容。从一开始，报纸就陷入了令人沮丧的困境。不可抵抗的网络文化是：内容是免费的。如果在线阅读的报纸内容是免费的，这将促使订阅者放弃订阅纸质报纸，破坏纸质版本的发行量。如果在线新闻的内容是付费的，那么潜在读者将会摒弃它们，转向提供免费内容的其他网站。这将会减少他们希望用来建立新的广告销售业务的在线访问量。多年来的结果就是半心半意的妥协，其中在线内容是免费的，但只包括纸质新闻的少量内容。有些报纸决定对在线产品收费，或者只向付费订阅纸版者免费提供在线新闻。由于恐慌已经弥漫整个行业，大部分报纸只好放弃了对内容收费，并且不得不接受这一令人不愉快的事实：他们这样做实际上正在破坏自己纸质版的发行量。在广告收入方面，一个纸质版订阅用户所创造的价值大约是在线读者的十倍，因为网络上的广告相对便宜。但是业内的普遍看法是，当务之急是增加他们在网上的存在，因为这代表着未来。在这种情况下，对于美国的报纸来说，网站的增长对于取代印刷版本丢失的广告是必要的。

总的来说，传统的新闻机构在寻求积极的网络增长方面似乎显得"力不从心"。很明显，美国的报纸作为大多数新闻报道的来源，现在没有像它们在网络爆炸初期时那样能够在网络上迅速地扩张。

搜索引擎和网络门户，如谷歌、雅虎和美国在线（AOL），都是新闻的主要提供者，但它们很少有原创新闻。它们是"搭便车者"，将报纸和其他传统媒体的新闻报道提供给读者。然而，那些原始新闻的"生产者"却只获得很少的对他们自己网站的持久访问量。就谷歌新闻而言，它一直在快速成长，在该网站上针对一个话题进行搜索，你会得到数十篇甚至上百篇相关主题的文章，其中大多数都来源于报纸。然后你也许会点击文章的链接，网页会直接跳转至原报纸的网站。但是访问是短暂的，并且查阅特定文章的人不可能形成对该报纸的忠诚。相反，他们只会对谷歌新闻忠诚，而它基于庞大的网站访问量就可以销售大量广告。换言之，创造新闻的报纸付出了劳动，谷歌却从中赚到了钱。

这种"搭便车"行为也存在于蓬勃兴起的博客世界中专注于新闻和公共事务的那一部分，因为几乎它们所有的评论都是基于传统媒体的报道。

根据"科技文人"（Technorati）——一个追踪博客圈的网站——估计，除了已经充斥着网络的 7000 多万个博客以外，每天还会创建出 120000 个新博客。在几百万个以某种方式关注公共事务的博客中，绝大多数是一些所谓的"长尾"博客，没有或者很少有什么访问量。但是也有一些博主，在塑造公众话语方面已经发挥着与最有影响力的报纸评论版作家同样强大的作用。博客的现象始于 1997 年左右，当时一些直言不讳的人喜欢把自己的想法写下来，然后在网站上发布，而且如果幸运的话，可以在一瞬间通过链接传送至其他网站，接着这些网站又链接着更多的网站，从而让他们的文章环绕全球。这种类似病毒性的通过链接传播信息是网络最强大的力量之一，它将每件事暴露在全世界面前，从伊拉克的酷刑到在出版前已经泄露的《哈利波特》小说的秘密结尾等。

所谓的博客圈涉及创建网络日志或博客的每个人，博客仅仅是个人的观点在网络上得以表达的一个站点。一些博客允许访客发表评论，而一些不能。然而对于新闻来说，重要的是一群博客中坚分子热情地参与到涉及政治和社会各种问题的公共领域中，他们发表的言论正在被很多人知晓。在最好情况下，这些博客作为一种针对传统媒体的"真相突击队"，攻击它们忽视了重要新闻或歪曲事实。他们中的许多人喜欢把自己看作是 18 世纪、19 世纪的高度忠于党派、肆无忌惮的檄文作者的继承人，这些宣传手册的作者在客观新闻尚未到来之前非常活跃。他们大都鄙视那种认为他们是任何传统记者的说法，相反将自己的作品看作是一股清流，没有被编辑改动过，不受主流媒体惯例的限制。访问博客圈是令人兴奋的，但同时博客圈也是丑陋的：包含淫秽和恶毒的侮辱语言的帖子令人作呕。但是，人们已经习惯在博客上看看发生了什么事，谁在议论关于谁的什么事，这也是网络对于全民大讨论的重要贡献之一，而这种讨论是一个强大的民主国家所需要的。

即便如此，具有讽刺意味的是，仅有为数不多的博客拥有一批追随者，而且这些博客作者往往是刚步入中年的男性白人，如"谈话要点备忘录"（www.talkingpointsmemo.com）的乔西·马歇尔（Josh Marshall），"每日一菜"（Daily Dish）（www.andrewsullivan.theatlantic.com/the_daily_dish/）的安德鲁·苏利文 (Andrew Sullivan) 和"每日科斯"（www.dailykos.com）的马科斯·莫里萨斯（Markos Moulitsas）。但是也有一些例外，如"赫芬顿邮报"（www.huffingtonpost.com）的阿里安娜·赫芬顿（Arianna Huffington），她 50 多岁，却有着精通网络的青少年一般的精力和抱负，创建了一个充满了来自很多博客各种各样意见的网站。米歇尔·马尔金（Michelle Malkin）是一个保守的专栏作家，有两个非常成功的博客 michellemalkin.com 和 Hot Air（hotair.com）。在总统竞选的高潮期，一些政治网站，如 Politico.com 和 RealClearPolitics (www.realclearpolitics.com)，当然还有"德拉吉报道"（Drudge Report）(www.drudgereport.com)，全都非常活跃。蒂娜·布朗（Tina Brown）的"每日野兽"（www.thedailybeast.com）创建于选举最激烈的时期，发表了克里斯·巴克利（Chris Buckley）支持奥巴马的文章，引起了巨大的轰动。克里斯·巴克利是已故的保守派的代表人物威廉·巴克利的儿子。

但绝大多数政治博客仍在拥挤不堪的食物链底层挣扎着，像在一小群将军后面蔓延几英里殿后的军队。尽管一些顶级博客和博客网站可能会盈利，但他们仍是空有满腔热情，却身无分文。我在哈佛肯尼迪学院任教，最近一个学生告诉我，他从来没上过主流新闻媒体网站，仅仅关注博客。

他已经在做自己的政治博客，打算做得更加专业化。起初我问他，他在博客看到的新闻出自何处。之后我又问他，通过博客能否自力更生，他告诉我，他已经开始赚钱了。"但是我还有其他四份工作。"他补充道。

在多数情况下，与政治和新闻相关的博客都是寄生虫，就像谷歌新闻。它们不报道新闻，而是对报纸和其他传统媒体报道的新闻核心内容加以评论。的确，如果有任何团体是依靠报纸生存的话，那就是博客。只要有充足的新闻，这种共生关系就可以很好地运转，因为越来越多的传统媒体向博客圈寻求建议和想法，而这些建议和想法最终融入了主流媒体。

新闻聚合器和门户网站在网络流量上使得甚至最大的新闻网站都相形见绌，这些"搭便车者"通过使用不是他们原创的内容成为网络广告业的主宰，然而这些内容的原创者却在尽力地挣扎着。全国抽样调查越来越频繁地引用谷歌、雅虎和其他一些网站上的新闻，把它们当作可以信赖的新闻来源，虽然它们仅仅是这些新闻的搬运者。与之相类似的是，网络上出现了一组专门的聚合网站，它们使用巧妙的软件在网站上有针对性地搜索新闻，并把关于某一话题的所有新闻聚集到一个地方。在这里，访问者可以打开链接，就像浏览谷歌新闻一样，访问原始报道，然后关闭该报道的网页重新回到聚合网站。这种聚合网站已经取得了巨大的成功。例如，"掘客"（digg.com）是一个允许浏览者对所聚集的新闻进行评论和排名的网站，在2006年4月时有不到200万的独立访客，但是如今，这个数字已经翻了好几倍。其他类似的寄生虫网站做得也很好，甚至做得更好。

网络时代的一大概念就是"市民新闻"的出现，即网络给予市民直接参与新闻制作的权力，它们如今已成为新闻业的一部分。其基本思想是，任何人都可以生产像新闻一样的信息，然后在网站上"发行"，从而成为一名记者或发行人。当驻扎在伊拉克的士兵在网上发帖，或者在新奥尔良的人们在发出关于卡特里娜飓风引发的混乱的一手资料的帖子，并上传了一些现场的照片时，市民新闻就已发生。推特如今成了一个新闻媒介，通过超短电子邮件或推文就能够传播信息，虽然内容不是很多。当一个具备某领域专门技能的非专业记者在新闻网站发布反映其专业知识的帖子时，这是市民新闻。当非专业记者参加水利委员会会议，然后向当地报纸发送所发生事情的报道时，这也是市民新闻。这样的市民新闻，作为读者自己生产的"新闻内容"的一部分，正在不断地融入报纸和其他传统媒体网站中，在新闻机构网站上占据重要的部分。使我感到失望的是，对读者来说，这些新闻材料通常比专业人员生产的新闻更具有可信度，更能引起他们的兴趣。我的沮丧并不是因为对非专业人士的鄙视，而是因为这个伤心的事实：通常，专业记者无法找到一种方法使其生产的新闻内容同样有趣，既可读性强，又可信度高。

一些市民新闻的坚决拥护者把这看作是解决新闻核心内容不断减少这一问题的答案。事实上，新闻业已经在邀请越来越多的市民记者对政府、学校董事会会议等诸如此类的事情进行报道，因为报纸机构发现，从事此类事件报道工作的专业人员越来越少。许多报纸采用的超级地方主义战略需要报道每一件事，而免费雇用志愿者——市民记者，是一种非常便捷且实惠的方式，并且通常他们会竭尽所能。一些市民记者可以做得和专业记者一样有声有色，遵循相同的公正的道德标准。但是这样的安排是带有剥削性质的，长期来看并不可靠。而且根据我的经验，非专业记者，即不用付费的非专业人士，通常带着明确的观点来做新闻工作。我还是一名年轻的记者时，曾负责报道学校董事会会议和县议会会议，每次会议上总会有一两个人非常感兴趣，他们正是那种可以把自己称为市民记者的人。他们往往很聪明，消息很灵通，但他们全都已经有了根深蒂固的观点，所以我不会想要依靠他们来对所发生的事情做一个客观的报道。

但毫无疑问，市民新闻背后是一种强有力的机制在运作，其概念是扩大传统新闻机构报道新闻时所需要的技术和知识的来源。有一个正在进行的项目叫"公共洞察力新闻"（Public Insight Journalism），将参与式新闻与传统报道方式结合起来，是其中最富创造力的一种做法。该项目是迈克尔·斯科勒（Michael Skoler）的创意。作为传统的新闻记者，他的职业经历覆盖了广播、印刷和电视。斯科勒已经成为他称之为"协作新闻"的"福音传道者"。他已经集合并测试了65000人，这些人通常在某个领域有一技之长，并且渴望成为传统新闻的"来源"。在某种意义上，斯科勒的方法就是建立一个巨大的可以称为"名片盒"的人群联络网，其中的人知识广博，他们的知识、想法及对一些重要事情的意见可以被使用。

但是，除了为扩大报道的来源创建一个模型之外，斯科勒认为传统媒体需要与读者和观众合作，从而修复长期以来公众对主流媒体不断减少的信任。2008年10月，斯科勒告诉一群传统新闻记者："人们相信那些会听他们说话的人，但是记者已经很久未听过公众的声音了。"

在某种意义上，很久以来，一些由读者贡献的新闻一直是传统新闻的主要栏目，但非专业记者呈送的新闻已经在报道和编辑过程中经过筛选了。读者来信是市民新闻中非常珍贵的一种，而且一直是报纸中最受欢迎的阅读内容之一。并且，这些来信也可以像报纸上其他版面内容一样具有很强的说服力。在阿道夫·奥克斯（Adolph Ochs）执掌《纽约时报》早期，他曾主笔反对妇女拥有选举权，但他也出版了许多支持妇女拥有选举权的信。当宪法第十九条修正案获得正式批准时，妇女选举权运动的领导人称赞《纽约时报》的读者来信版面对他们的成功至关重要。但是读者来信一般都被修改过，对这一点那些写信的人再清楚不过了。

同样地，多数报道会利用特定领域的专家。对记者来说，这些"市民"就是消息来源，他们的贡献可能是卡特里娜飓风的目击者叙述，可能是一名科学家对于水银可食用的最高剂量的权威分析，或可能是某人愿意以不具名的方式向公众揭露州长的行贿基金。新闻依赖记者找到这样的来源，但是传统的报道也需要检测他们所说内容的真伪，检测这些内容是否与其他陈述相悖，寻求证实诸如卡特里娜飓风发生时那些目击者是否真实在场，那个权威的科学家是不是疯子，还有那个匿名来源是否可信等。

数字时代给新闻业带来最大的福音之一就是它扩大了专门知识人才主动就某一话题发声的潜力。2004 年发生了一个著名事件，《新闻 60 分》播出了唐·拉瑟（Dan Rather）做的一项调查，声称新任总统乔治·布什（George W. Bush）未能履行其作为空军国民警卫队队员的职责。证据来源于 20 世纪 70 年代军队的打印文件。同一天晚上，这些文件受到一个不知名博客的质疑，认为文件的字体不符合那个时代。很快，由一个博客引发的调查开始展开，网络上开始寻找 20 世纪 70 年代其他的打字稿和军事文件，突然冒出来很多这一神秘话题的专家。尽管有一些所谓的专家似乎值得怀疑，然而确实有一些真正的权威，他们的怀疑削弱了拉瑟提供的那些文件的可信度。这使得他的调查名誉扫地，并且哥伦比亚广播公司为此也做了有辱名声的道歉，而唐·拉瑟也被迫提前退休。

如果说网络展示了什么东西，那就是很多人想要表达看法，而市民新闻的涌现就是这种传播急流的一部分。但是把新闻当作业余爱好是危险

的。我的主要担心是专业性报道因为经济原因被取代。市民记者得到的报
酬很少或者根本没有，这会让他们对于垂死挣扎的报纸来说非常有吸引力。
一方面，这意味着那些想要以制造新闻为兴趣爱好或者为了部分满足自己
公民意识的人容易被剥削。但是另一方面，从新闻消费者的角度来看，这
些市民记者可能正在替代具备专业经历和接受过培训的专业记者。市民新
闻的倡导者正确地认为，市民新闻的位置是作为专业新闻的一种补充，是
一种扩大声音和观点范围的附加值。我同意这种看法。但是市民新闻从本
质上来说是一种个人媒介，吸引着那些观点鲜明的人积极参与。并且，我
担心这种自创的内容将会成为政治和政策问题报道中的主要内容，因为这
些领域中的问题越来越被新闻机构所忽视。

毫不奇怪，报纸记者和编辑非常焦虑。他们中的许多人感觉到了某种
重要的东西正处在危险当中，这个东西超出了他们那些明显的自身利益，
诸如失去工作和工作所带来的权力。当然，那种利益确实牵涉其中。但是
以我的经验来看，大部分记者选择这个职业是因为有种强烈的动机驱使他
们做他们认为重要的事，在这同时也能以此谋生。在我看来，他们很像选
择成为教师的人。这两个群体都接受过教育，可以有其他选择，却都选择
了工资相对较低但同时有其他回报的工作。那种认为记者因为害怕失去工
作带来的权力而被困扰的说法大多是无稽之谈。他们担心失去薪水，并且
因为新闻业中的选择很少，也担心失去已经为之奉献一生的职业。当然，
报纸记者喜欢做有意义的工作，同时享受在文章下署名的名誉。但是，记
者的工作并没有太多的魅力。监督新闻大多是由出席政府的一些最基本的
会议或是仔细钻研相关文件而得到的。然而，专业新闻记者有一种支撑信
念，即他们做的事情对这个社会来说确实是重要的。同时，他们认为，这

是一份需要受过专业培训的人才能胜任的工作，并且他们要对同行、编辑及公众负责。

在新闻圈中一个永无止境的争论就是如何定义记者。任何人都可以写东西并通过网络传送至世界各地。但是，这就是新闻吗？我认为不是。当有人用手机相机捕捉到残酷的罪行或名人的尴尬瞬间时，这不是新闻。那只是在拍照片而已。在自然灾害或战争现场的人们给出了他们所看到的场景，这也不是我所定义的新闻。这是有价值的第一手资料，但不是新闻。当一家报纸邀请其网站观众对正在调查的一项有争议的项目贡献他们的意见和知识时，这是在邀请他们成为新闻的来源，但他们本身并没有在做新闻。市民新闻和征求读者意见的概念在报纸上非常热门，报纸正在寻求一些方法让读者参与其中或是利用其毋庸置疑的专业知识。但这并不是我所理解的新闻。

有人担心大家所一直了解的那个新闻职业将要成为过去，宣传、公共关系和个人声音的结合体将取而代之，人们在这里可以畅所欲言，而且令人愉悦，这就是新闻吸引他们的地方。如果这被证明是新闻采用的主要形式，那么我们将处境更糟。

在新的新闻媒体中与这些负面影响相平衡的是：热心公民的专业知识的注入，修复核心新闻使其履行其职能所必需的信任纽带的前景，以及新的新闻模式将会在利用网络带来的新技术以及迸发的创造力的同时还能维持一直以来的核心价值观的希望。还有一种可能，就是在其粉丝的支持下，认真的记者能像音乐团体一样，作为独立的承包商完成他们的工作。音乐圈产生了一种观念，仅需愿意每个月花费 10 美元的"1000 名真粉丝"就可以支持一位音乐家；现在有一些人认为，未来高质量的新闻也将会以

爱达荷福尔斯镇（Idaho Falls）位于爱达荷州（Idaho）东南角，以其独特的自然美景、共和党政治及与摩门教的紧密关系而闻名，摩门教会对该地的主导地位甚至超过了位于南部大约 200 英里的盐湖城。《直递邮报》（*Post Register*）是一家当地报纸，由布兰迪（Brady）家族前后四代人掌管。这个隶属爱尔兰天主教民主党的家族一直家业兴旺，尽管当地人把他们看作是自由派天主教徒而经常对其迫害。

2005 年 2 月，《直递邮报》开始刊发包含六个部分的系列文章，这些文章基于迄今为止仍是秘密的法院文件，揭露了当地童子军官员曾忽视控诉爱达荷福尔斯镇一位童子军团长可能施虐的反复警告，而该团长最终被判定有恋童癖。第一个故事是关于 14 岁的亚当·斯蒂德（Adam Steed），他曾是一名受过那位童子军团长伤害的儿童。故事讲述了这个男孩和他的家人是如何要求童子军团长被停职，然而他们不仅没有受到支持，反而遭到了回避和蔑视。

像亚当·斯蒂德一样，《直递邮报》因将此丑闻公之于众而遭到诽谤。这一系列报道引发了童子军、摩门教会和爱达荷福尔斯镇最有权势的一些人的猛烈攻击，当然，其中也包括广告商。在爱达荷福尔斯镇，加入童子军就像加入宗教一般神圣，而且摩门教是该组织的主要支持者。该报纸触犯了当地最神圣的代表。

对于小型报纸来说，很快就能感受到惹怒权势阶层所带来的损害，并且在这次事件中，牵涉利益甚广，因为报纸几乎一半的所有权掌握在140名员工手里，他们中许多人是摩门教徒，报纸所有权是他们退休的依靠。

电台热线节目主持人攻击这一报纸，认为它反摩门教，接着电话和电子邮件如潮水般地涌进，指控此报纸抨击摩门教。广告商取消了和他们的业务往来，发誓永不与其合作。一个愤怒的公民在周日版上买下了全版广告，在上面，除了其他事情他还提到该系列文章的首席新闻记者是一个同性恋，暗示文章是对摩门教和童子军反同性恋立场的报复。人们开始骚扰这名记者，在午夜按他家的门铃，等等，而与他相处五年的伴侣也被迫离开他了。

即便如此，正如执行编辑迪恩·米勒（Dean Miller）对那段艰难岁月的回顾中写到的那样，该记者仍奋力坚持着，员工们也坚定地支持报纸的做法。出版商罗杰·布罗斯（Roger Plothow）是一名摩门教徒，也是一名最高级别的"鹰级"童军，他写了一封公开信，高调支持这些文章。报社的总裁，即布罗斯的老板，也发表了一封公开信，表达了对童子军的支持及对所有负面新闻的遗憾，但是他并没有停止正在进行的调查。这一系列文章鼓舞其他童子军站了出来，他们曾被另外十几个童子军团长虐待过，然而当地童子军组织却声明只有一个。《直递邮报》出版的文章中没有一个被提到名字的人要求对内容进行更正、撤回或澄清，因为大部分信息都来源于秘密诉讼文件中的书面证词。其中被曝光的一个童子军团长是一个邪恶的儿童强奸犯，曾于20世纪80年代被举报到童子军大提顿理事会

（Grand Teton Council），在犹他州被定罪，现于理事会工作。两周后，报纸报道了另一个在理事会工作的恋童癖者，他的犯罪记录一直被密封和隐藏。最终，犹他州立法机构一致通过法律，废除了有关猥亵儿童罪的诉讼时效法规。

《直递邮报》是一份拥有 26000 份发行量的报纸，有一些员工是退伍老兵，但大多数员工是新闻学院近几年的毕业生。在这里工作被认为是进入新闻行业的初级门槛，但是新闻工作人员都充满了激情，因为领导他们的人拥有新闻的使命感，其中包括全力支持他们的出版商。对他们来说，一个令人欣慰的回报就是，当大多数报纸的发行量都在稳步下滑时，他们的报纸在大幅上涨。米勒写道："发表令人不舒服的真相并不需要一时的头脑发热，相反，它应该是一次冷静清晰的演练：发现事件中有关公民问题的核心所在，稳步跟进调查，公开公平地为公众的合法利益服务。"

我讲述关于爱达荷福尔斯《直递邮报》的故事，是为了帮助回答下面这个至关重要的问题：新闻真的需要挽救吗？本书的论点是，像《直递邮报》提供给它所服务的公民的这种新闻，是用来滋养民主的新闻，并且对于我们保持自治国家这一特征至关重要。事实上，有权势的人和机构设法隐藏了大量重要的信息，如果不是因为监督新闻记者的警觉，那么隐藏的新闻将会更多。的确，有太多没有被发觉和报道的新闻。事实上，挽救新闻的行为应该包括各种激励和刺激，使得新闻机构变得更加严格。虽然网络机构能够报道新闻快讯，但是一直以来是那些最好的报纸在做深度的新闻报道。在这个过渡期，新闻的未来有很多方面尚未确定，我们有理由满怀希望，但更为重要的是，我们需要采取一些行动。然而，留给我们的时间并不多。

在网上闲逛就像在一个范围非常宽广、非常富有创造性、令人眼花缭乱的世界中漫游。网络改变世界的速度如此之快，让人头晕目眩，瞠目结舌。没有人会怀疑未来世界将以网络和电子科技为核心，因此挽救新闻必须从认识这一点开始。这并不是说印刷类新闻和书籍将会不复存在，而是对于大多数美国人来说，这个世界已经变为了一个需要在线互动的世界，而且这种需求将只会不断增加。挽救新闻绝不是说要阻止正在波涛汹涌的潮流，该潮流能够扫除其路径上的一切东西；其实它能够被引导，就像堤坝引导河流灌溉土地而不是破坏它。市场不会关心网络去向何处，只要其结果有利可图。我已经抛开了之前的幻想，即市场总是最明智的仲裁者。现在我认为，就新闻来说，纯粹由市场驱动的未来将会破坏或甚至是摧毁其铁芯。

话虽如此，我也认同要保存新闻的核心和传统新闻的标准，持久的解决方案一定是商业性质的。凯瑟琳·葛兰姆（Katharine Graham）在出版界是一名传奇人物，也是《华盛顿邮报》的所有者，因"一流新闻的最佳保障是其强有力的盈利底线"言论而著名。一个利润很低的新闻机构将会非常虚弱，以致无法承受因发表惹恼权势人物的新闻而受到的惩罚。新闻机构在资金上越脆弱，就会越胆小，也越倾向于自我审查。没有一个良好的经济基础，爱达荷福尔斯的《直递邮报》可能无法挑战其镇上最强大的机构，也可能无法承受住广告商的抵制。同理，经济上成功的新闻机构可以请来报道严肃新闻的新闻天才，给他们提供相应的薪水和医疗保健福利。反之，一个亏损的新闻机构几乎没什么选择，并且虽然可以在艰苦时期支撑一段时间，利润低的企业从长期来看注定会失败。

我将"挽救新闻"定义为找到一种商业模式，继续专注于严肃新闻，坚持传统的价值观和标准，为全国各地的广大读者提供专业新闻。但这并不一定意味着要挽救报纸，虽然它依旧是我想挽救的那种问责新闻最大的来源。如果报纸像一个物种一样灭亡，那将只是一种现实。然后，我们必须要思考如何在报纸消亡的情况下挽救新闻。但是，我并没有放弃报纸，我认为报纸会有未来，只要它能够坚持下去找到自己在未来中的位置 。那些认为报纸即将灭亡的人，将报纸的困境比作有声电影出现时无声电影遭受的困境。然而在我看来，这更像是飞机、汽车和洲际高速公路问世时，铁路业所遭遇的境况。铁路被迫退出曾经主导的城市之间的乘客运输业务。但是铁路通过托运货物而存活下来，如今在国内的运营总吨位中占据三分之二的份额。报纸也需要找到自己的"托运"之路。

目前，美国报纸面临的第一个挑战是，如何在自大萧条以来最严重的经济衰退的形势下，寻找到一种方法维持下去。当经济崩溃时，报纸已经感受到了这一时代技术变革的冲击。2008 年 12 月，广告业直线跌落，收入也急剧下降，许多报纸发现自己处于"伤员分类"的情形中，需要选择牺牲一部分以保全剩余部分。已经削减了大部分"脂肪"来降低成本，现在开始割掉"肌肉"和"骨头"。还存在相互竞争的报纸的少数城市目睹了弱小者的倒下，例如丹佛（Denver）的《落基山新闻报》（*Rocky Mountain News*）和西雅图（Seattle）的《快讯报》（*Post-Intelligencer*）。《底特律新闻》（*Detroit News*）和《底特律自由新闻报》（*Detroit Free Press*）则尝试了不同的方式，他们保存了报道力量，取消了每周几次的送货上门服务。全国各地，报纸正在不断要求员工做出退让或是忍受痛苦的裁员结果。对于我的家族报纸来说，裁员在我们的历史上还是第一次，极其痛苦。最终证明，缩小规模可能是一个福音，因为企业如果要生存，必须以更低的成本来改造自己，而当灭亡出现在选择页面上时，这种痛心的改变通常会发生。当经济好转，一些广告失而复得时，新闻行业将变得更加精简，新的收入将会带来一种超大的复苏力量，就好像将食物给一个饿了好多天的人一样。结果可能导致盈利的暴增，以及应对更加让人困扰的长期挑战的机会。

现在，报纸的处境就如同外祖母所言，"兔子急了会爬树"。但是这次变化是如此巨大，以致许多报社所有者还未能完全搞清楚。这就像当年的那个时刻——摇滚乐以剧烈跳动的节奏和速度，取代法兰克·辛纳屈（Frank Sinatra）和宾·克利斯比（Bing Crosby）安静的流行乐。那是一个时代的改变。如今，美国的报纸新闻编辑室大部分被熟悉网络但并不特别精通的人占据。他们所接收的培训不足以让他们成为未来的记者，后者必须能够准确报道，文笔好，并且能够适应每周七天每天二十四小时的新闻环境，拍摄视频，创建音频报告，撰写博客，与读者和市民记者沟通，设计炫目的图像，适应一系列不断更新的网络应用程序，以便创造各种媒体的新闻，涵盖印刷报纸到手机屏幕，网络电视和播客。同样，从业务方面来看，报纸的竞争环境相当激烈，而且只会越来越激烈，因为基于网络的竞争没有像印刷业和广播许可证那样高的门槛，竞争对手数量激增。在20世纪六七十年代，随着印刷技术的变化，以及人们开始将目光从报纸移向电视，家庭报纸的所有者遭到了毁灭性的打击，那些不愿冒风险的人离开了这个行业。与现在报纸所面临的恐惧和创伤相比，那个时候的过渡是简单的。这一次，变化如此之大，以至于没有人知道即将发生什么或是谁将能够幸存。

对报纸来说，2008年11月是记忆之中最糟糕的一个秋天，来自美国大多数主要报社的 50 名高级报纸主管，聚集在华盛顿特区外的美国新闻研究所（American Press Institute）召开闭门会议，试图寻找到拯救他们生意的出路。这次会议被称为"拯救危机中的报纸高端会议"，参与者倾听了诸如美国西北大学凯洛格商学院（Kellogg School of Management at Northwestern University）詹姆斯·谢因（James Shein）等挽救专家所给出的分析和建议。专家们分析了在应对一个衰落中的行业时通常要经历的几个心理阶段。首先，对破坏条件视而不见，紧接着就是由此带来的不作为，然后是希望可以快速解决问题的"错误行动"，例如，通过裁掉作为他们唯一产品主要创造者的记者来削减成本，而正是他们有可能拯救这些企业。其次，爆发全面的危机。最后，整个行业"崩溃"。这不是一个令人愉悦的信息，然后专家给出的基本建议是要采取有效并且有想象力的"某种行动"，如果行不通的话再采取其他行动。根据谢因所言，"准备、开火、瞄准"应该是操作原理。虽然有很多讨论涉及研究、开发和协作，然而此次会议采取的唯一行动就是在六个月之后再次召开会议。

但是如果勇敢的报纸所有者振作起来，着眼于未来，他们仍有一些显著的优势。网络的商业经验——至少到目前为止——是资深的品牌占有优势。最常访问的新闻网站隶属美国有线电视新闻网（CNN）和《纽约时报》。地方的新闻机构享有盛名，也为大家熟知，但是它们只能在竞争激化之前享有这种起跑优势。不过，它们还有机会调整。

因此，新闻机构中高瞻远瞩之人现在应该做些什么？他们应该意识到，现在处于从未有过的困难时期。他们将不得不投入大量的资金，忍受较少的利润，并相信未来会收到回报。他们应该开始明白，他们拥有两种业务，而非一种。印刷版报纸是其中一种，但在我看来，网络版报纸不应该被视为一种补充或辅助产品，而是一种完全不同的产品：一种单独的业务和单独的新闻机构。

这不是大部分报纸所有者看事情的方式。他们对待网络的做法是，让记者和广告销售员同时服务于纸媒和在线产品。我认为此策略不可能成功，因为网络发展的速度越来越快，技术越来越复杂，与传统的媒体类型越来越分离。网络自身即将成为一种媒体。那种认为纸媒记者和习惯于销售版面空间和插页广告的广告推销员能够制造一个成功的混合物的想法，就像让辛纳屈去演唱《蓝色羊皮鞋》。他可以勉强去唱，但这不是他擅长的那种类型。因为这首歌唱不出他真实的自我。报纸——纸质产品——最大的力量就是属于自身的真实性，网络新闻也必须拥有自己的真实性。它们都反映了一种需要被尊敬的特定文化，你不可能采用廉价的方式长时间对待其中任何一种而不受惩罚。一些最好的报纸已经掌握了这一概念，正在向他们的网站注入网站自己特有的感觉。不必惊讶，《华盛顿邮报》网站（washingtonpost.com）和《纽约时报》网站（nytimes.com）是这方面的领先者，通过使用报纸工作人员的报道作为网络多平台新环境的起点。

但即使这些网站也可能无法证明对沉浸于网络文化的人有足够的吸引力。因为网络速度更快、更无礼、更具主观性、更粗糙、更具实验性、更适合观众短暂的注意力。当新闻网站提供广泛的在线数据库和多个链接深化报道时，他们满足了传统新闻的敏感度，而不是网络的敏感度。然而，令人生畏的问题是，传统的新闻机构是否应该在传统文化之外走得更远，从而有真正的机会吸引这些以网络为中心的新观众的注意力。如果他们这样做，他们是否必须抛弃一直居于报社价值体系核心的新闻标准？现在报纸网站的状态就像是报纸增加了一个附属物，尽管是以网站形式呈现，但其敏感度仍完全是传统报纸的那种。

我的感觉是，这将被证明是一个过渡阶段，网络将继续建立自己的标准、做法和文化，就像电视所经历的一样。20世纪50年代，电视发展还处于初期，电视新闻的风格大体上呆板且严肃，摄像机前报道新闻的都是来自电台或报刊的记者。但是随着时间的流逝，电视新闻已发展为具有自己的风格和存在局限的媒介。例如，早期电视新闻的评论类似报纸评论，而且有很多头部特写。但是人们逐渐认识到电视的力量存在于移动的影像中。这种认识已经演变为电视新闻的一种广泛应用的原则：如果没有好的图片，电视不会报道该事件。这可以解释为什么在电视上很少看到有深度的公共政策新闻报道，以及为什么你看到的很多"垃圾"内容却具备精彩视频的优点。

重要的一点是，每一种传统形式的媒体都拥有值得尊重的自身文化，而传统的处理新闻的方式可能不适用于网络。例如，全国公共广播电台（NPR）似乎并不适合发展成为一个可以提供新闻写作、视频等的网站。它的网站将很可能是一个备用的传递系统，有一些互动和视频，以及增加一些华而不实的修饰物。但是全国公共广播电台应该尝试变成《纽约时报》和美国广播公司新闻网（ABC News）的结合体吗？这似乎并不是一个明智的策略。同样地，每个新闻机构在网上都有一个备用的传递系统，以及网络受众期望的一些附件和小工具。这个备用系统将慢慢地——或者也许不是如此缓慢地——演变为一个分离的东西，具备更像是"兄弟般"而不是补充性的身份，同时拥有大体上是独立的员工。

这意味着报纸的印刷版必须寻找到一条生存之路，我相信它会——至少它可以找到。没有人真正知道报纸的发行量和广告的底线最终是什么，但是似乎有理由认为它尚未被触及。我一生都在报刊业工作，我的本能告诉我，达到稳定而持续的广告和发行量水平的最佳保证是出版一份强有力的、勇敢的、内容丰富的、个性明显的报纸。这样的报纸需要记者和编辑贡献最具创新性和挑战性、最有趣的新闻，并且他们要相信读者认为这些新闻是必不可少的。

报纸应该有其独特的地方特色和个性，反映其城镇特色，适应读者的需求而不是一味迎合。而且，如果读者想要在线阅读文章，他们可以做到。但是记者的工作是报道和写作，而不是同时试图成为一名网络技术员。如果需要一个手机屏幕尺寸大小的版本，那就让手机新闻的相关专家来写，而不是报纸记者。如果记者想要涉及网络新闻，他们不应该让这妨碍到主要的报道工作。

一种最为大胆的试验性的——甚至可以说古怪的——连接社区的方法被罗伯·库里（Rob Curley）领导下的《拉斯维加斯太阳报》（*Las Vegas Sun*）采用。罗伯·库里是一位超级地方化报道的富有激情的倡导者。他的想法是，《拉斯维加斯太阳报》的使命和业务是建立一个新闻社区，这就需要报道一些为单个城镇专门定制的东西，就像为客户专门定制的西装一样。2008 年 6 月库里来到拉斯维加斯后，他策划对这座城市中 35 所高中所有的橄榄球赛都做了报道，每个球员有四个相机跟踪拍摄，还有个人网页。他说："这次我们可谓做到了极致，但是我们还是不能引起任何人关注。"过去十年，拉斯维加斯的人口数翻了一番，高中运动没有什么吸引力，因为孩子们在四年中往往会上几所不同的高中。他尝试用绚丽的图像和所有额外特性让网上故事变得生动有趣，但是访问量依旧在下滑。之后他开始反省，了解到在拉斯维加斯，能够获得流量的是一些爆炸性新闻，例如内华达大学拉斯维加斯分校的体育运动，以及所有与博彩业有关的事情。这一次，网站访问量在 6 个月内上涨了 400%。格林斯潘媒体集团（Greenspun Media Group）旗下的《拉斯维加斯太阳报》的印刷版是一个八页无广告的新闻产品，现在被插入《拉斯维加斯评论报》（*Las Vegas Review-Journal*）中。后者是《拉斯维加斯太阳报》的一个联合经营体系中的资深伙伴。但是这一切的发生经历了一些曲折。

"我们裁掉了自己的记者"，库里说，他是格林斯潘互动公司（Greenspun Interactive）（《拉斯维加斯太阳报》的总公司）的总裁兼执行编辑。《拉斯维加斯太阳报》之后从几家主流报纸如《洛杉矶时报》中雇用了一批知名度高的记者，派他们去写关于当地"令人吃惊"的创新故事。"不是报道市政府做了什么，而是去挖掘怎么做和为什么做。"库里说。现在的计划是开创一个调研详尽的网上经营业务，它将提供一个定向明确、涵盖本地信息的"终极版"，"直接涉及当地小学哪位三年级教师在教授女生科学方面做得最好"。至于这是否能吸引大量的在线观众，库里说他也不知道。

卡特里娜飓风（Hurricane Katrina）之后，新奥尔良（New Orleans）的《皮卡尤恩时报》（*Times-Picayune*）以一种更传统的风格，通过其勇气和承诺使市民重新成为报纸的读者。正是这种专注而勇敢的工作，使爱达荷福尔斯的《直递邮报》成为发行量赢家。当肯塔基州（Kentucky）的《莱克星顿先驱领袖报》（*Lexington Herald-Leader*）发表了关于肯塔基大学篮球运动员招募中的不道德行为的深入调查时，该镇市民竭力阻挠，因为在莱克星顿，篮球就相当于宗教。随后出现了很多对该报的威胁和抵制，但同时报纸的发行量也在猛增。可见，告诉人们到底发生了什么的报纸在社区中具有不可或缺的作用。我相信，作为一种媒介，报纸永远都有一席之地，甚至是在年轻人心中也有。通常，人们开始感觉到新闻重要的时候便会产生兴趣，这表明他们意识到了作为成年人应该承担的责任。我们生活在一个青年期延长的时代，三十多岁的人还时常认为自己是孩子。但是终有一天，这些孩子会走向成熟，新闻对他们来说会更加重要，尽管报纸可能不是他们选择的媒介。我的一些学生就不喜欢报纸，认为它们无聊乏味、危言耸听。

但是我们当中许多人认为，报纸作为一种媒介，给人温暖，让人舒适，因此它有足够的观众号召力，就像书籍一样。早晨一边品着咖啡，一边阅读报纸，会产生一种感官上的乐趣和满足，我认为这将证明是一种持久的感觉，就像一杯冰过的马提尼给人静静的安慰。报纸的印刷品对于社区来说是一个标志，而网站却不是……至少目前还不是。一份制作精良的报纸是社区跳动的心脏，它代表着一种生命力，其含义远远超过了压缩木浆上的黑体字。当我回想起记忆中最久的报纸《格林维尔太阳报》，我依然记得当初那份报纸与小镇之间的约定，而现在所有报纸，包括那份都应该寻求恢复和传承那种约定。

我童年最开心的记忆是在每隔一年的 8 月份的闷热夜晚，《格林维尔太阳报》为全县举办派对 —— 选举派对！20 世纪 50 年代，在我们生活中最重要的选举是隔年 8 月的第一个星期四的初选，争夺州和地方政府的各种职位。自 1881 年以来，我们县就没选举过民主党的国会议员，在竞选诸如郡治安官等地方官员的共和党的初选中，如果能够获胜也相当于被选上了。同样地，州民主党初选的获胜者几乎也标志着最终的当选。格林县的政治一直以来就像是一场十分激烈的、吸引大量观众的体育运动，因此当人们为了要获得最多的近期选票，而在选举夜开始聚集在《格林维尔太阳报》报社外面时，大家并不意外。多年来，随着人群的壮大，我的外祖母开始播放录制的音乐。到20世纪50年代末，《格林维尔太阳报》的选举派对已经成为一件盛事，届时报社前的主街道关闭，一辆平板货车横跨街道，现场演奏乡村音乐。服务社在销售热狗和饮料。我的外祖母和父亲像将军一样指挥选票的统计，一个辖区接着一个辖区，在歌与歌衔接处宣读结果。唱歌总少不了我们的体育编辑蒂尼·达伊（Tiny Day），轻声吟唱一首叫作《雾蒙蒙的小河》（Foggy River）的民谣。那些充满欢呼声和嘲笑声的仲夏之夜，以及似乎全县居民出席的场面，曾是美国生活的一部分，如今却输给了科技。因为有了电视，选举结果在家里就可以知晓，这些风俗也就逐渐消失了。

我的父亲和外祖母似乎把他们的工作看作是每天的欢乐。我父亲通常六点半起床，然后直接去办公室，大约八点回来吃早餐。他大多时候回家吃一顿简单的午餐，然后就在家中电话办公，直到晚餐时间。事实上他的电话号码众所周知，电话铃声不断。我外祖母的惯例是，她的早餐会持续大半个上午。她有胆囊问题，吃饭没什么胃口。因此在她晚年的时候，她常常将她盘子里的东西推来推去。但是每天早上，当她坐在早餐桌前时，一群人会来到门前打招呼，称她为"伊迪丝女士"，有时也会带来一些要刊登的私人启示，然后她便在厨房右面的小房间里对着她那台旧打字机敲敲打打。其他人会带来一些礼物，比如鹌鹑，那是她喜欢的为数不多的食品；还有一些人仅仅是顺道聊聊天。很显然，大家尊敬她，爱戴她，同时她也尊敬和爱着故乡土地上的这群人。

我认为报纸必须要重新发现与它所服务的人群之间的这种联系。我怀疑在某一时刻，几乎所有人都会因为报纸上的某个内容对我父亲感到生气。但是，那种信任和感情的纽带始终在那儿，就像爱达荷福尔斯的《直递邮报》所拥有的那种，如果报纸想要挽救自身，修复这些纽带是必要的。或许网络有助于促进恢复亲密的关系，但是我认为，这种亲密关系的来源更可能是基于对社区所展现的承诺，而不是基于网络互动，因为前者呈现了一种独特的个性，反映了对它所服务人群的一种真实情感。考虑到网络是一个开放式的论坛，我这样说或许违反直觉，但是我确实认为上述特点在印刷文字中比网络上会以更令人信服的方式得到展现。

　　具有讽刺意味的是，虽然报纸印刷版本的整体发行量处于稳定下滑之中，但是许多报纸包括在线版本的"总观众数"，却呈现上升趋势。作为一种精致的、不断演变的科技，同时便于携带、可回收且廉价，报纸却"怀才不遇"。人眼浏览一页纸质新闻要比在线阅读更快，更有效。同时，看报纸也是一笔非常合算的交易，因为它是通过花费数百甚至数千工时才提取出来的产品，熟练的专业人员需要收集、编辑、设计和展示那些他们认为对读者最有价值的信息。但是如果报纸不报道真实的新闻，凭借想象力和率真讲故事，那么这些优势都被弱化。换句话说，报纸必须做一些人们认为有价值的事情。在这样一个替代品众多的时代，报纸必须集中精力将工作放在一个重心之上：报道质量。这长期以来一直是《纽约时报》前任主编亚瑟·盖尔伯（Arthur Gelb）的口头禅。我认为他是那个时代点子最多、想象力最丰富的记者。"重要的是好故事！"当他看到又一家新闻机构为了吸引读者而做的时尚实验时恼怒地吼道。"关键是一定要有好故事！"然后你给这些好故事加上强有力的标题——这本身是一门艺术。接着需要再修改故事，使得读者不用读了十段之后才明白昨天发生的事情。以一个长而曲折的逸事作为文章开头的风气，已不再流行。盖尔伯说，首先在网上报道某个故事是一种工作，也在为读者服务，但是纸媒拥有自己的标准和规则，应该成为一个精美并且令人兴奋的综合产品。

这种思维与报业的民众智慧不相吻合，长期以来，报纸没什么野心，只想快速地赢得读者的忠诚。1982 年，《今日美国》开始实行一项出版政策，除了所谓的"封面故事"，任何文章都不可以长到需要从首页跳转到报纸的内部页面。没有跳转的短篇文章成为业界的箴言，故事的长度被认为是提高信心的关键。读者说他们不喜欢跳转，因此报纸中就不应该有跳转。我回想起 20 世纪 80 年代中期曾经为《纽约时报》做过关于一次报纸出版商大会的报道。在那次会议上，当时受到广泛热捧的《名利场》（Vanity Fair）杂志的知名编辑蒂娜·布朗（Tina Brown）应邀发言。布朗女士告诉坐满了整个酒店会厅的中年白人观众，他们的问题不在于故事篇幅的长短或类似的东西。她说，如果人们发现故事很不错，很有趣，那么他们不会在乎故事的长短而愿意阅读。她说，你们应该长短结合着来做。

但后来她又补充道："你们最大的问题就是你们编辑的报纸针对的是男性受众，然而真正的受众应该是女性。"立刻整个会场发出了一阵清晰可辨的不满声，出版商们以为随后会听到一段女权主义的激情演讲，但是布朗女士接着却谈到了比撰写关于育婴和节食等更为重要的东西。"男人想要知道发生了什么，"她告诉出版商，"而女人想要知道真正发生了什么。"当我听到这些话时，我知道她说出了整个问题的关键点：报纸——的确所有的新闻机构——必须承担起责任，告诉读者真实发生的事情，如果他们这样做了，那么他们就在履行一项基本服务。这不同于那些提供具有超级地方色彩的报道：诸如关注吉瓦尼斯俱乐部（Kiwanis Club）的每一位发言人，报道花园俱乐部会议或是筹款性质的洗车活动等。这些报道在短时间内可以获得成功，但是会付出高昂的代价，新闻机构会变得碌碌无为，任何有抱负的记者都不会愿意为之工作。

那些遭到解聘的新闻记者将会应聘于报纸的网络版的工作，但是这也需要他们具备对媒介真诚的品质。目前新闻机构有很大的机会创建在线新闻，涵盖网络所有的工具和文化，与年轻人和网络用户建立联系，但这只有在认识到真实的当代关切的情况下，才能成为可能。在线新闻消费者想要得到的将是网络能提供的所有东西，而且也没有理由认为阅读报纸的人就不会上网浏览新闻，反之亦然。平面报纸和在线出版物做着不同的事情，并且以不同的方式来满足用户，如果认识到这一点，那么两者都可以兴旺发展。混乱的折中措施则无法带来兴旺。

这一问题的解决方案中有一种价值体系，它来源于所有者可能不情愿做出的一种选择。它将提供高质量新闻的公共服务使命置于商业策略之上，这具有很大的风险。一些新闻机构在质量提高上斥以巨资，却只看到发行量在下降。但是关键之处不在于提高质量是否会阻碍发行量的损失，而在于能否建立一种稳定的发行基础，从而维持一种持久的业务。没有对质量的承诺，发行量下滑的趋势就不能停止，——当然，许多报纸没有质量，是因为他们暂时还不需要。

这意味着更低的利润，或许是永久性的低利润。但是这也意味着报纸会有两个具备内在优势的高品质业务。如果纸媒仅追求稳定性，那么它的兄弟业务即在线报纸，则有潜力大幅度增长——但是只有在其保持真实的网络敏感度和文化性以及多样性和技术创新的情况下。

报纸必须解决的商业问题之一就是要带来更多的收入，然而在严重的经济衰退的环境之下这尤为困难。随着印刷产品对广告的吸引力越来越低，同时报纸网站的在线广告业务量渐趋平稳，如何解决这一问题让报纸行业的优秀人才绞尽脑汁。其中一种观点认为，当报纸决定放弃在线新闻而不是对其像对待印刷产品那样收费时，他们犯了一个根本性错误。这是像约翰·卡罗尔（John Carroll）这样的杰出的行业人物的观点，基本依据是报纸所提供的唯一有着独特价值的东西就是新闻。他想象着这样一种惊人的时刻：所有规模最大的报纸决定对其新闻收费，这可能只是一种异想天开。如果这样的举动发生，将无疑压低它们网站上访问者的数量，而访问量是网站广告商唯一考虑的因素。我认为对在线新闻实施收费这种转变不太可能，虽然想法值得同情。

话虽如此，我认为必须找到新的方式给予新闻工作人员与其工作相对应的酬劳，同时也出现了一种新闻"货币化"发展的狂热。其中一个重要的方式是让谷歌掏钱，因为谷歌使用其汇集在谷歌新闻网站（GoogleNews）上的信息时没有支付任何费用。此外，也有一些方法探索对新闻的小额支付或是创建分层的在线服务，对浏览新闻内容的删节版免费，但是对观看新闻的完整版收费。2009年春天，《纽约时报》公司威胁说要关闭旗下的《波士顿环球报》，除非《波士顿环球报》工会同意减少2000万美元的成本。可能失去《波士顿环球报》的消息彻底震撼了整个波士顿，因为害怕这样可怕的事情将会发生，一时在波士顿引发了铺天盖地的谩骂声。许多信件和帖子中的核心信息反映了一种新的意识。人们在思考没有《波士顿环球报》后波士顿和新英格兰人民的生活将变成什么样，同时这也表明有人愿意支付更多以保证报纸生存下来。当报纸失败，一些城市目睹这些新闻机构前景变得黑暗之时，其他城市可能会产生一种决心来避免这种情况的发生。正是当年纽约宾夕法尼亚火车站的毁坏震惊了整个城市，从而产生保护建筑遗产的决心。即便如此，2009年3月皮尤研究中心的调查发现，不到一半受访的美国人声称，失去地方报纸将会伤害市民的生活，只有三分之一的人说如果地方报纸消失的话，他们会想念它。同样地，我曾听了一堂探讨报纸未来的课，在课上，当年轻人被问到愿意为艺术报道或纵横字谜游戏或其他报纸栏目支付多少费用时，他们回答的数字并不高。我当时很想问他们，愿意花多少钱让某人代表他们去监督市政厅，代表他们去做调查报道揭露玩忽职守的官员。

我认为收入问题会自然而然地得以解决，因为未来的解决方案已经出现。随着经济的改善和一系列提高与新闻无关的在线收入计划的实施，美国的报纸将找到一个新的可行性操作的调整点和一个新的利润水平。但是如果它们放弃收集新闻和服务社区的使命，我认为它们在劫难逃。只有为公众服务，它们才能长期生存下去。

随着各种新闻组织争相寻找新的解决方案，非营利组织和政府部门在确保严肃新闻的持续报道中常被认为起到关键作用。

在《国家》（Nation）杂志中，约翰·尼克尔斯（John Nichols）和罗伯特·麦克斯尼（Robert W. McChesney）提出了一个详尽的计划，建议政府广泛补贴那些"一针见血"的新闻报道，因为这些报道将吸引所有的美国人关注公共生活。例如，他们建议对于花费在日报上的前 200 美元实施税收抵免，不过他们承认从政治上来讲，这一建议很难被接受。我认为，商业上的方案是唯一能够持久的，但是非营利部门也能提供很多帮助，特别是在中短期内；同时，政府也可以发挥作用，特别是在对广播电视的调控方面。

部分问题是如何激励电视台的所有者提高对高质量新闻和问责新闻的投资。政府可以采用一个有吸引力的"胡萝卜加大棒"政策。"大棒"可以由联邦通信委员会（Federal Communications Commission）挥舞；作为获得广播许可证的交换，广播电视被要求秉着对公众服务的态度严格履行职责。同时，国会也可以对公共广播变得更加慷慨。美国宪法第一修正案要求政府不能对印刷品强加调控标准，但是对那些从公共电波上赚取了数十亿美元的人来说，展示出服务公众的姿态似乎是一个公平的补偿。

公众也可以对不受管制的媒体企业，包括报纸，进一步要求它们履行公共服务的义务。这个义务的"诱饵"是可以把以公众的利益为先的做法转变为一种营销工具。竞争极为激烈的媒体环境已经使得可以用来凸显一个新闻组织的任何优势都显得尤为重要。其他行业已经找到这样做的某种方式，该方式在某种程度上其实是跨国经营强加给它们的。传统上来说，企业对它们的客户、员工及所有者来说承担经济上的义务，对它们经营所在地国家的政府来说承担法律上的义务。但是，如果它们缴纳税款，按要求做事，它们就被认为已经做了所需要做的一切。然而近些年来，出现了一种企业社会责任的概念，其定义多种多样，但其实质是公司对它们所在的社会负有责任。正是在企业社会责任的保护伞之下，可口可乐公司在一些欠发达国家销售产品的同时，同意资助一些教育项目。可口可乐没有法定义务这样做，但是通过开展这样的项目，公司向它的员工和客户表明，公司愿意做得更多来赢得他们的信任和业务。这一理念已经在石油工业、汽车制造和其他一些行业取得进展，但是尚未进入媒体行业。从应该保持新闻运作的一定规模和核心内容来说，明显具有社会责任的媒体已经避开了可能增加其额外负担的社会义务的某种东西。圣诞节的公益筹款慈善活动、拼字比赛和其他诸如此类的努力都是有价值的，但它们并不代表报纸的核心使命。

在我看来，如果世上存在一个行业应该担负社会责任，那就是新闻行业。这其实转化成了一种义务，就是不要放弃传统媒体在历史上所形成的公共服务的角色。这并不是法律规定的义务，但它是大多数新闻媒体所声称的责任。通过接受企业拥有社会责任的这一概念，新闻机构会让自己变得与众不同，就像英国的《卫报》(Guardian) 所做的那样。几年来，《卫报》一直都在出版被称为"实践我们的价值观"的审核报告，旨在对比该报纸的崇高原则与其实际表现。《卫报》归一个非营利信托机构所有，是一个特例，但它也代表了一种模式，表明一个新闻企业不仅可以将生意和道义结合起来，而且还因此促进生意的发展。同时，对于一些聪明的新闻企业家来说，《卫报》为他们发展与众不同的业务提供了一个榜样，他们将会群起效仿。或者说，我希望将会出现这样的结果。

随着传统新闻机构财运的日益衰落，很多人提出了各种形式的非营利性新闻的模式，作为保存问责新闻重要地位的方法。每一种模式都有其独特的优势。但是在我看来，所有这些模式都有缺陷，难以作为能够被普遍应用和长期存在的方案。

例如，一些人认为基金会可以成为报纸的所有者。这也许在几个案例中行得通，但是，期望许多基金会愿意以这样的方式花钱，并且一直做出这样的承诺似乎是不可能的。事实上，虽然我很感激基金会支持诸如《吉姆·莱赫新闻时间》(The News Hour with Jim Lehrer) 这类非营利新闻机构的新闻工作，但是我对依靠基金会资助的做法持怀疑态度。因为基金会经常改变做事的优先顺序和方向，通过一个基金会新任总裁的提名可以准确地预测到该基金会未来资金使用的流向。并且，大多数基金会喜欢利用已有的资源去开拓新鲜领域，而不是用来作为持续的运营资金。

事实上，非营利新闻这一概念从本质上说具有一种脆弱性，这使得它具有一种内在的不稳定性。资助者可能会改变主意，或者财富散尽，发疯，感到厌倦，或者仅仅想要尝试涉足新鲜领域。位于华盛顿特区的"公共廉政中心"（Center for Public Integrity）是一个非营利组织，致力于出版无党派性、高质量的调查性新闻，得到了基金会和其他慈善家朋友的资助。该中心的工作因其质量得到认可，已经解决了很多令人困扰的，甚至是资金最充裕的报纸机构都回避的新闻难题，例如对竞选捐献的细致追踪及它们和国会行为之间的关系等。即便如此，该中心仍然努力地寻找运营资金，正如其他许多非营利的新闻机构一样，甚至那些运营最好的机构也是如此。

另一种模式是将报纸自身转变为非营利模式，从而减少产生任何利润的资金压力。在某些情况下，这同样也是一种好的模式，但似乎不可能被广泛模仿。这种模式实施得最成功的是《圣彼得堡时代报》（ *St. Petersburg Times* ）。该报把自己描述为"佛罗里达最好的报纸"，这并不是夸夸其谈。几十年来该报因其新闻质量和对新闻的执着得到认可。《圣彼得堡时代报》隶属于美国波因特学院（Poynter Institute），该学院是一个教育机构，也是因为这个目的而创建的。纳尔逊·波因特（Nelson Poynter）是《圣彼得堡时代报》的所有人，他不希望他钟爱的报纸在他死后被并入报纸连锁集团，因此把它转给波因特学院，该学院的核心使命是培训记者。当然，他能做出这一决定，是因为他实际上拥有这家报纸，虽然还有另外一个小股东。很少有报纸是由个人拥有的。家族报纸所有权的形成通常涉及几代人，对多数股东来说，在报纸中的股权是其主要财产，不可能放弃。阿拉巴马州（Alabama）《安尼斯顿星报》（ *Anniston Star* ）的布兰特（Brandt）和乔西·埃尔斯（Josie Ayers）选择把他们的报纸——这个国家最好的小报之一——送给了阿拉巴马大学（University of Alabama），用于新闻教学实验。但这种姿态很少见。

还有一种被广泛讨论的模式是：当地有钱人接管报纸，实行比报业集团更开放的经营方式。实际上，这种模式将使报纸从企业所有回归到家庭所有，这正是《费城问询报》（*Philadelphia Inquirer*）所经历的情况。该报是奈特—里德报系的一部分，2006 年被费城的一个地方富人财团购买。随着《费城问询报》命运的改变，这个国家的记者们都在仔细观察着这份曾经非常出名的报纸。报纸的生意证明经营比想象中更难，所有者停止偿还债务，这种情况在大城市中随着报刊业衰退已变得更加常见。沃伦·巴菲特（Warren Buffett）说，拥有地方报纸的诱惑力会随着报纸发行量和影响力的减少而消失。这个理论尚待验证。我认为，地方业主介入地方报纸的运营是很有前途的事情。在很多地方，报纸远没有被看作它应该成为的东西——一颗具有微弱脉搏的跳动之心。新的业主正在购买潜力和信任，他们已经开始意识到了这样做的重要性。但是我担心，这些地方业主的出价不会高于资金充足的投资商，后者仅仅想要"收割"报纸，而不是真的要投资。如果报纸的处境开始好转，我担心大多数报纸会被目光敏锐的运营商购买。他们从中看到巨大的商机，除了大幅度降低成本以外，其他什么都不用做，他们就可以赚取大笔的利润。或者另外一种情况是，这些报纸因找不到新的买主而衰落下去。

还有一个模式被称为"亿万富翁模式"，即美国一些极其富裕的人决定花费几十亿美元购买现存的新闻机构或资助非营利机构。我的一个幻想——这很大程度上是一个梦，就是将《吉姆·莱勒新闻时间》（*The News Hour with Jim Lehrer*）从一个 1 小时长的头部特写和分析节目变成美国最好的新闻节目，成为致力于产生电视新闻领军者的新型新闻机构的产品。《吉姆·莱勒新闻时间》对于报道新闻来说，几乎没有什么资源，这也就是为什么它处于现在的情况。但是想象一下，沃伦·巴菲特和一群有资金的人建立一个 20 亿美元的捐款，用于资助制作世界上最出色的电视新闻。来自这种捐赠的收入每年会给记者、编辑和其他专业人员提供 1 亿美元，他们将会做出遍及世界范围的努力来生产既能激励观众，也会使得其他电视新闻机构感到尴尬的电视新闻。最优秀的记者将会聚集在美国公共广播公司，渴望有机会能发挥他们的才干。做出既令人信服又具有吸引力的优秀电视节目，困难重重而且价格高昂。设想在《新闻 60 分》（CBS 老牌节目）中融入了克里斯汀·阿曼普（Christiane Amanpours）（CNN 著名记者）之类记者们的调查报道，并且节目中没有商业广告。好的电视新闻的影响力是强大的，肯定会吸引观众。同样重要的是，它也会给全国广播电视网和有线电视网络新闻节目的运营带来压力，让他们把重心从无休止的夸夸其谈和"政治尖叫比赛"转向报道新闻。由于被置于公共电视网之上，从国内的每台电视机和每一种有线系统上都可以看到《吉姆·莱勒新闻时间》。如果它成为高质量报道的灯塔，整个新闻界都会为之震惊和感到敬畏。同时，在吉姆·莱勒报道原则的指导下，该新闻机构也会提高新闻业的标准。如果有人以 2 亿美元来寻求改变世界的方法，对我来说这样花钱是最好不过的选择。

其他的可能性还有，谷歌或雅虎也许会真正地进入新闻行业，虽然它们尚未表示会这样做。谷歌已经和一些报纸开始合作以促进报纸广告的销售，如果行之有效的话，这会在资金上帮助报纸，但谷歌对采集新闻本身似乎并不感兴趣。《彭博财经新闻》（*Bloomberg Financial News*）有可能发展成为一个全方位服务的新闻机构，但是其所有人麦克·布隆伯格（Mike Bloomberg）同时也是纽约市的市长。相比于新闻，他更关注政治。

此外，也正在涌现出一些新的新闻企业，大多数是在网上。其中许多是对于市民新闻模式所做的试验。当然，由志愿者组成的新闻企业能否取得真正商业意义上的成功还有待检验。但是网络已经唤醒了如此多的能量和压抑许久的沟通渴望，这种企业势必将会不断出现。通过网络传播新闻的其他企业则更加商业化，其中许多利用了被解雇的记者或是那些因为感到沮丧和气馁所以试图寻找到同时满足其职业追求和谋生需求的在岗记者。网络新闻公司依据的理论是，通过把印刷出版和对于油墨纸张的依赖相分离，新闻投放的成本急剧下降，并且能够发现观众在网上阅读严肃的新闻。这种新闻企业最大的优势就是它们的低成本结构。

但是，它们的局限性也体现在了爱达荷州《直递邮报》的故事中。《纽约时报》有一篇文章，标题为"挖掘新闻的网站崛起为社区监督者"（Web Sites That Dig for News Rise as Community Watchdogs），讲述了像圣地亚哥之音（VoiceofSanDiego.org）这样的新兴网络企业，这些新闻网站的专业记者提供了"一种严肃而原创的新闻报道"。这篇文章描述了网站记者的激情，新闻报道的高质量，以及渗入到这些新崛起的新闻机构的基因中的使命感和为大众服务的精神。但深入文章内部，也能读到有一些人承认他们的工作并没有产生在地方报纸上能够产生的那么大的影响力。我担心，没有一个广泛深入的地方新闻机构所发挥的扩音作用，再卓越的工作也可能遭到轻视，更容易被忽视，这也是我希望报纸所代表的"扩音器"将会生存下去的另一原因。

新闻业最振奋人心的是，年轻的新闻记者受到网络的激发，其中也有一些是不那么年轻的记者。全国的新闻学院正在悄悄展开一场辩论，讨论在当下的社会环境中，他们应该教年轻记者什么内容。一些人认为，关键的内容在于——而且一直以来都是——培养清晰地报道和写作的能力和技巧。卡内基公司（Carnegie Corporation）董事长瓦尔坦·格雷戈里安（Vartan Gregorian）声称，未来的新闻记者必须拥有比以往任何时候更丰富的专业知识，他与约翰和詹姆斯·奈特基金会（John S. and James L. Knight Foundation）主席艾尔伯托·伊巴衮（Alberto Ibargüen）达成合作，致力于拓展新闻学教育。例如，哥伦比亚大学新闻学研究生院（Columbia Graduate School of Journalism）扩展了其课程表，在二年级课程中提供了对法律和商业等内容的深层分析。因为他们坚信与熟练运用行业工具相比而言，记者的思维更为重要。在西北大学梅迪尔新闻学院（Medill School of Journalism），课程已进行了大幅度修改，目的是让记者做好面对网络世界的准备，而其重点在于市场营销。当其他人抗议营销不应成为新闻编辑室决策考虑的一部分时，约翰·拉维恩（John Lavine）院长回应道，如果没人关注的话，再好的新闻也是没有价值的。批评家回答说，让营销成为业务中心将会打开基于卖点而不是基于重要程度进行新闻决策之门。每一个明智的新闻记者都明白，对营销保持敏感，同时也要忽视市场营销的优先次序，两者都是必不可少的，难点在于两者之间找到一种恰当的平衡。

奈特基金会致力于新闻业本身的优先次序，正在帮忙寻找各种新模式，使新闻保持参与度且不失本质。该基金会的事业中最令人鼓舞的一件事是，当他们为试点项目提供资金时，各种新的想法纷至沓来。可见，作为一种理想和职业，新闻仍旧使人兴奋。人们想要"做新闻"，当传统媒体处境安逸时，这一过渡时期已经成为一种创造力的催化剂。在新闻业的历史中，惊恐情绪激发出了比其他任何时候都多得多的能量和创新思想。

美国《环球邮报》(www.globalpost.com) 是最振奋人心的新媒体新闻机构之一，它具有很大的潜力成为一种商业模式，而不是一种非营利模式。菲尔·巴尔博尼（Phil Balboni）是该机构联合创始人兼首席执行官，是全国最受人尊敬的电视新闻记者之一，也是新英格兰有线新闻电视公司（New England Cable News）的创始人。该公司是一家地区性新闻机构，对待新闻认真负责，并且取得了巨大的商业成功。《环球邮报》旨在提供已经遭到特别冲击的国际新闻。巴尔博尼在他的运营模式中给记者的薪资并不高，但是给他们分配公司的股份。现在，他已经收到了铺天盖地的新闻报道职位的申请信。如果他能成功地将《环球邮报》转变为获利丰厚的新闻机构，他的行为可能在国内激发类似的模式。当然，激情已经点燃。

对于新闻来说，这是一个令人兴奋的时刻，但同时也是一个可怕的时刻。最后，回到我最初的信念：新闻对于我们国家来说非常重要，也关系到我对报业同行的尊重。我敦促他们保持信心，让他们从自己和同事们的理想主义中获得慰藉。我相信，新闻记者是一份光荣的职业。在最佳状态下，他们与课堂上的教师或战场上的战士所提供的公共服务同等重要。

挽救新闻需要做很多事情。诸如在线新闻协会（Online News Association）和新闻创新中心（Center for Innovation in Journalism）等组织正在努力改变新闻的质量和生产力。"自媒体"（We Media）是一个关注参与性新闻的组织，宣称我们正起步于"新闻的黄金时期，但这并不是我们以前熟知的新闻"。它对未来的设想是，几十年后，一半的新闻将会来源于普通公民而不是专业人士。

我承认，这不是我所认为的那种"黄金时代"。但是如果新闻得以保

存，我会非常开心。我的个人观点更倾向于比尔·科瓦奇（Bill Kovach）
在《美国学者》（*American Scholar*）上提出的关乎新闻未来的 12 个问
题——他是一名杰出的记者和 "美国热心记者委员会"（Committee of
Concerned Journalists）的创始人。这些都是非常深刻的问题，焦点放在
"那种在启蒙时代出现的独立核实信息"能否存活的不确定性上面。他问
道："记者如何使用交互式技术帮助市民参与核实和讨论？"他还补充了哲
学家汉娜·阿伦特（Hannah Arendt）的一句话：除非事实信息得到保证，
否则意见自由就是一种闹剧。

他最后说道："公民是否意识到，如果谨小慎微的新闻工作人员没有
找到资金来源，那么公众现在享受的免费新闻在质量和价值上将会迅速
下降？"

对我来说，噩梦般的结局是有一天报纸破产了，新闻稿变成了几乎不
加掩饰的宣传，以前的记者和真诚的业余记者稀疏地分散在各地，做着低
效的工作，一小批高价的时事通信为有权有势的人提供情报服务。

那么该如何拯救新闻？记者应该不屈不挠地坚持下去。报业所有者必
须做正确的事。市民和新闻消费者必须警惕并要求他们真正需要的新闻。
我们可能会走入一个新的世界，在准确知识的分配上，就像财富不均一样
有着巨大的差距。社会精英会获得非常多的信息，他们所知道的信息和大
多数美国人所知道的信息之间将会存在着巨大的鸿沟。我们所前往的世界
将会存在一个消息灵通的上流阶级，和一个充斥着各种意见、谎言和宣传
的广大民众阶层。奥巴马的竞选活动表明，政客并非真正需要经过新闻媒
体的过滤来掌握政权，这注定会成为其他人深入领会的教训。事实上，布
什政府最先开创这一概念。罗恩·萨斯坎德（Ron Suskind）是一位著名的

记者，在《纽约时报》的一篇文章中他准确地谈到了这种观点。他讲述了他写的一篇小布什政府非常不喜欢的文章，他为此被小布什总统的一位高级顾问约见，并被告知了白宫对他的不满。这位顾问告诉萨斯坎德，记者"处于我们所称的基于现实的社区"中，该顾问把这个社区定义为由"相信解决问题的方案出自你们对于可认识的现实做出明智的判断"的那些人所组成。萨斯坎德回答说那是新闻的本质，这时顾问突然打断他："这不再是这个世界真正运作的方式。如今，我们是一个帝国，当我们行动的时候，我们就创造了自己的现实。当你在研究那个现实时——如你所愿是明智的，我们会再次行动，就创造了其他新的现实，那么你又可以研究这些现实，这就是事情怎么解决的方式。我们是历史中的行为者……而你，你们所有人，将只需要研究我们所做的事情。"

在美国一直以来，知识的差异就像财富的差距一样，不存在难以逾越的鸿沟。同时，"基于现实"的新闻界，尽管有着这样那样的缺点，却建立在这样的信仰前提之上——事实应该为所有美国人知晓。一个为所有公民服务的成功媒体是新闻促进民主的引擎。要求新闻机构履行这样的服务，就像遵循宽容和追求幸福的原则一样，是美国民主遗产的一部分。如果听凭新闻的这一"铁芯"慢慢锈蚀，那么美国人就会挥霍掉一部分与生俱来的权利。我们当然绝不会允许这种情况发生。

致谢

撰写本书的初衷源于凯瑟琳·霍尔·贾米森（Kathleen Hall Jamieson）和日内瓦·奥弗霍尔瑟（Geneva Overholser）的邀请。他们之前共同编著了一本学术论文集《美国报纸》，考察了美国报纸的历史、身份和角色，同时展望了报纸的未来。本书可以看作是《美国报纸》的姐妹篇。两本书都是"美国民主机构"（American Institutions of Democracy）系列图书中的书籍，由牛津大学出版社（Oxford University Press）和位于加州"阳光之乡"（Sunnylands）的安纳伯格信托基金（Annenberg Foundation Trust）联合出版。

上述两位编者的同事蒂姆·巴特莱特（Tim Bartlett）是参与本书构思的第一位牛津大学出版编辑，对于本书最终结构的成形发挥重要作用。蒂姆离职后，编辑工作转到了大卫·麦克布莱德（David McBride）手中，大卫能力出众，承担了本书的大部分编辑工作。本书在撰写和出版的过程中还得到了牛津大学出版社其他多位编辑的鼓励和帮助，他们都认为本书传达了重要的讯息，自始至终都对我的工作表现出极大的宽容和支持。在此我想特别感谢牛津大学出版社学术与贸易部的出版商尼科·普芬德（Niko Pfund），感谢他兢兢业业，确保了本书的顺利出版。同时，我还要感谢出版社的凯思·法伊夫（Keith Faivre）、萨拉·拉索（Sarah Russo）和史蒂夫·道森（Steve Dodson），他们也为本书的出版付出了各自的努力。

我同样要感谢以下诸位朋友：汤姆·帕特森（Tom Patterson）、史蒂夫·奥雷（Steve Oney）、南希·帕尔玛（Nancy Palmer）、约翰·卡罗尔（John Carroll）、丹·奥克伦特（Dan Okrent）、达德利·克伦丁（Dudley Clendinen）、弗雷德·肖尔（Fred Schauer）、弗洛伊德·艾布拉姆斯（Floyd Abrams）、尼科·梅勒（Nicco Mele）和卡米尔·史蒂文斯（Camille Stevens），他们都通读了本书原稿，并提出了建议和修改意见。还有一丝不苟的劳拉·谢克尔福德（Laurel Shackelford），帮我改正了书中的不少错误。

我在哈佛大学肯尼迪政府学院（Harvard University's Kennedy School of Government）琼·肖伦斯特新闻、政治与公共政策研究中心（Joan Shorenstein Center on the Press, Politics and Public Policy）的优秀同事们以及中心的主要出资人瓦尔特·肖伦斯特（Walter Shorenstein）先生也自始至终为我提供支持。

我同样感谢我的两位经纪人凯希·罗宾斯（Kathy Robbins）和大卫·哈尔彭（David Halpern），从本书撰写之初他们就一直站在我身后默默支持，提供了建议，分享了编辑方面的智慧。

我还要感谢几位在我的人生道路上给我鼓舞和启发的特殊人物，他们是亚瑟·盖尔伯（Arthur Gelb）、乔伊尔·弗雷什曼（Joel Fleishman）、尤金·帕特森（Eugene Patterson），我已故的外祖母伊迪丝·苏桑（Edith O'Keefe Susong），还有我的父母约翰和安·琼斯（John M. and Arne Jones）。

在本书的撰写过程中，我还得到了家人和其他朋友的支持，他们为数众多，此处难以一一点名致谢。但我同样感谢和爱他们，在写作不顺的日子里是他们帮助了我，使我渡过难关。

我还想说的是我从其他新闻工作人员身上汲取了力量，他们和我一样担忧，虽然我们的意见并非完全一致。你们是我的同事！

最后我要感谢的是我亲爱的妻子苏珊·提夫特（Susan Elizabeth Tifft），她既是我的作品的第一位读者，也是最后一位读者，同时也是我信任的编辑。她是我的生活伴侣和知心朋友。